国家社会科学基金项目"潜规则的经济学分析研究"

基于制度经济学视角的
规则状态分析

闭明雄 ◎ 著

中国财经出版传媒集团

经济科学出版社
Economic Science Press

·北 京·

图书在版编目（CIP）数据

基于制度经济学视角的规则状态分析／闭明雄著．
北京 ： 经济科学出版社，2024. 8. -- ISBN 978 - 7 - 5218 -
6262 - 1

Ⅰ．F019. 8

中国国家版本馆 CIP 数据核字第 2024LG0560 号

责任编辑：刘战兵
责任校对：徐　昕
责任印制：范　艳

基于制度经济学视角的规则状态分析
JIYU ZHIDU JINGJIXUE SHIJIAO DE GUIZE ZHUANGTAI FENXI

闭明雄　著

经济科学出版社出版、发行　新华书店经销
社址：北京市海淀区阜成路甲 28 号　邮编：100142
总编部电话：010 - 88191217　发行部电话：010 - 88191522
网址：www. esp. com. cn
电子邮箱：esp@ esp. com. cn
天猫网店：经济科学出版社旗舰店
网址：http://jjkxcbs. tmall. com
北京季蜂印刷有限公司印装
710 × 1000　16 开　21 印张　310000 字
2024 年 8 月第 1 版　2024 年 8 月第 1 次印刷
ISBN 978 - 7 - 5218 - 6262 - 1　定价：85. 00 元
（图书出现印装问题，本社负责调换。电话：010 - 88191545）
（版权所有　侵权必究　打击盗版　举报热线：010 - 88191661
QQ：2242791300　营销中心电话：010 - 88191537
电子邮箱：dbts@ esp. com. cn）

序　言

闭明雄博士对潜规则现象的思考和研究，始于2011年在中国社会科学院研究生院跟着我攻读博士学位之时。是时，吴思创造性地提出"潜规则"概念的著作《潜规则：中国历史中的真实游戏》（2009）刚出版，这一概念就立即引起了人们的重视，并被运用于描述广泛的现象。闭明雄的博士学位论文题目就是《潜规则、制度和经济秩序》。2014年毕业后，他入职宁波大学，一直没有放弃对这一问题的进一步研究，并于2016年以"潜规则的经济学分析研究"获得国家社会科学基金青年项目的资助。目前拟出版的这本论著，是上述研究成果的整合和深化的产物。

吴思先生对潜规则的研究，基本上是借助各种历史案例进行解说。在被各类人群用于描述和解释各种社会现象的过程中，潜规则的含义变得日益模糊。也许是出于这个原因，吴思先生在其著作《我想重新解释历史》（2011）中曾力图明确界定"潜规则"的基本特征，但仍然是用历史故事解释其特征。

可以说，闭明雄博士的这本论著运用制度经济学的语言，在学术上极大地拓展和深化了吴思先生对这一问题的思考和研究，对中国化制度经济学的研究做出了特殊的贡献。

何谓"潜规则现象"？

以公权力领域来说，当你到某个机构去办理正式规章制度允许的事务时，暗地里以某种方式给予机构办事者（即正式制度的代理人）某种好处，期望事务办得顺利。这就是潜规则现象。你之所以给予机构办事者以好处，是因为办事者对正式制度的解释和执行有某种自由裁量权，你希望办事者按章办理。你之所以愿意进行这种交易是为了提高办事的效率。但对你来说，这种交易是被迫的，增加了你的办事成本。如果机构办事者能高效率地照章办事，你就无需支付这种成本。因此，这是一种额外的成本。在这种现象中，有三个关键性的概念，即自由裁量权、交易和成本。

在本书中，闭明雄博士运用这三个基础性的概念，集中研究了公权力领域的潜规则现象，力图在学术上阐述和分析这种现象的一些关键性问题。

第一是"潜规则"的性质问题。

吴思先生在其著作《潜规则：中国历史中的真实游戏》中提出这个概念之后，也有一些学者对这一问题进行了研究。但是，这类研究，或者直接套用诺斯的制度二分法，将潜规则视为"非正式制度"的一种类型；或者把潜规则简单地理解为隐藏规则，进而把它等同于西方语境中的"hidden rules""unwritten rules""unspoken rules"等带有中性意味的概念。但是，在中国的语境中，"潜规则"是一个集事实描述和价值判断于一身的概念，特指那些不敢或不愿公开但在特定人群中实际起着约束作用的行为规则。

闭明雄博士经过认真的辩识，把"潜规则"定义为支配自由裁量权的交易的规则。这揭示了潜规则的真正本质：交易双方的行为违背正式规则或违背公共道德，是一种非合法的交易。这种非合法的性质导致参与这种交易的双方转入隐蔽的状态。因此，这种规则不同于西方语境中的"hidden rules""unwritten rules""unspoken rules"，也明显有别于诺斯所说的"非正式制度"。诺斯的非正式制度具有"文化进化形成的特征"，它凝集着共同体的道德力量，是一个正面性质的概念。但是，在中国语境中潜规则之"潜"，不仅是对其形态上的"非正式性的"的描述，更是对其规避主流道德的审判和法律惩罚而隐蔽运行的"潜"的批判。

在这种意义上，闫明雄博士创造性地把潜规则视为正式制度和非正式制度之外的第三种制度类型，是合理的。潜规则的形成虽受某种文化的影响，但并不需要经过长期的沉淀。因为它的形态始终是随着正式制度的变化而改变的。一旦政府出台一项新政策，就会出现想钻政策空子的一小部分人，力图通过对新出台政策的执行规则进行曲解、变通等方式，追求自身利益。这种规则，虽然也是一种无形的制度，但它只是通过特定的社会群体长期积累的经验和默契形成的，只存在于这类特定群体的行为之中，只被这类群体广泛认可和遵循。因此，作者精彩地指出，"与其说潜规则是自发形成，不如说它是刻意设计的正式制度的副产品"（第96页）。潜规则现象是依附于正式规则之上的规则，是内嵌于公开交易的隐蔽交易。这是潜规则与新制度经济学通常所说的"非正式制度"的本质区别。

那么，与潜规则相对应的是什么类型的制度呢？那就是"明规则"。作者认为，明规则除了包括正式制度承认的"合法的"法律、规章、契约之外，还包括通过文化进化过程形成的各类非正式制度。明规则具有普遍性，不仅可以公开，而且带有光明正大之意。这种分析提供了一种具有中国特色的制度分类，即明规则和潜规则。

第二是潜规则现象产生和盛行的原因问题。

制度理应具备一定的灵活性和适应性，以应付外部环境和内部管理的变化。但是，利用制度的这种弹性进行交易，是另外一回事。

自由裁量权存在的客观事实，是潜规则现象滋生的必要条件，但不是充分必要条件。如果办事双方都遵循正式制度的原则，就不会出现这种现象。因此，作者生动地形容的那样，"自由裁量权像一块沃土，沃土之上是开出正义之花还是结出潜规则之果，既取决于正式制度的实施机制，也取决于文化传统、意识形态、社会规范、主流道德价值观等非正式制度对人们行为约束的强度"（第 163~164 页）。

其中，正式制度实施机制存在的缺陷，是潜规则现象产生和盛行的重要原因。而"人情社会"的关系网异化、对权力的崇拜等传统文化因素则在潜规则的漫延中充当着推波助澜的重要角色。

第三是潜规则运行的逻辑问题。

自由裁量权的交易也是一种博弈，在理论上存在一种均衡。潜规则本身就是这种博弈的结果。因此，作者也展开了对潜规则运行逻辑的分析。在分析中，作者刻画了行为主体的一方为获得制度代理人"合法优待"和避免制度代理人"合法伤害"的两种潜规则运行的经济学逻辑。

以"合法伤害"为例。对于具有合法伤害权的一方，其最优决策法则是：使用合法伤害权的边际成本＝使用合法伤害权的边际收益。这里的成本主要包括被发现受到处罚的成本和良心上的不安引起的精神不愉快等。对于没有合法伤害权的一方，其最优决策法则是：边际贿赂损失＝对方使用合法伤害权所造成的边际损失。在当事双方的利益博弈中，双方都在进行成本－收益分析。其最终的均衡结果是：具有合法伤害权一方使用合法伤害权所得到的边际收益＝没有合法伤害权一方的边际贿赂损失。在上述博弈中，具有合法伤害权的一方为博弈的优势方，不具有合法伤害权的一方为博弈的劣势方。在这种类型的博弈中，具有合法伤害权的一方权力越大，其收益也越大，对另一方造成伤害的可能性也就越大。

潜规则现象就像有机生物一样，具有自我维持、自我繁衍和不断扩散的倾向。作者力求利用演化博弈论，即"官—官博弈""官—民博弈""关联博弈"，分析潜规则的这种自我复制和拓展过程，拓宽了对潜规则运行逻辑的分析。

第四是对潜规则现象中所谓"效率"问题的剖析。

从个人经济效率角度来看，实施潜规则与拒绝潜规则都会改善个体的处境。从个人经济角度来看，实施潜规则相对于拒绝潜规则而言都改善个体的处境。从社会经济效率的角度看，潜规则的经济效率又与明规则的性质存在关系。在制度正义（或者符合效率原则）下，潜规则无疑降低了经济效率，当制度非正义时，潜规则的实施既可能促进经济效率，也可能阻碍经济效率，具体哪种潜规则会促进经济效率又取决于制度非正义的类型以及潜规则的类型。但是潜规则的影响并不仅限于引起制度改变，潜规则是自由裁量权的买卖，潜规则的交易也引起了资源配置的变化，而资源配置的变化是否是正面的，则取决于获得资源一方的性质以及资源的用途。

如果说潜规则在经济效率方面还有积极意义的话，其在社会秩序方面就很难说得上是有积极意义的。潜规则消解了正式制度的效用，削弱了正式制度的权威，侵蚀了正式制度赖以建立的道德和价值基础；潜规则的盛行造成公开制度名实分立、社会多元规则并存。当明规则不能代表公平与正义时，无论潜规则产生有多么合理的理由，它都进一步加剧了社会的不公正。值得强调的是，潜规则的存在迫使社会努力去完善现存的正式制度，但这也不能算是潜规则的功劳。

基于这种认识，作者还讨论了潜规则现象的治理问题。作者强调，要消除潜规则，应做到以下几点：一是要用缜密的规则取代自由裁量权。法治国家清廉，并不在于其政治人物的道德有多么高尚，而是在于其规则的细致。二是要对自由裁量权施加"社会的"约束，这些约束包括选择正确的人作为制度代理人、程序性要求、道德的教化、公开等。三是要通过完善实施机制提高制度执行效率。打击潜规则还要关注制度设计源头，既要培育强大的"无私的"最终制度委托人——社会公众，又要约束"自私的"制度设计者——利益集团。减少潜规则，还要在社会经济生活中减小"公"的领域，将资源更多地交由私人配置，将社会经济事务交由市场运作。同时，清正廉洁的政治仰赖于社会资本的培育、公共精神的培养以及普遍信任的建立。

可以说，本书是第一本以经济学分析方法为主系统阐述潜规则产生和运行逻辑的学术著作，行文通俗易懂，有助于读者深刻理解潜规则的来源，以及应该采取何种措施进行治理。

杨春学[①]

---

① 杨春学，男，彝族，出生于云南新平。经济学博士，经济学教授，博士生导师，国务院政府特殊津贴专家，孙冶方经济科学奖获得者，全国模范教师。曾任中国社会科学院经济研究所研究员（二级）、副所长，中国社会科学院研究生院经济系主任，《经济学动态》主编。现任首都经济贸易大学特聘教授（博士生导师）。

前　言

依宪依法治国是中国最重要的时代课题，但要真正实现依宪依法治国，就必须充分考虑到中国的特殊国情，这特殊的国情是由中国的历史、文化传统和所处的发展阶段共同决定的，这特殊的历史、文化传统和所处发展阶段使潜规则在当代社会里依然盛行。如果不能彻底消除这个现象，根本就不能实现依宪依法治国。为了压缩潜规则运行的空间，我们有必要深入认识潜规则。潜规则现象可以从很多层面来研究，经济学研究范式的核心是互利均衡，通过均衡点的寻求来逐渐实现社会制度的改进。本书试图解答以下核心问题：如何用经济学的术语表述潜规则、潜规则是什么类型的制度、潜规则现象何以产生和盛行、潜规则对社会经济秩序有什么影响以及如何治理潜规则。

与西方社会"hidden rules""unwritten rules"或"unspoken rules"（"潜规则"一词的英文翻译）的中性表达不同，在中国文化语境中，"潜规则"一词是一个集事实描述与价值判断于一身的概念。它是指那些不敢或不愿公开的却在特定人群中实际起着约束作用的行为法则。在经济学意义上，潜规则是在制度自由裁量权的运用中，当资源购买者为了避免被资源控制者施加高于公意价格的价格时，或者当买方欲以低于公意价格的价格获得被控制的资源时，为了达成交易，买方向资源控制者进行额外支付的行为。潜规则是依附于合法交易上的非法交易，其本质是对制度代理人自由裁量权的买卖。自愿性、交易性、负面性、隐蔽性是潜规则的几个重要特征,其中与主流社会道德冲突是潜规则最基本的特征。本书根据交易双方谈判地位和行动的先后顺序,区分了侵略型潜规则和防御型潜规则。无论是侵略型潜规则还是防御型潜规则,资源控制者在潜规则交易中应当承担主要的责任。潜规则不仅存在于公权力部门,也存在于私权领域。私权领域的潜规则中资源控制者违反了因权力不对等而产生的单边义务。公权力领域的潜规则涉及的利益相关方更多,危害更广,因此社会关注度也更高。

　　诺思将制度分为正式制度和非正式制度已经广为人知,对制度的这种两分法,使潜规则作为一种非成文的却切实起作用的规则被归入非正式制度的范畴。然而,诺思所指的非正式规则具有"文化进化形成的规则"的特征,它凝聚着共同体道德的力量。但在中国社会文化语境中,潜规则之"潜",不仅是对其形态上非正式性的描述,更是由于其为规避主流道德的审判和法律的惩罚而隐蔽地运行,不敢公之于众是潜规则之"潜"的首要含义。潜规则有文化传统的基因,但更多的是制度缺陷的产物。一项正式制度一旦确立下来,其缺陷就会迅速被发现并可能滋生出潜规则。综观中国社会,潜规则盛行的地方和部门,必然是正式制度存在较严重缺陷的领域,这种严重的缺陷表现在正式制度本身缺乏正义性和制度实施机制的脆弱性两个方面。因此说,潜规则分别蕴含了非正式制度和正式制度的双重特征,它既不是正式制度,也不属于诺思所定义的非正式制度,它是介于这两类制度之间的第三类制度。

　　与潜规则相对应的是明规则,明规则除了包括正式规则中受到统治阶级承认的"合法的"宪法、法律、法规、规章、契约以外,还包括由文化进化形成的非正式规则以及在此基础上形成的惯例、规范。明规则不仅可以公开,而且常常带有光明正大之意,即它总是代表正义。明规则与潜规则是一对反义词,但是自然界不是非此即彼的存在,因此,明规则与潜规则并不能囊括世间全部的规则。潜规则是非文化进化形成的非正式规则中的一种规则，与文化演进形成的非正式规则相比，在约束对象范围、交易双方谈判地位、约束内容、形成机制、实施机制、违反规则的社会后果等方面存在明显的差别。

潜规则产生于制度的自由裁量权，是自由裁量权利益逻辑的实践，本质上是对自由裁量权的买卖。实施潜规则后制度的执行并没有逾越自由裁量权，但对自由裁量权的买卖则违反了正式规则。自由裁量权是制度的一个必然存在，因此，潜规则的盛行与正式规则的正义性、规则本身的缜密性、实施机制的健全性、非正式规则的约束有效性直接相关。中国传统社会中权力非均衡结构、关系社会、实用主义文化、伪集体主义等则是潜规则不断繁衍和蔓延的深层原因。同时，潜规则的盛行也与社会从计划经济向市场经济体制过渡状态密不可分，体制转轨中的"双轨制"、意识形态的困惑以及社会资本的匮乏助长了潜规则的盛行。

潜规则的扩展和运行机理是理解潜规则的重要一环。本书通过建立历史上的官—官博弈模型和官—民博弈模型，分析了潜规则的扩展。官—官博弈模型不但考虑了博弈格局中的支付差异，还引入支付差异的敏感度，它代表当事人转换规则的意愿，即价值信念。建立官—官博弈模型的目的在于表明潜规则的扩展不仅取决于参与人面临的支付差异，还取决参与人的价值信念以及群体中推行潜规则的人数比例。建立官—民博弈的动态模型目的在于寻找潜规则在社会中达到均衡所必需的条件。在同一个领域中，一部分人运用潜规则、另一部分人运用明规则似乎是非稳定的均衡，迟早要被清一色的规则所替代。潜规则的交易常常不能使交易双方都愉快，尽管交易出于自愿，但总有一方感受到剥夺与威胁，之所以最终达成交易，乃是交易的关联性。社会关系的错综复杂性和交易的相互嵌套使博弈参与人不得不在某项交易中审慎决策。潜规则的实施是有代价的，潜规则的运行也存在机会主义行为，明规则通过影响合法的社会关系来抑制潜规则中的机会主义，确保潜规则得以顺利实施。此外，共同体中权力的等级结构、社会关系网络、重复交易、信任等都充当着潜规则的执行机制。

从个人经济效率角度来看，实施潜规则与拒绝潜规则都会改善个体的处境。从社会经济效率的角度看，潜规则的经济效率又与明规则的性质存在关系。在制度正义（或者符合效率原则）下，潜规则无疑是降低了经济效率，当制度非正义时，潜规则的实施既可能促进经济效率，也可能阻碍经济效率，具体哪种潜规则促进经济效率又取决于制度非正义的类型以及潜规则的类型。但是潜规则的影响并不仅限于引起制度改变，潜规则是自由裁量权的买卖，潜规则的交易也会引起资源配置的变化，而资源配置的变化是否是正面的，则取决于获得资源一方的性质以及资源的用途。

如果说潜规则在经济效率方面还有积极意义的话，那么其在社会秩序方面很难说得上是有积极意义的。潜规则消解了正式制度的效用，削弱了正式制度的权威，侵蚀了正式制度赖以建立的道德和价值的基础；潜规则的盛行造成公开制度的名实分立和社会多元规则的并存。当明规则不能代表公平与正义时，无论潜规则产生有多么合理的理由，它都进一步加深了社会的不公正。值得强调的是，潜规则的存在迫使社会努力去完善现存的正式制度，但这也不能算是潜规则的功劳。

要消除潜规则，一是要用缜密的规则取代自由裁量权。法治国家清廉，并不在于其政治人物道德有多么的高尚，而是在于其规则的细致。二是要对自由裁量权施加"社会的"约束，这些约束包括选择正确的人作为制度代理人、程序性要求、道德的教化、公开等。三是要通过完善实施机制提高制度执行效率。打击潜规则还要关注制度设计源头，既要培育强大的"无私的"最终制度委托人——社会公众，又要约束"自私的"制度设计者——利益集团。减少潜规则，还要在社会经济生活中减小"公"的领域，将资源更多地交由私人配置，将社会经济事务交由市场运作。同时，清正廉洁的政治仰赖社会资本的培育、公共精神的培养以及普遍信任的建立。

目　录

第一章

导　论

第一节　背　景

理论的诞生总是源于对现实问题的思索，经济理论的诞生更是根源于学者们对经济社会现实问题的关切。一般是先有严重的经济社会问题，后有大量的学者探讨解决之道，有智慧的经济学家归纳总结创新，最终一套理论流传于世。斯密的自由贸易理论、凯恩斯的需求理论、科斯的交易费用理论、阿尔钦的产权理论、诺思的制度理论的诞生，无一不是源自现实经济社会问题的迫切需要。由于经济发展领先，现代主流经济学理论大多诞生于西方国家。改革开放以来，中国经济快速发展，经济总量已经跃居世界第二。然而，经济快速发展的同时也涌现了一系列社会问题，对这些问题的解答也产生了不少争议。由于中国发展的道路与西方发展道路存在较大差异，发展过程中产生的问题与历史上西方社会曾经出现的问题既有共性又有特殊性。但是，随着中国经济社会不断转型升级以及中国发展模式在国际社会上获得越来越多的认可，这些问题引起了世界范围内学术界的广泛关注。由于历史、文化、传统和发展道路的差异，西方经济社会发展的理论对于解答中国经济社会出现的问题存在诸多不足，因此，对国内问题的研究不能照搬西方理论，否则未免削足适履。潜规则问题的研究就是其中之一。

"潜规则"这个词最初来自吴思的《潜规则：中国历史中的真实游戏》。吴思在著作中讲述了大量生动、有趣的官场故事，透过历史表象，揭示出隐藏在正式规则之下实际支配着社会运行的不成文的规矩，这就是潜规则。"潜规则"一词自诞生起就受到社会强烈的关注。学术界对潜规则的关注主要集中在两个方面：一是潜规则到底是什么；二是潜规则何以如此盛行。

关于潜规则，吴思在著作中虽然通过大量的公权力腐败的例子进行了说明，但所给出的定义中却没有揭示潜规则本身的价值或道德属性，从而引发了后来研究者五花八门的解释。不少研究套用西方的理论去解释潜规则，然而潜规则翻译成英文后，与之对应的英文又完全脱离了社会最初对其的认知和解释。"潜规则"一词虽然可以直译为"hidden rules" "unwritten rules"或"unspoken rules"，但是中国文化语境中的潜规则与英语世界中的"hidden rules" "unwritten rules"或"unspoken rules"存在明显差别。后者更多地泛指非正式约束、不成文规则、默会知识，这些所谓的"潜规则"并不具有特殊的价值判断和道德色彩。比如福克斯（Fox，2015：26）在《英国人的言行潜规则》（*Watching the English*：*The Hidden Rules of English Behaviour*）一书就中性地使用 hidden rules（潜规则）一词。作者在讨论英国社会的聊天规则和行为规则时指出："英国式的聊'天'其实只是一种潜规则（hidden rules）的表象，用来帮助我们克服天生的保守与羞怯，能够逐渐谈到一块。"海勒和萨尔兹曼（Heller and Salzman，2022：20）在《这是我的，别想碰！："所有权"潜规则如何控制我们的生活》（*MINE！How the hidden rules of ownership control our lives*）一书中也是中性地使用 hidden rules 这一词。他指出，在所有权争议中，"先到先赢""现实占有，胜算十之八九""一分耕耘，一分收获""家是我的堡垒""我们的身体属于我们自己""温柔的人必承受地土"被视为获得所有权的六种潜规则。在西方文化语境中，hidden rules 是不含道德色彩的中性词汇，国内学者将中国文化语境中的潜规则直译为 hidden rules，然后又用西方社会对 hidden rules 的定义去解释中国文化语境中的潜规则，显然背离了我们对潜规则心领神会的理解。或许我们所心领神会的理解本来就是不正确的，是受吴思的历史案例误导的结果，但是这种理解似乎已经成为社会的共识。语言就是一定文化下大众都接受的交流工具，当大众都普遍地接受某一词汇特定的解释时，研究者仍然主张对这一词汇进行正本清源就难免陷入书斋式研究中。西方理论的强势地位使国内不少人在学理分析上将潜规则视为并不具有特殊价值色彩的"隐规则"。一旦将潜规则视为中性的隐规则，潜规则就会无所不包。现实中潜规则一词的滥用相当严重，比如不加区别地将潜规则等同于腐败、寻租、违法犯罪，将一些具有地域和行业特色的传统、生活方式、职业伦理、成功经验也视为潜规则。更有甚者，将创新行为，比如将改革开放初期安徽凤阳小岗村 18 户村民签下包产到户的"生死契约"也视为潜规则。普通国人可以直观地感受到，中国文化语境中的"潜规则"一词是负面的、消极的，是受到社会主流道德批判的对象。正是因为潜规则的消极作用，党和国家领导人才在多个场合提出要用明规则代替潜规则。比如 2024 年 1 月，习近平总书记在二十届中央纪委三次全会上再次告诫全党，"要持之以恒净化政治生态""严明政治纪律和政治规矩，严肃党内政治生活，破'潜规则'，立'明规矩'"。认识上的混乱和词语的滥用是本书写作的重要动因。

　　另一个重要问题是关于潜规则何以如此盛行。综观中国历史，大量的潜规则已经存在于社会上千年，无论其内容还是其形式均未发生重要的变化。而且潜规则似有愈演愈烈的趋势，这种现象已经从传统的官场领域向民生行业蔓延，官员晋升、学校招生、公务员招录、年节送礼、各类排行榜、演员与导演关系、医患关系等不少环节都充斥着潜规则现象……潜规则像癌细胞一样，向社会肌体的每一个角落扩散和渗透，让许多人苦不堪言又无可奈何。潜规则现象的存在，极大地危害了社会经济秩序，侵害了法律规章的权威，动摇了民众追求公平正义的信念。在欧美历史上，潜规则也盛行过，但它只是从传统封建社会向现代社会过渡时期特有的社会现象，不像我国这样经久不衰，这样全面地侵袭经济社会生活。到底是什么因素为潜规则的产生提供了土壤，是什么因素为它的盛行供给了滋养？是文化传统的基因还是制度的缺陷？对潜规则产生和盛行的解释构成了本书研究的重要内容。

　　在"潜规则到底是什么""潜规则何以如此盛行"两大问题之上又衍生出相互关联的另外三个问题:一个是潜规则到底是什么制度;二是潜规则对经济秩序有何影响;三是如何治理潜规则。潜规则作为一类规则,常常被纳入新制度经济学的研究框架中进行分析。新制度经济学的代表人物道格拉斯·诺思将制度分为正式制度和非正式制度,鉴于这种制度二分法无所不包的特性,潜规则理所当然地被纳入非正式制度的范畴。然而,诺思所表述的非正式制度,是文化进化而来的,具有积极意义(至少是中性意义)的那类制度。稍加思考不难理解,中国文化语境中的潜规则虽然有文化传统的基因,但更多的是制度缺陷的产物。既然不具有文化进化的特征,又不构成正式制度,那潜规则到底属于什么类型的制度?这是一个亟待思考的问题。实践中,潜规则有时候被视为是人们被迫做出的无奈的选择,有时候又被人们主动诉诸实施;同样,有时候潜规则被人们当作绕开繁文缛节的有效途径,有时候又被不法之徒用作攫取非法利益的工具。潜规则对于个人到底有何作用呢?潜规则对经济效率和社会公平正义到底会产生什么样的影响呢?这些问题都有待进一步厘清。铲除潜规则赖以生存的土壤、切断潜规则盛行的滋养是法治社会的内在要求。如何治理潜规则既是学术界关心的问题,也是推进法治社会建设所面临的重大挑战。

　　以上问题可以归纳为五个:中国文化语境中的潜规则是什么意思,潜规则是什么类型的制度,潜规则现象在中国为何如此普遍和盛行,潜规则对社会经济秩序有何影响,以及如何治理潜规则。对这些问题进行探讨的过程,实质上是将中国历史和文化传统中的基因与当代中国经济现实问题相结合的分析过程,同时也是现代西方社会经济理论与中国发展问题相结合的过程。党的十八届三中全会提出"国家治理体系和治理能力现代化"的重大命题,推进国家治理体系和治理能力现代化,要以全面推进依法治国战略为根本保障。如果不能彻底消除潜规则现象,根本就不能实现依宪依法治国,也就无法实现国家治理体系和治理能力现代化。党的二十大报告科学阐述了中国式现代化的特征、战略安排、本质要求和坚持的原则。中国式现代化新道路具有重要的世界意义,意味着中国特色社会主义道路、理论、制度、文化不断发展，理论的发展是在对中国现实问题探讨的基础上的归纳和创新。对潜规则的研究不仅有利于我国更高效地推进法治社会建设，而且可以拓展和丰富新制度经济学理论，为世界上那些既希望加快发展又希望保持自身独立性的国家和民族提供全新选择，为解决人类问题贡献中国智慧和中国方案。

第二节 研究的难点

关于潜规则的研究，存在着不少难点，主要表现在以下几个方面。

难点一：什么样的现象才是典型的潜规则？

无论是学术界还是媒体大众，潜规则现象似乎没有边界。潜规则对于中国人而言耳熟能详，几乎每个人都有自己关于潜规则的定义，但是这些定义似乎包罗万象：既把导演和演员之间的性交易当作潜规则，也将普通的卖淫嫖娼行为视为潜规则；既把官场上的贪污受贿当作潜规则，也将普通民众交往行为中的一些惯例当作潜规则。甚至有人将违反正式制度的行为都视为潜规则，尤其是一些打破传统制度的创新行为也当作潜规则。认识的混乱源于很难给潜规则下一个准确的、为大众所接受的定义，定义不清必然导致对潜规则特征把握不准，进而影响人们对潜规则现象的认识。要给潜规则下一个准确的定义进而识别典型的潜规则现象对本书而言存在较大的难度。

难点二：潜规则产生和盛行的原因很多，但要找到其中的中国文化因素十分困难。

从历史上看，潜规则也曾在西方一些国家盛行，随着这些国家步入现代化，潜规则也逐渐退出历史舞台。然而，综观中国历史，潜规则在中国历史上长期盛行，尽管当前中国社会的现代进程已经被推到一个前所未有的高度，但潜规则依然盛行。而且似乎华人地区比其他地区也更为普遍，这其中有没有文化的因素起作用呢？应该说，答案是肯定的。但是，什么是中国的文化，什么是外国的文化，这一问题本身就难以回答，更不用说找出与潜规则盛行密切相关的"中国文化"了。有关文献中，无论是正式制度失效论还是文化论，都没能给予潜规则产生和盛行以全面和系统的解释，要寻找其中的中国文化因素存在着不少困难。

难点三：用什么统一的理论模型来分析潜规则？

有关文献中对潜规则的分析并没有一种被广泛认可的统一的方法，制度分析方法、意识形态理论、委托—代理理论、寻租理论、博弈理论、社会资本理论等都可能对解释潜规则有一定的帮助，但每一种方法在分析潜规则方面又都存在不足。因此，对本书而言，用什么统一的理论模型来分析潜规则是一个挑战。我们认为，潜规则是一种客观存在的有待解决的社会现象，认识它并消除它是本书的主要目的。只要服务于这一目的，分析的方法就不应局限于某一个统一的方法，甚至可以综合运用经济的、社会的、政治的、哲学的方法对其进行解释。当然，本书将主要采用经济学的方法对潜规则进行解释。所谓经济学的方法，就是指遵循稳定性偏好、理性选择和均衡分析三大核心方法（埃格特森，2004：18–20）。在此基础上，可以综合运用、博弈论、委托—代理理念、寻租理论等理论对潜规则进行分析。

第三节　理论逻辑及研究方法

本书以新古典经济学作为潜规则分析的理论基础，以新制度经济学理论作为分析问题的基本框架，以公共选择理论、博弈论、代理理论等为理论补充。主要出于以下三点原因：

第一，新制度经济学家诺思将制度分为正式制度和非正式制度，对制度的这种二分法成为学术界的主流，受其影响，潜规则在国内长期以来一直被当作非正式制度对待，然而，在中国盛行的潜规则与诺思的非正式制度有本质的区别，但却同样起着约束人们行为的作用。即潜规则既不是诺思意义上的非正式制度，却又是一类制度。因此，以新制度理论作为切入点和分析的框架，有助于厘清潜规则与正式制度和非正式制度的关系，有助于进一步分析潜规则与经济秩序的关系。

第二，潜规则作为一种实实在在的约束规则，它的产生和盛行既根源于人性自利的本能，又与正式制度的有效性和社会文化传统有密切关系。因此，以稳定性偏好、理性选择和均衡分析为假设前提的新古典方法为揭示潜规则的产生提供了理论基础。同时，新制度经济学理论放弃了完全理性的假设，关注真实世界的问题，有限理性、信息不充分、机会主义等为潜规则的产生和盛行提供了解释。也就是，只有运用关注现实状态的新制度经济学分析框架，才可能对潜规则的一系列问题进行分析。

第三，潜规则的产生、运行和演变都与正式制度和非正式制度紧密相关，同时它的存在又使正式制度名实分离。因此，压缩潜规则运行的空间要求有完善的法律规则等正式制度、思想意识形态等非正式制度以及有效的制度执行机制。

总之，使用新制度经济学理论研究潜规则问题是十分适合的和必要的。当然，要使用经济学理论研究现实问题，还必须理清理论、概念在现实问题中的落脚点，即必须将经济学理论与拟研究的问题进行逻辑匹配，只有这样才能做到理论与研究对象的完美结合。制度经济学理论包括大量的概念、观点与分析方法，在研究潜规则问题时，要完全做到一一对应是很难的，但是我们还是尽量遵从理论初衷，保持理论分析的整体性、完整性和系统性，将制度经济学理论贯穿全文。

本书在充分吸收已有研究成果的基础上，除了以新古典经济学方法和新制度理论作为基本理论外，还将综合运用可以利用的研究方法和分析工具对所研究的问题进行多层面透视、多方面剖析和多角度论证。具体来说，本书采用理论研究和历史分析、规范研究和实证研究、案例分析和对比研究相结合的方法，力求有理论、有材料、有方法、有分析、有结论，既有确凿的史实材料，又有清晰的理论逻辑，既有科学的理论框架，又有严格的历史分析。笔者尽可能使论证过程缜密细致、逻辑合理，使结论经得起推敲。

第四节　本书结构

本书以新古典经济学理论为基础，以新制度经济学为分析框架，在诺思区分正式制度和非正式制度的基础上讨论中国文化语境中有关潜规则的五个重要问题，即中国文化语境中的潜规则到底是什么意思、潜规则是什么类型的制度、潜规则现象在中国为何如此普遍和盛行、潜规则对社会经济秩序有何影响以及如何治理潜规则。全书分为11章，具体布局如下。

第一章，导论。本章包括本书研究的背景、研究的难点、理论逻辑和研究方法等。

第二章，潜规则的内涵及典型现象辨析。本章给出潜规则的基本定义，并从经济学角度对潜规则进行较具学术性的定义，明确潜规则的几个基本核心特征。在此基础上对纷繁复杂的"潜规则现象"进行辨析，从中提炼几个具有典型性的潜规则现象。为了加强对潜规则的理解，本章还将潜规则与寻租、腐败、创新、抗争等行为（现象）进行了比较。

第三章，潜规则的类型。本章按不同的角度（标准）对潜规则进行分类，其中侵略型潜规则和防御型潜规则的划分是本书分析的一个重要立足点。此外，公权力领域潜规则和非公权力领域潜规则的划分对于更全面地认识潜规则也有重要帮助，本书主要讨论公权力领域的潜规则。

第四章，潜规则的制度属性。本章辨析潜规则与正式制度、非正式制度之间的异同。从潜规则约束的对象、交易双方的谈判地位、约束内容、形成机制、实施机制等角度解释潜规则的特殊性。基于现有文献大多将潜规则视为诺思意义上的非正式制度的观点，本章尤其关注潜规则与非正式制度之间的差异。

第五章，自由裁量权和潜规则的产生。从制度层级、制度费用两个方面分析自由裁量权的产生，并用经济学的语言表述自由裁量权。探讨自由裁量权实践的文本逻辑、公意逻辑和利益逻辑，讨论潜规则产生的原因，并指出潜规则是自由裁量权实践利益逻辑运行的结果。

第六章，潜规则盛行的制度根源。本章从正式制度的性质（包括自由裁量权问题、制度正义性问题、制度设计者利益问题）、正式制度的实施机制、非正式制度约束强度来解释潜规则盛行的根源。

第七章，潜规则盛行的权力和文化根源。本章讨论权力与制度的关系，并从这一关系出发去解释潜规则的盛行问题。同时讨论中国传统社会对权力的崇拜及其对潜规则盛行的影响。本章还讨论了"关系社会"特征、实用主义文化、社会转轨特征等与潜规则盛行的关系。本章还辨析了真集体主义与伪集体主义及其与潜规则盛行的关系。

第八章，潜规则的扩展与运行。本章分别构建了一个双人对称的博弈矩阵和双人非对称的博弈矩阵分析公权力领域潜规则的产生和盛行，构建了一个关联博弈分析潜规则得以运行的逻辑，再从交易成本、"执法者"、实施效率几个方面解析潜规则的执行机制。

第九章，潜规则与经济绩效。本章从个人经济效率和社会经济效率两个方面探讨潜规则的经济效率。无疑，无论是侵略型潜规则还是防御型潜规则都有助于个人经济处境的改善，但是从社会角度看就复杂得多。潜规则与社会经济效率的关系，取决于制度（明规则）的正义性。

第十章，潜规则与社会秩序。从广义上说，社会秩序是由法律和道德这两种基本的和最重要的规则确立下来的，法律是规则的代表，公平、正义则是道德的支柱。道德就是追求价值性和合理性。因此，本章从潜规则对正式规则和非正式规则的影响两个方面讨论潜规则与社会秩序的关系，同时从公平正义角度探讨潜规则对道德的影响。

第十一章，潜规则的治理。本章提出压缩潜规则运行空间的思路。要减少潜规则就必须同时从制度代理人、制度委托人两个方面着手。此外，还要压缩公权力运行的空间，大力培育信任、契约精神等社会资本，弘扬真集体主义价值观。

第五节　关于文本表述的一些说明

到目前为止，笔者一直将制度与规则互用，事实上在不少的文献中，制度与规则也是等同的，如正式制度也称正式规则，非正式制度也称非正式规则，外在制度可称外在规则，内在制度可称内在规则。《现代汉语词典》亦将制度与规则互用，如认为规则是规定出来供大家共同遵守的制度或章程；制度则是在一定历史条件下形成的政治、经济、文化等方面的体系。笔者认为，制度与规则尽管有相同之处，也有差别，但笔者在此不想就其词义的差别做全面和精确的辨析，而是仅就它们在发挥约束作用时的适用范围做简要的阐述。首先，制度往往是针对一个群体或组织而言，它是群体或组织中大部分人所认同并应遵守的约束，但它不适用于仅存在互动双方的情况，如我们可以说"组织制度""社会制度""社团制度"，但不能说"张三和李四之间的制度"。而规则强调的是行动主体间互动时所遵循的约束，它既适用于群体，也适用于互动双方。如我们可以说"组织规则""社会规则""社团规则"，同样也可以说"张三和李四之间的规则"。其次，制度一词往往含有大部分认知和遵守之意，具有整体性，而且往往具有公开性；而规则既可能是整体性的，也可以是局部性的，即它不必然是被群体或组织中大部分人认同和遵守的约束，也可以是在群体中小部分成员所遵守的约束，同时规则不一定是可公开的，也可能是密谋的约定。如在一个组织中，我们可以将组织中绝大部分人所认知和认同的规则称为制度，但我们不可以将组织中小部分人所遵守的约定也叫制度，不能将组织中部分人推行的"潜规则"表述为"潜制度"。基于以上两点，将制度和规则等同可能是不合适的。然而，如果在文章中对每一个"制度"和"规则"都进行这样细微的考察，又显得啰嗦。为了简便，本书将遵照大众传统，除非有特别的说明，在表述中，除"潜规则"一词外，"制度"和"规则"是可以互用的，如正式制度也可以表述为正式规则，非正式制度可以表达为非正式规则等。

　　另一对值得辨析的是与"潜规则"的表述相对应的词汇。潜规则一词的表述应该是没有异议的，社会大众讨论和学术界的研究都表述为"潜规则"。但是，与之对应的词汇却出现了不同的表述，有的表述为"显规则"，有的表述为"明规则"。"明"和"显"在字义上当然会有细微的差别，但与"规则"一词相连并没有表现出什么不同。因此，本书在讨论的时候，会以"明规则"为主，但有时可能会表述为"显规则"。这种互用并没有什么特殊的含义。此外，"潜规则"是一个具有特殊文化色彩的专有名词，本来在日常讨论或学术文献探讨中要用双引号将其括起来，但是如果本书在出现这个词的时候都用双引号括起来，会显得相当累赘。为了简便起见，除了标题和一些特殊的地方，本书将不用双引号。所以，读者看到有的"潜规则"一词有双引号而有的没有，无须辨析其不同。

第二章

潜规则的内涵及典型现象辨析

对潜规则一词的认识引起了不少混乱，这些混乱不仅发生在学术界，在社会大众中也莫衷一是。在社会上，"潜规则"更像是一个无所不包的容器，只要不能明确归入正式制度的规则，或者那些存在于人们内心的心照不宣的默契，都被纳入潜规则的范畴。在这一章，我们将正本清源，对潜规则给出一个明确的定义，揭示其本质特征，不至于让其跃出它应在的领域去染指其他行为。

第一节　潜规则的内涵

要分析问题，首先必须明确问题的本身，要理解一种社会现象，首先必须明确这些现象所涵盖的范围，对问题的把握和对现象范围的划定是一切研究工作的开端和立足点。"潜规则"一词被广泛滥用于社会生活的各个领域，从纷繁复杂的"潜规则现象"中提炼出潜规则的典型现象是我们分析工作的第一步。

一、潜规则的一般定义及其要义

潜规则是指那些不敢或不愿公开的却在特定人群中实际起着约束作用的

行为法则。这一简单的定义犹如海面上的浪花，虽然不能诠释大海的浩瀚与深沉，却是浩瀚与深沉的大海自然运动的外在反映。潜规则只是对某些反复进行的交易的描述，这些反复进行的交易对人们的行为构成约束作用，从而被赋予规则的地位。这个定义只是从外在的旁观者角度对这些交易行为进行的一种理性概括。从旁观者的角度看，这一定义足以完备地描述潜规则的外在形态和作用，因为潜规则确实是不敢或不愿公开的，否则其"潜"是没有必要的；潜规则也确实是仅在特定人群中运行的，因为它的"潜"必然意味着其不宜向共同体或组织中的其他人公开，无论是为了躲避惩罚还是公众的谴责，它只能在少数人群中运行；潜规则也确实是切切实实地对人们的行为构成约束作用的。然而，作为要对潜规则做系统和深入剖析的人来说，仅对其运行的外在形态和表面特征进行描述是远远不够的，我们不但要知其然，还要知其所以然。如为何不敢或不愿将潜规则向组织中的其他成员公开宣称？其公开的后果是什么？如果其是违法的或是与主流道德价值观冲突的，为何又能产生并长期盛行于中国社会？潜规则为什么只是运行于特定人群中，这类特定人群具有怎样的特征？潜规则既然是一种规则，那它的实施机制是什么？等等。对这些问题的回答就是对潜规则进行全面、系统和深入剖析的过程，这是一个较为宏大的工程，这些问题的答案难以也没有必要体现于潜规则的定义中，正如任何一个名词一样，其含义都难以诠释其全部内涵。因此，从其外在的形态和表面特征去概括潜规则，将其定义为"那些不敢或不愿公开的却在特定人群中实际起着约束作用的行为法则"是合适的，至于其内在的深刻含义，我们将在此后的各章节中进行详细阐述，现在仅对其定义或其外在形态和表面特征做简单的说明。

首先是"不敢或不愿公开"。潜规则不像明规则那样能够光明正大地在组织或全社会中公开，在明规则中，正式制度是那些成文的规定，它有着明确的条文，在实施上有着第三方的强制力量的支持，它依靠这种强制力可以在共同体中公开地宣示和全面地贯彻，无论其正义与否。诺思所理解的非正式制度是指人们在长期社会交往过程中逐步形成，并得到社会认可的约定俗成、共同恪守的行为准则，包括价值信念、风俗习惯、文化传统、道德伦理、意识形态等。尽管这些非正式制度存在需要不断完善的局限性，但既然能获得社会的认可，是社会演化而来的稳定均衡，因此必然是可以公之于众的，随着时势的变化而公开、渐进地改变。潜规则本身是一个集事实描述与价值判断于一身的概念（李彬，2020），潜规则最核心的特征就体现在其"潜"字上。"潜"字有两层含义：一是在运行上是隐蔽的；二是在价值判断上是消极的或者至少不是与占主导地位的社会道德相向而行的。两者其实存在因果关系，正是因为价值上的非积极性才导致了其运行的隐蔽性。潜规则在中国有特殊的含义，普遍地被认为是一种消极的、负面的规则，因而与主流社会道德相冲突是其最基本的特征。如果一项规则违反了正式规则却符合大众的价值取向，则不会被人们视为潜规则，即在明规则非正义的时候，人们违反法律法规而衍生的规则，尽管也是秘密运行的，尽管公之于众也会受到惩罚，但它仍然不属于潜规则，这是对不正义的反抗或者是创新的萌芽，是值得赞扬的行为。"不敢"公开是因为潜规则所规定的行为是明显地违反了明规则，并且这个明规则必须是正义的，或者至少名义上代表着正义，为避免正义的惩罚只好在隐蔽状态运行；"不愿"公开则是因为潜规则所"规范"的交易行为是旨在获取正当利益和非正当利益之间的灰色利益，获取灰色利益其既不属于获得正当利益，也不是对不正当利益的攫取，而是一种模糊状态，以致行为主体也不愿意将这一行动公开化。"不敢"必然隐含着"不愿"，既"不敢"也"不愿"公开的潜规则多存在于公共权力（包括集体权力）领域，而单纯的"不愿"公开的潜规则多存在于民间或私人交往领域。

其次是"特定人群"。潜规则只在特定人群中运行，是一种个别的规则而非普遍的规则，潜规则的具体实施甚至因人而异。潜规则的局部性可以从"潜"的特征中反映出来，潜规则是要隐蔽地运行或隐晦地发挥作用，即其不便于向公众宣示，因为一旦被公众获知即会面临着惩罚和谴责的风险。相对于共同体或集体而言，这个特定人群仅是整体的一小部分，他们追求自身利益的行为方式与这个共同体中的其他人所具有的理念是冲突的。共同体中的"其他人"即使自身也卷入另一种与"特定人群"相关的潜规则交易，但在这桩潜规则交易中他们扮演着正义的旁观者角色，他们会利用主流的道德标尺去衡量这一特定人群的交易，一旦发现违反法规或社会主流价值观的行为，便会加以谴责，尽管在现实中他们在其他领域也参与了另一类型的潜规则交易。在信息化的社会，某一社会事件通过网络的传播能够激起更大范围的反响，运行于一个特定场合和某一特定人群内部的违反公共利益的潜规则一旦被揭露，将面临巨大的舆论压力，轻则受到行政处罚，重则身败名裂。因此，在信息化和网络化的时代，"特定人群"相对于正义的旁观者而言，更显得势单力薄，这也意味着潜规则的运行将更为隐蔽，形式更多样。

最后是"实际起着约束作用"。协调人们行为的明规则除了正式的成文的规章制度外，还有在长期交往中逐渐演化而来的习俗和惯例，这些习俗和惯例"基于如果我尊重别人的权利，别人也将同样尊重我的权利的稳定预期，它的出现并不是出于任何个人或组织的理性和有目的的设计。它之所以有可能自发演生，是因为人们从经验中认识到，遵循这样一种约束实际上有助于每人对目标的追求"（青木昌彦，2001：41）。在公共权力领域，指导公权力运用的规则有成文的规章制度，在规章制度所不及的地方，或者在公权力代理人的自由裁量权范围内，有公共利益最大化法则，这一法则是共同体成员可以预期的公意，是权力代理人应该遵守的可公开的明规则。潜规则的存在意味着权力代理人要么是直接违反了规章制度，要么是在自由裁量权内违背了公共利益最大化的法则。但是潜规则毕竟是服务于权力代理人的私利，一旦公之于众要面临惩罚和谴责的风险，因此，潜规则只能秘密地运行，而表面上仍宣称是明规则在起作用，现实中公权力领域的潜规则无一不是在正义的明规则的掩护下运行的。在私权领域，潜规则常常发生于处理介于正当利益和非正当利益之间的灰色利益的时候，对这一灰色利益的处置缺乏明规则的明确指导，而且双方都没有充足的理由获取这部分利益，对它的分割完全取决于双方的友好关系，而这个处置的规则直接影响着双方为获取正当利益的交易行为。为了确保在正当交易中获得更多的利益，双方在灰色利益分割方面演化出了一套规则，但因为获取的是灰色利益，处置这一利益的规则是极难用言语表达的，构成了私权领域的潜规则。

二、潜规则的经济学市质

(一) 潜规则的经济学内涵

从潜规则的一般定义（那些不敢或不愿公开的却在特定人群中实际起着约束作用的行为法则）中尽管可以看到潜规则的整体概览，却没有触及潜规则的本质，特别是没有体现经济学意义上的内涵。本书的主旨是从经济学的视角考察潜规则，虽然其中必然混合着社会学、政治学等非经济学的因素，但是其核心的方法必须是经济学的方法。

经济学遵循的是自利、理性、均衡的分析方法，其要研究的问题是在要素有限的情况下如何实现资源配置效率的最大化，评价是非的标准是效率或成本，涉及道德的东西就很难从经济学的视角去考察，也正因如此，经济学被视为"不讲道德的学科"。而潜规则本身就是带有强烈道德色彩的词汇，单纯的经济学方法很难全面诠释其含义。但是，笔者认为，潜规则本质上是一种交易，其交易的内容是行为主体所控制的特定资源，这种资源可能是物质的，也可能是非物质的，或者是二者的混合。其与一般交易的重要区别在于，潜规则下的交易是在隐蔽状态中进行，而一般的交易则是在公开的状态中进行的。隐蔽还是公开，取决于法律法规的规定和主流道德价值观。人们理解的交易是一般的交易，一般交易是在明规则（法律和主流道德）的框架中进行的。法律和主流道德是隐含于一般交易的外在的制度环境，是人人共知的明规则；而潜规则下的交易要么是违反法律法规，要么是背离主流道德价值观，正是因为它的负面性和消极特征才迫使它转入隐蔽状态。因此，在潜规则的交易中，外在的正式规则和主流道德显明地起着作用，而且是潜规则交易中的关键因素，对潜规则所下的经济学定义也必然应该包含着正式规则和主流道德价值观这一因素。基于以上的认识，笔者认为，在经济学意义上，潜规则通常是在制度自由裁量权的运用中，当资源购买者为了避免被资源控制者施加高于公意价格的价格时，或者当买方欲以低于公意价格的价格获得被控制的资源时，为了达成交易，买方向资源控制者支付额外补偿的行为。潜规则是依附于资源交易上的交易，其本质是对资源控制者的自由裁量权的买卖。

不过，正如翟学伟（2005：17）在其《人情、面子与权力的再生产》一书中指出的："许多中国本土的概念不一定要靠一个完整而准确的定义来完成我们的研究，它在很大程度上是靠我们结合文化性的叙述和典型的故事来完成它们的意义的。"对于潜规则，不能仅仅通过这个内涵就能获得全面和精确的理解，而要回到中国社会现实中去看、听、闻，去观察、发现、体会。

（二）潜规则经济学内涵的解读

1. 关于"资源"

资源包括物力、财力、人力、知识、智力等自然资源和社会资源。自然资源包括阳光、空气、水、土地、森林、草原、动物、矿藏等，社会资源包括人力资源、信息、技术、机会以及其他经过劳动创造的各种物质财富等。西方经济学认为，决定商品价值的不是它所包含的社会必需劳动量，而是消费者从消费一种商品中得到的效用，即消费该商品带来的满足或享受程度。一种商品的价值大小不取决于它有多大用途（使用价值）或所包含的劳动量，而是消费者对它的主观评价。物理、化学等自然属性是资源价值的一个重要来源，社会属性也赋予了资源以价值。非物质资源的价值在很大程度上来源于社会属性。知识、专利、就业和晋升机会等，都是有用的社会资源，其价值源自人与人之间的关系。一种物品在自然属性上可能并不具有使用价值，但由于制度的强制使其价值高昂。现代社会人为创造的资源种类繁多，比如现代社会的准生证、户口本、暂住证、贫困证明、危房证明等，其价值并不来源于它的自然属性，而是来源于制度的规定。

人类社会对某些资源的自由使用设置了层层障碍，政治的垄断、意识形态的束缚以及传统和禁忌都决定着资源的价值。这里我们更关注制度的因素。制度赋予了很多非物质资源价值的内涵，规则本身所具有的"禁止"

和"要求"就蕴含着对资源使用的强制价格。因此，资源的价值可以从两个方面进行解释：当存在一个自由交易的市场时，其价值可以通过市场价格来度量；当不存在自由交易的市场时，资源的价值取决于制度的规定。市场中，一般商品的需求数量是随着价格的上升而下降的，但是由制度强制的物品，其需求量并不随着价格的高低而发生明显变动。一些资源尽管其成本是低廉的，但其缺失的后果可能是极其严重的，特别是当制度要求每个组织成员必须获得这些资源时。制度强制购买时，公众对这些资源的需求弹性近乎为0，即它几乎不随价格的变动而变动（见图2-1）。如户口本、身份证、民工的暂住证等"商品"，尽管办证成本可能并不高，但是缺失这些证件将使人寸步难行。对这些证件的需求是强制性的，即不管办这些证件的成本如何，都几乎不会影响需求量。

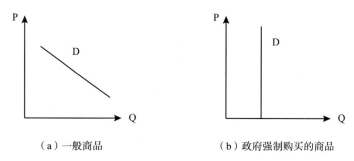

（a）一般商品　　　　　　　　　（b）政府强制购买的商品

图2-1　资源的需求曲线

注：图中横坐标Q代表资源的数量，纵坐标P代表资源的价格；曲线D代表资源的需求曲线。

2. 关于资源的"价值形式"

货币是价值的通用形式，但不是唯一的形式。货币形态之前，价值形式曾经历过偶然的价值形态、总体的或扩大的价值形态、一般的价值形态。在交易由货币主导的现代社会，这些非货币的价值形态运行空间已经非常狭小，但并不会从历史的舞台上消失，而是退居幕后或者仅仅在局部地方和特定的时间内发挥作用。我们可以根据交易是否需要中介物将其分为两类：一类是不需要中介物的"物—物"交易；另一类是需要中介物的"物—媒介—物"交易。"物—物"交易的等价物为另一"物","物—媒介—物"的等价物为特定媒介，如果这一媒介为货币，那么等价物自然是货币。现代社会货币占据交易的主导地位，但"物—媒介—物"交易的等价物也并不必定是货币，货币固定地充当一般的等价物并不排斥在一些特殊时期和特殊场合中其他物品充当一般等价物的情形。如西藏一些地方家庭的财富以牦牛数量作为衡量，而且牦牛充当着交换中介的角色。一般而言，当公开的市场竞争受到控制时或者通货膨胀时，其他一些物品就会取代货币成为交易的中介物。

与商品进行交易的对象为货币自然好理解，而以物易物的另一物就包含着丰富的内容了。一切有用的资源都既可以偶然地作为商品进行买卖，也可以在一定范围内充当等价物。货币是能够通行于一切社会的等价物，但是在现代生活实践中，非货币资源在交易中发挥被动作用的现象还是十分普遍，这些非货币资源用于衡量处于主动作用的资源的价值。这些非货币资源有时候被当作商品消费掉，有时候则在有限的范围内充当等价物。比如农户0地租向村中大户出租耕地，个人0利息向亲友出借金钱，企业员工对领导言听计从。这些看似不对等的交易实则是以情感作为等价物，以换取不特定的有用资源。0地租出租耕地使承租户对自己充满了感激，这种感激可以被储存起来转化为未来切实的回报。同样，员工对领导言听计从换取对方的信任，这种信任像一般等价物一样能够被储存并交换其他很多有价值的资源，如机会、金钱、晋升等。这些交易中的等价物只在有限的范围内被承认，脱离了这一范围就很难交换到有用的资源。0地租情况下，出租方手持感激这一等价物，只能从承租方及其亲属那里获得回馈，而不能期望利用这份感激从陌生人那里寻求回报。

从以上情形可以看到，交易的等价物大大超出了货币的范畴。一顿烧烤、一天劳动、对老人的照看、必要时提供的援助、职务和薪酬上的关照、良好的声誉、权力、美色、尊重等，都能够被纳入交易的范畴。这些非货币等价物有的被当作商品一次性消费，有的可以储存起来在有限的范围内充当等价物。现代社会是金钱的社会，但金钱并不能主宰一切，多元社会也要求划出一部分空间让非金钱的社会关系、声誉、互助等在交易中发挥作用，不至于使人际关系沦为单一的货币关系。金钱关系也不宜主宰一切，公开法律制度的限制、社会主流道德的束缚、偏好的多元化等，都导致资源的等价物形式的多样化。因此，不难看到，现实中存在着金钱与权力的交易、权力与美色的交易、权力与机会的交易、美色与机会的交易等。在纯粹的自由市场中，没有什么是禁忌的，只要交易完全出自双方的自愿，那么交易就是被允许的。在这种市场中一切物品都依据其对个人的效用而贴上价格的标签，任何一种资源都能依据其价值实现等价交换。

3. 自由裁量权

理论上资源的价值是可以度量的，一个完全开放的自由市场下的交易价格就是资源的价值体现，但是现实社会常常不存在这样一种完全的市场。真实的世界中，人们受到意识形态、观念和制度的束缚，某些资源甚至还被禁止交易。被禁止交易并不代表其不存在价值，只是表明因为不存在一个公开的自由市场而使其价值的度量和交易存在困难，如医生的专业知识、工人的装修技能、政府部门资格审核人员的"专业知识"等，因为不允许将这些资源进行公开的交易，要鉴别和度量这些资源是困难的，实施交易则更困难。资源度量的困难常常赋予资源控制者解释的特权，资源控制者在资源的交易中拥有较强的谈判能力，他能够决定资源交易与否，决定资源交易的数量和价格。

以"禁止""要求"为特征的制度世界里，资源、权力、机会等并不能由公开的市场来决定，以强制力为后盾的制度实际上是对市场的替代，制度规定了资源的交易"价格"和交易形式。正式制度不但确定了组织成员的权利和义务，也确定了组织成员在什么条件下获得这些被控制的资源以及在什么条件下被排斥于这些资源之外，同时正式制度也确定了谁拥有公共资源的控制权和配置权。那些恰好被安置于资源控制位置上的人有依据正式制度配置资源的权利，在配置资源上这个制度代理人便具有了交易的决定权。任何一项制度都会赋予制度执行人甄别具体情形做出决策的权力，这种权力就是制度的自由裁量权。自由裁量权是制度体系中不可避免的部分，它甚至是现代社会秩序的中心内容，因为现代社会秩序越来越依赖于法律和行政官员的明确授权以及专业知识来达到广泛的立法目的。制度代理人所拥有的自由裁量权在经济形式上就表现为对资源价格的决定权。制度代理人作为资源控制者在自由裁量权范围内能够决定资源的配置数量与价格，充当着资源的供给方。资源被制度代理人控制（或垄断）着，制度代理人有动机而且有能力能从自身利益出发设定资源的价格（这里所指的价格是广义的价格，即其不限于货币价格，还包括非货币化的以时间、空间、质量、身高、学历等为标准的资格、条件）。

当资源购买者为顺利完成公开交易而向资源控制者支付金钱或物质时，实际上就是对自由裁量权的买卖。自由裁量权是一种有价值的资源，它既能满足人们的权力欲望，又具有造福或损害的功能，因此，它具备了被贴上价格的标签作为商品交易的潜能。在任何一个社会或组织中，制度代理人都承担着甄别各种情势选择公意价格的责任，几乎都不会允许制度代理人将制度视为私人物品进行买卖，为增进自身利益而损害公意如果不是明显违法，那也必然是违背公众期待的。将自由裁量权标价出售的行为通常是违反正式规则规定的，但是并不必定违反正式规则，因为非正义的正式规则有时甚至会赋予代理人利用职权谋利的权利，一些流氓政权或匪帮占山为王、坐地起价的事例并不鲜见。但是对自由裁量权的买卖是围绕交易双方展开的，违反了自由裁量权运用的公共利益最大化的标准，违背了公众的期待，因此，对自由裁量权的买卖必然会处于隐蔽状态中。

4. 公意价格

个人不是毫无情感的原子式的单元，人们的交易活动也不是发生于真空中，而是在特定的政治结构、历史背景和文化传统中进行的。意识形态、传统文化、社会道德这些因素镶嵌于市场的背景中，普遍地、潜在地影响着人们对资源的赋值，这些因素引导人们摒弃自然本性去追求普遍认可的真、善、美。人们依据意识形态、传统文化、社会道德所做出的对资源价值的普遍判断构成了资源的公意价格，公意价格符合公众普遍的期待，它是一项正义的价格。公意价格常常是唯一的，规则代理人在自由裁量权内选择哪一个价格可能公众无法改变，但公众能普遍地感受到这一个价格是否是公正的（群众的眼睛是雪亮的），即制度应该如何落实，公众心中有一种普遍的期待。所谓公众期待，是指公众根据公正原则对具体事例在法律和规章中的结果所做出的"应是怎样"的判断。公众对具体事例的结果是可以预测的，它构成了人们对法律和制度的稳定预期。这一"公意价格"凝聚着主流道德价值观和正义精神。将制度代理人的自由裁量权与公意价格结合起来，得到图 2-2。图 2-2 中，经过 P^* 平行于横坐标的实线为资源的公意价格，它是由意识形态、传统文化、社会主流道德共同决定的资源价格。P_1 和 P_2 代表着资源在自由裁量权 Z_1 内的最低价和最高价。从图中可以看出，随着自由裁量权 D_i 的扩大，资源控制者的价格操作空间也跟着扩大，它可能低于资源的公意价格（如 P_1），也可能高于资源的公意价格（如 P_2）。

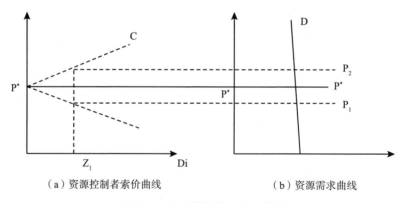

（a）资源控制者索价曲线　　　　（b）资源需求曲线

图 2-2　自由裁量权与公意价格

5. 额外补偿

由图 2-2 可以看出，资源的购买者要想获得资源，其支付的价格有三种可能：一是与资源的公意价格一致，即以 P^* 的价格获得资源；二是以低于公意价格 P^* 的价格 P_1 获得资源；三是以高于公意价格 P^* 的价格 P_2 获得资源。资源控制者决定着最终价格，资源控制者的决策受到很多因素的影响，如道德因素、规范因素、先例等。我们假设人是理性和自利的，现实中道德也是一条斜率为负的曲线，在越来越大的诱惑面前，道德终将让位于利益。在自利动机的驱使下，资源的需求者总是希望尽可能地少支付价格。资源控制者也是尽可能地增加自身利益，但是资源控制者所掌控的资源常常并不是归其私人所有，而只是制度赋予其交易的权利。资源交易所得归制度委托人所有，资源控制者所做的仅仅是代理工作。然而，资源控制者的自由裁量权赋予了其增进自身利益的机会，他可以利用自由裁量权影响资源购买者的福利来获得利益。于是，出现了两种较普遍的增进自身利益的情况：

一种情况是资源控制者威胁会将价格设定在高于公意价格的某个价格如 P_2 上，资源购买者必须向资源控制者支付一定的补偿才能避免后者真的将价格设定在 P_2 上。当然，其额外支付的数量不超过公意价格与 P_2 之间的差额。

另一种情况是资源买方欲以低于公意价格的价格如 P_1 获得被控制的资源时，此时，买方也必须向资源控制者支付某种补偿。当然，其额外支付的数量不超过明规则价格与实际成交价之间的差额。

正如资源的价格一样，补偿的内容并不必然地表现为金钱，既可能是金钱，也可能是物质，甚至可能是权利乃至性。因此，我们既可以看到患者向医生支付红包，也能看到群众为办事而向政府工作人员送香烟茶叶特产或者请他们吃饭，村委候选人可以通过私下向个人承诺获得贫困资助而换取对他竞选的支持，演员不惜奉送上身体也要争取到那个她原本没有足够资格获得的角色。

补偿的额度受到下列因素影响：首先，补偿额度取决于资源控制者所拥有的自由裁量权的大小，自由裁量权既是额外补偿产生的根源，也是影响补偿大小的关键变量。自由裁量权越大，资源的潜在交易价格波动幅度就越大，进而交易价格偏离公意价格的幅度就越大，资源控制者索要的补偿必然就越大。其次，补偿额度受交易双方尤其是资源控制者所秉持的道德信念强度的影响。明规则的公意价格凝聚了社会普遍认可的道德价值，资源控制者对道德信念的坚守将有助于防止交易偏离公意价格，越是坚守道德信念的人，越能抵挡住利益的诱惑，越是唯利是图的人，在利益攫取上越是毫不留情。假如资源购买者是一个在道德上自律的圣徒，其也不会主动地向资源控制者支付额外补偿以换取低价交易。再次，补偿额度受到交易双方关系性质的影响。从图 2-2 中可以得知，资源控制者在自由裁量权范围内可以将实际价格设定在公意价格的下方，也可以设定在公意价格的上方，而且在同一方向上，其索价的多少也有很多的选择空间，最终成交价格位于公意价格的上方还是下方，具体数额如何，受到交易双方关系亲密度的影响。一个完全陌生的购买者，或者彼此之间毫无关系，或者双方在过去的交往中存在过芥蒂，此时资源控制者很可能就会故意刁难买方，向购买者索要高于明规则的价格，其在索要额外补偿上也可能会更高；而当双方彼此熟悉，或者通过熟人介绍，或者有某种共同特征时，成交价格可能低于明规则所设定的价格，其在索要额外补偿的数量上也可能更少。最后，补偿的额度还受到补偿行为被揭露和受惩罚风险大小的影响。特别是当法律法规将惩罚的强度与索贿额度挂钩时，接受补偿的一方不得不考虑其索价的额度可能面临的风险。如最高人民法院、最高人民检察院发布并于 2016 年 4 月 18 日起施行的《关于办理贪污贿赂刑事案件适用法律若干问题的解释》，将一般情况下贪污受贿罪的定罪数额由 5000 元提高到 1 万～3 万元，这一调整可能导致资源控制者在小额索贿上有恃无恐。

用 R 表示补偿的额度，用公式表达补偿的函数，就是：

$$R = f(Di，\Phi，L，F)$$

其中，Di 表示资源控制者的自由裁量权，Φ 表示交易双方道德信念的强度，L 表示交易双方的关系亲密程度，F 表示补偿行为被揭露和受惩罚的风险大小。

资源购买者为获得资源实际支付了 P+r 的价格，其中 P 是资源公开的成交价格，这部分支付最终由制度代理人转交给制度委托人（上级、国家、全体成员或公众），r 是用于支付自由裁量权的价格，这部分支付落到制度代理人的手中，作为获得"合法的优待"或避免"合法的伤害"的代价。支付 P 部分的过程是资源合法交易的过程，但是要顺利地完成这个交易，就必须支付代价 r，r 的支付如果不是明显违法的，那也必然是违反了社会公意的行为，它本身就是潜规则的支付。也即，只有实施了潜规则 r，人们才能顺利地完成合法的交易 P。

值得指出的是，在定义上潜规则是对自由裁量权的交易，但是资源控制者在实施潜规则时也有可能会逾越其自由裁量权，将原本不属于自由裁量权的事务标价出售。特别是当资源控制者拥有较强的个人魅力与权势时，其通常能够逾越本分插手他人事务。但是当制度代理人逾越制度权限插手他人事务，即买卖他人的自由裁量权时，则必定是违反了正式制度的规定的。但是这种"僭越"自由裁量权的情况是极少存在的，即便存在它也是起因于对自身自由裁量权的支配。

三、潜规则内涵的检验

根据以上对潜规则内涵所做的详细解构，我们可以对我国历史上和现代社会中较为盛行的潜规则做简单的分析，以加深对潜规则定义的理解。

吴思在《潜规则》一书中提到的封建社会犯人向狱卒打点，这是因为狱卒掌握着牢狱资源，这些资源对犯人的处境构成极大的影响，既可以让囚徒动辄得咎，也可以改善囚徒的处境。为了避免狱卒的故意刁难（避免被狱卒施加高于公意价格的价格获得牢狱资源），或者为了获得狱卒的特殊照顾（为了以低于公意价格的价格获得牢狱资源），囚犯自然会被动或主动地向狱卒支付。

患者向医生送红包，是由于医生掌握着公立医院的医疗资源和专业知识，其在治疗上有很大的自由裁量权，这些自由裁量权既可能对病患者造成深刻的伤害，也可能让患者得到良好的照顾。为了避免医生"合法的伤害"，或者为了获得医生"合法的优待"，患者会被动或主动地向医生送红包。

在某些农村地区，农民要开具一份贫困证明得向村干部送烟送礼送钱，这是因为村干部掌握着出证明的权力，依据干部的自由裁量权，这个证明他既可以出也可以不出，而这个贫困证明对于需求者是相当重要（如贷款、获得资助等）。为了避免村干部可能的刁难和"拒绝"，或者为了顺利拿到原本没有资格获得的证明，村民常常被动或主动地向村干部送礼。

生产商为获得采购权而向官员送礼送钱行贿，这被认为是潜规则。这是因为官员掌握着确定供应商的自由裁量权，低效率的企业为了获得采购权（即企业以低于公意价格的价格获得资源），或者达标的企业为了顺利地获得采购权（即企业为了避免官员施加高于公意价格的价格），主动或被动地向官员送礼送钱行贿。

古代社会下级官员向上级官员奉送的炭敬、冰敬、三节两寿被认为是潜规则。这是因为上级官员掌握着下级官吏升降的权力，能力好的官吏为了保住自己的乌纱帽或顺利晋升而被动向上级官员纳贡（避免上级官员施加高于公意价格的价格），能力差的官员为了保住乌纱帽或获得破格提拔的机会也会主动向上级官员纳贡（以低于公意价格的价格获得资源）。

农村装修过程中，户主只有好烟好酒招待，装修工人才会尽心尽力，这被认为是一种潜规则。这是由于装修工人掌握着装修的专业技能，装修质量在及格和优秀之间存在很宽的区域，质量最终确定在哪一个点完全取决于工人。户主为了避免质量仅仅是"及格"（避免工人施加高于公意价格的价格），或者为了获得工人的"尽心尽力"（欲以低于公意价格的价格获得高装修质量），会被动或主动地款待装修队伍。

第二节　潜规则现象辨析

一、"潜规则"的误用与滥用

潜规则一词最先由吴思提出，在《潜规则：中国历史中的真实游戏》一书中，吴思对潜规则的定义是"人们私下认可的行为约束"（吴思，2011：193）。吴思在书中列举了大量潜规则的例子：地方官吏鱼肉百姓，上级官吏利用权力向下级索贿，下级官吏向上级纳贡，官员之间相互勾结……这些现象在当时仅仅被斥为"官场陋规"，但实际上以今天的标准来看，这些现象大多是官场的腐败例子，是要受到法律制裁的，在当时，即使得到皇帝的默认，也是明文规定所禁止的。今天，潜规则现象不仅存在于官场，也蔓延到社会各个领域。或许今天的潜规则现象并没有吴思所描述的明清时期官场潜规则那么严重和赤裸裸，但依然与过去一样处于一种似合法又非法的状态，甚至仅仅被宽泛且模糊地描述为"不正之风"（吴思，2011：152）。

吴思开创性地提出这一概念后，潜规则现象受到学术界和媒体大众的强烈关注。但是现有的对潜规则现象的认识太过宽泛，没有形成统一的认识。

一是将官场寻租行为或官员腐败等同于潜规则现象。吴思在《潜规则》一书中所描述的潜规则现象，实际上都是公权力滥用的现象，是官场腐败的表现，因此，潜规则往往被视为腐败的代名词。又如林炜双等认为潜规则类似于西方的"组织政治行为"，它"是当前公务员组织突出的消解组织正式制度效用的个人利益寻租现象"（林炜双等，2010）。在现实社会中人们所说的官场潜规则，与腐败或寻租基本上是同义的，官场上的潜规则确实意味着公共权力的扭曲，不正确地运用公共权力必然与腐败紧密相关，这也正是将潜规则等同于官场腐败这一观点形成的原因。

二是将社会中一般的违反伦理、法律现象等同于潜规则。如将导演与演员之间的性交易视为潜规则，将奶农为了增加利润而违反法律在牛奶中添加对人体有害的添加剂视为潜规则现象，将农户在自给的菜田上不施农药而在对外销售的蔬菜上大量喷洒农药化肥的行为视为潜规则现象，等等。

三是将违反正式规则的行为都视为潜规则，甚至将一些寻求规则外的利益的群众首创精神或创新行为也视为潜规则现象，进而通过提出让"潜规则""转正"获得合法的地位来鼓励创新和变革，如将改革初期安徽凤阳县小岗村十八位农民立下生死状视为潜规则行为。

四是将人际交往中的一些默认的公约、经验总结甚至地域习惯和传统也视为潜规则，如酒桌上"添酒的规矩、敬酒有次序、挡酒的花招"以及职场上的"别轻易转行、不要独享荣耀、不要有'怀才不遇'的想法"等忠告也被贴上潜规则的标签。将地域传统或习惯视为潜规则，才会将"四川规矩""荆南惯例""京城传统"等这些带有浓厚地域文化色彩或风俗特征的行为视为潜规则。

认识上的混乱影响了学术界对潜规则进行科学和理性的分析，直至目前，社会上对潜规则的认识大多徘徊在现象层面，尽管潜规则一词充斥在网络与日常交谈中，但却缺乏学术上系统的分析。认识上的混乱也给我们提取潜规则的典型类型增加了困难，到底什么样的行为是潜规则现象，这一问题是本书的一个关键问题，也是基础性的问题。为了辨别潜规则现象，我们有必要首先辨识潜规则的一些关键要素，或者对潜规则的定义或边界给出一个说明。

二、潜规则的四个基本特征

从潜规则的一般定义及其经济学本质中，可以总结出潜规则所具备的四个关键特征。

（一）自愿

潜规则必须首先是一类规则，它是在自愿的基础上达成的交易。所谓规则，就是游戏参与者所受到的约束。尽管是否参与到游戏中并非全然出于自身选择，但是这种约束是参与者所共知的，规则的具体细节、违规的后果都被参与者所知晓，即不存在一方不知晓规则而被另一方欺骗的情况。一旦身处博弈格局中，其行为皆出于自愿选择。潜规则本质上是一种交易，尽管交易双方在谈判地位上可能不平等，但是交易行为却是出自双方的自由意志，这种自由是特定制度环境中的自由，甚至可能是别无选择的"自愿"，自愿意味着双方对交易的内容和交易的结果是知悉的，双方在交易中不存在相互的欺骗。这种自愿并不排斥交易一方在别无选择时不得不同意交易的情形，它仅仅表明交易双方对交易过程和交易结果的明了。潜规则中的自愿与自由市场中经济主体选择所遵循的自愿原则是有区别的。自由市场中经济主体的选择也是在自愿原则的基础上做出的，但是自由市场中经济主体在选择中具有多个备选的方案，用完全竞争理论的术语来说，市场中同质的商品有很多卖者和买者，没有一个卖者或买者能控制价格，选择此放弃彼并不会对自身造成什么伤害。现实社会中虽然很难找到属于完全竞争的市场结构，但是拥有多个选择的"市场结构"却是随处可见的。购买一台电脑，A 商店价格过高，消费者可以转到 B 商店，消费者放弃 A 选择 B 并不会导致什么不良的后果，当消费者最后发现 C 商店销售的电脑配置更高而且价格更便宜时，也可以转战到 C 商店。消费者改变选择不用担心遭到 A 商店和 B 商店的报复。同样，X 高校比 Y 高校在社会上有更高的声誉，考生选择 X 而放弃 Y 也不会对自己造成伤害。这就是自由市场中经济主体自愿原则赖以建立的基础。然而，潜规则交易中的自愿原则虽然也意味着主体的自主选择，但这个选择的范围常常是极为有限的，这尤其表现在防御型潜规则上。防御型潜规则是指资源购买者为避免"合法的伤害"而向资源控制者进行支付的行为。防御型潜规则有一个突出的特征，交易主体面临着这样一个选择，即"要么……否则……"，"否则"后面意味着严重的后果，它将使资源购买者面临损失，包括身体、金钱、名誉、机会、合法交易等方面的损失，即最终交易的价格将高于公意价格。"要么"与"否则"之间存在着巨大的价格差，它迫使交易方不得不选择"要么"。"只有在几乎是相等的其他的选择存在时，交换才真正是自愿的。垄断意味着没有其他的选择，从而妨碍实际的交换自由。"（弗里德曼，2004：33）因此，从这一意义上说，潜规则交易双方的自愿，与市场原则下的自愿是有区别的。

（二）交易

潜规则是对资源控制者的自由裁量权的交易。自由裁量权是制度执行者按照给定的约束条件处置资源的权力。自由裁量权是公开制度的一个合理存在，因此，自由裁量权的运用过程（即资源的交易过程）也是合法和可公开的。在一个正义的社会里，资源的成交价格是由制度代理人在审慎辨别特定情势之后制定的符合制度委托人（或公众）利益的价格，制度代理人是一个没有自身利益的超然于规则的人。然而，不存在没有自身利益、超然于规则的人，人是自利的，并不因为其有时充当规则的制定者和执行者而因此转换他的心理和道德齿轮，正如布坎南（2000：20）所说："有代表性的或者普通的个人在参与市场活动和政治活动时，都是以同样的普通价值尺度为基础而行动的。"自由裁量权也是一种有价值的资源，它既能满足人们的权力欲望，又具有造福或损害的功能。制度执行者通常会利用自由裁量权增进自身利益，其手段就是利用资源的定价权来影响资源购买者的福利，后者为在资源买卖中获得"合法的优待"或避免"合法的伤害"向制度执行者支付资源交易价格之外的补偿。资源购买者向资源控制者所支付的额外补偿，实质上是对后者自由裁量权的购买。补偿"金额"数量是自由裁量权的成交价格，交易的过程即为潜规则的行为。制度代理人获得资源购买者所支付的额外补偿后失去了在该桩买卖上的自由裁量权，或者将自由裁量权所蕴含的经济价值变现了。在潜规则一词的创造者吴思看来，潜规则总是与官员的行政自由裁量权联系在一起的，他在《潜规则》一书中用以阐释潜规则的例子，无一不是关于自由裁量权买卖的。当然自由裁量权的交易有时候会做过分，资源控制者可能会将原本不属于自由裁量权的部分也拿来交易，其表现出来的特征就是明显的违背法律法规等正式制度。

（三）负面

潜规则行为在道德上是消极的、负面的，与主流社会道德相冲突是潜规则最基本的特征。买方向资源控制者支付补偿，后者在获得补偿后将资源以低于公意价格的价格出售，或者以低于自由裁量权范围内最高界限的价格出售。尽管资源最终成交的价格仍属于制度代理人的自由裁量权，但是却偏离了公众的共同期待，偏离了公意，或者有条件地遵循了公意。公意承载着社会主流道德价值观，因此，潜规则在本质上是与社会主流道德价值观相冲突的。潜规则的隐蔽性可能源于其违背正式制度，但是更关键的是源于其与主流道德相冲突，实际上大部分的正式制度也是建立在主流道德价值观基础之上；当正式制度非正义时，交易双方的行为如果违反了正式制度却符合社会主流道德价值，尽管交易行为亦秘密地进行，但是双方的行为却被人们称赞，被贴上勇敢、无畏等美德的标签。潜规则中的双方尽管是出于自愿而达成契约，这个契约有利于双方利益的最大化，但这建立在损害公共利益的基础上，"它维护的是小范围内的人的利益最大化，进而对正式规则和非正式规则进行变通、背离，是一种'自私'的规则，违背了公意，满足了部分人的私利"（袁爱华、李克艳，2018）。正是因为潜规则的消极作用，党和国家领导人曾在多个场合提出要用明规则代替潜规则。如习近平总书记在2014年5月9日指导兰考县委常委班子党的群众路线教育实践活动专题民主生活会时指出："要坚持清正严明，形成正气弘扬的大气候，让那些看起来无影无踪的潜规则在党内以及社会上失去土壤、失去通道、失去市场。"①2024年1月习近平总书记在二十届中央纪委三次全会上再次告诫全党，"要持之以恒净化政治生态""严明政治纪律和政治规矩，严肃党内政治生活，破'潜规则'，立'明规矩'"②。

（四）隐蔽

潜规则是依附于明规则之上的规则，是内嵌于公开交易的隐蔽交易。公开制度执行的过程本质上是交易过程，制度执行者是资源的卖方，制度规范的对象是资源的买方。资源包括物品、权力、机会、资格、经济利益等；约束条件是资源的价格，价格的形式包括货币、时间、空间、质量、身高、学历等约束条件；对资源的"处置"（其内涵丰富，包括奖惩、授予、转让等）构成了买卖的过程。例如，农村危房改造补助资金的发放过程，本质上是公共资源的交易过程。其中"公共资源"是危房改造补助资金，卖方为政策的具体执行者，包括村委会主任、村支书、乡镇政府相关部门负责人

---

① 习近平总书记在河北、兰考两地调研指导党的群众路线教育实践活动报道集 [M]. 北京：人民出版社，2014：25.

② 习近平在二十届中央纪委三次全会上发表重要讲话：深入推进党的自我革命　坚决打赢反腐败斗争攻坚战持久战 [R/OL]. https://www.gov.cn/yaowen/liebiao/202401/content_6924871.htm.

等；资源的买方是危房户主；资源的价格是补助资金发放的条件，包括申请人应为农村户籍的居民、申请人所居住的房屋必须是经过鉴定认定为 C 级或 D 级的危房、申请人必须长期居住在该危房中，等等。达不到这些条件，对于申请人意味着资源的定价过高，如果条件门槛过低则意味着资源定价过低。潜规则总是寄生于正式规则之上，一般有正式规则才会有潜规则。有了危房改造补助政策这个正式制度，公权力代理人才有了具体的自由裁量权。在危房认定过程中，村支书、村委会主任（"双肩挑"情况下常常为同一人）拥有较大的自由裁量权。比如"申请人必须长期居住在该危房中"这一条件，何谓"长期"？这是很难量化的定性词语，即使能够量化，比如可以具体到一年中有 200 天居住在里面，那么又如何去统计这个住户是否住够了 200 天，谁去统计？什么叫一天？24 小时都居住在里面，还是只要一天有中 1 小时住里面就算？对这一条件的甄别存在极大的操作空间，进而留给了村委会主任相当大的自由裁量权。可想而知，这样的自由裁量权在农村社会意味着什么。村委会主任家门前必定是人来人往络绎不绝，而且几乎没有一个人是空手而来的。一些明明达到条件的农户上门送礼，只求不被刁难；一些明明达不到条件的农户上门送礼，但求获得额外的关照。以利益换取危房补助资格成为大家心知肚明的潜规则。可见，潜规则常常依附于明规则（常常是正式制度，但不是绝对的，在传统社会，明规则只是口头协议，并无现代意义上的正式规则，但同样会滋生潜规则）之上，是隐蔽于公开交易（制度实施过程）内的交易。

三、一些被误解的潜规则现象

或许是潜规则这一词汇太过于吸引眼球，以致它被广泛地使用甚至滥用，根据潜规则的三个关键特征，我们可以对现实社会中一些似是而非的"潜规则"做出判断。

奶农为了增加利润而违反法律在牛奶中添加某种对人体有害的添加剂这种行为被一些人认为是潜规则，实际上奶农的行为虽然是违反了法律也违反了主流道德，但是与之交易的人对于奶农的行为并不知悉，奶农是在掩盖自己行为的基础上与消费者进行交易。因此，奶农的这类行为不构成一项奶农与消费者之间的规则。二者之间的交易表面上是自愿进行的，实际上是奶农通过欺诈的方式获得消费者的自愿，违背了双方对交易内容和交易结果知悉的原则，因此不是潜规则。同样，药店导购员把顾客引导到他们有提成的药品专柜而不管对不对症状的行为也不是潜规则，纯粹是一种欺骗，与规则无关。作为一项规则，必须是被双方共知和认同的，任何带有欺骗因素的都不是规则。

公权力领域中的潜规则最让民众感到不满。由于潜规则往往与官员以公谋私联系在一起，因此，普通民众常常不加区分地将官场中的腐败都视为潜规则，这种观点是对潜规则的滥用。以官员挪用公款为例，官员对公款的挪用是单方面的行为，尽管其中也可能会有相应的协助人，但他们之间构不成交易，当然也不存在一方对另一方的补偿，即不存在买卖双方对自由裁量权的交易。另一个官场贪腐的例子是，官员向亲属低价转让公共资源，比如将采购权授予亲属，将贫困补助的名额给予并不贫困的亲戚，这些行为必然违背了主流道德价值观，而且也存在着互动的双方，是官员和亲属之间的行为，然而，这种行为是否是潜规则值得商榷。笔者认为，潜规则是一种约束，其常常体现在"如果你不支付……我就不……"上，这种支付是对明规则代理人或谈判地位较高的一方的支付，即除了向集体支付资源表面价格外，还必须向制度代理人支付额外的补偿。而官员向亲属低价转让公共资源或将贫困补助名额给予并不贫困的亲属，其间并不涉及额外的补偿，或者不属于自由裁量权的交易。实际上，与其说这些行为是官员与亲属之间的交易，不如说是官员单方面侵夺公共资源的个人行为，因此，这类行为不是我们所定义的潜规则，而是像挪用公款一样的单方面的腐败行为。

一些人总结出了"酒桌上的潜规则"，如添酒的规矩、敬酒的次序、挡酒的花招等。首先，这些行为并不是自由裁量权的交易，甚至都算不上一桩交易，而是人与人之间在特定场合交往的一种准则。这种准则根植于文化，是长期交往中演化而来的礼仪。其次，这些行为并不违反主流道德价值观，虽然这些准则没有时时刻刻地被提起，却并非要逃避主流道德的谴责，只不过是因为它成为一种默认的公约，没有必要再呈到公众面前提醒人们遵守。最后，这些所谓的规则不是隐蔽运行的，而是可以公开谈论的。在笔者看来，它是一种非正式制度，是本书所理解的明规则的一部分。至于其为什么不应该被时时刻刻地提起，可能涉及"面子"问题以及中国人内敛和隐晦的特性，对"面子"的关注常常是国人心照不宣的默契，在公开场合直言就是不给面子，这是合乎社会道德的规矩，不构成潜规则。

职场里盛行一些所谓的"潜规则"，如别轻易转行、不要独享荣耀、不要有"怀才不遇"的想法、用"吃亏就是占便宜"的心态做事、朋友要分"等级"、勿轻易吐露你的失意以免被人认为软弱无能，等等。它与"酒桌上的潜规则"一样只不过是一些经验总结，不是交易行为，没有涉及特定的交易双方，不存在一方对另一方的补偿，这些经验总结既没有侵犯他人的法定权利和道德权利，也没有违反自身的法定义务和道德义务，即其并没有违反主流道德价值观，因此算不上潜规则。

四、典型的潜规则现象

引起人们关注的潜规则往往是涉及公权力领域的潜规则。公权力是由国家这个共同体中的全体成员转让出来的由政府官员行使的权力，公权力的行使涉及每一个社会成员的利益，因此，公权力领域的潜规则更引起人们的关切，也更引起公众的愤怒。除了国家这个共同体外，家族、社区、公司都是共同体，因此，严格来说，国家（或政府）这个共同体滋生的潜规则同样遍布于私权领域的团体和组织当中。因此，潜规则的存在是广泛的，潜规则不仅存在于公权力部门，民间团体和民营企业等也可能存在潜规则。由于非公权力领域的潜规则危害相对较小（仅限于共同体内部），除了一些特别行业的潜规则外（如涉及性交易的演艺公司的潜规则），非公权力领域的潜规则都不太引人关注。人们可以对私营企业内部的潜规则视而不见，但对政府部门中的潜规则却不能漠不关心，因为公权力领域的潜规则影响到社会中每一个人的利益，它的危害是全面性的和全体性的。凡是不涉及公权力的行为，都属于私域的范畴，私域范畴演化出来的行为约束既可能是习俗、传统等明规则，也可能是潜规则。二者的区别在于习俗和传统是整个社会网络中共同认可的准则，是博弈论中整个群体的稳定均衡，而潜规则是对整个群体均衡的偏离。交易行为中一方违反了其应承担的道德义务，背离了大家共同认可的主流道德价值。我们分别从公权力领域和私权领域各选取了两个典型的潜规则来加以说明。

（一）潜规则现象一：群众为顺利办事向基层政府部门工作人员送好处

公权力领域最让民众不满的潜规则莫过于群众到基层政府部门办事时为了不被办事人员刁难而不得不做出额外支付的行为。基层政府是公权力的代表，办事人员是公权力的代理人。尽管明规则明确规定公务员应全心全意为人民服务，但这些代理人也有自己的个人意志或小团体意志，经济人的自利性使他倾向于利用公共权力谋取私利。公权力代理人不仅有谋取私利的动机，也有足够的能力，特别是在缺乏有效的监管和有力的惩罚机制下，公权力代理人在谋取私利上更是得心应手。公权力的行使有明规则的约束，但是任何一项明规则都不可能无限缜密，必然留给代理人一定的自由裁量权。在法治建设不健全的地方，越是基层人员，其自由处置事务的权力就越大，在集权专制的官僚政治中，哪怕是权力系统中最不起眼的蕞尔小吏，在行使职权时其权力也近乎无限大，不难想象，在利益的动机下，这些代理人会利用手中的职权向前来办事的群众索要额外的报酬，对于没有支付额外报酬的群众，办事人员会设法刁难。一项调查显示，80.9%的受访者表示自己遭遇过"办证难"和"办事难"。而"不说明具体流程，多次要材料""互相推诿""脸难看"占据"办事难"前三位，"信息不对称，流程烦琐""难找人""要好处"分列其后（兰燕飞，2013）。长期与基层政府打交道的人逐渐悟出一个法则：只要向办事人员或其上级送上一定的好处，事情就会顺利得多。2013年10月11日，中央电视台题为《北漂小伙为办护照返乡6次多跑3000公里》的报道提到，小周家在外地，目前在北京工作，公司要派他出国，需要办因私护照，但由于在北京缴纳社保不足一年，按规定他必须回户口所在地办理。

小周说为了办护照往返北京和河北老家多次，跑了大半年一直没有办下来，每次去都被办事人员以各种理由推托无功而返。一位全国人大常委会委员在十二届全国人大常委会第五次会议上也曾举过另一个例子，一个在外地工作并成家的人，到原居住地申请一张准生证，他也往返多次，后来给了工作人员1000元，立刻就办好了。前一个事例中小周没有遵循潜规则，因此备受刁难，而后者遵循了潜规则迅速将事情办完。基层政府部门是公权力部门，部门的负责人和普通的办事人员，无论是通过民主选举获得职位还是来自上级的任命，其一旦被放到这个公共权力部门的某个职位上便代表着公权力，公共意志是公权力的来源，也是公权力代理人的行为准则，公务员应该按法律法规要求行事，在法律法规没有明确规定的地方也要恪尽职守，急人之所急。工作人员索要额外的报酬才能正常执行明规则或者只有接受一定的贿赂才能急人之所急，不仅违反了法律法规及其正式角色所应承担的义务，也因为扭曲了公权力而侵犯了每个人的私权，损害了他们的切身利益，因此，支付额外报酬以免除拖延和刁难这种交易行为必然处于隐蔽状态，沦为潜规则。

（二）潜规则现象二：在公立医院中患者向医生送红包

公权力领域的第二个潜规则例子是患者向医生送红包。在公立医院，患者向主治医生送红包的现象司空见惯，这也是公众最深恶痛绝的潜规则之一。公立医院是由政府举办的纳入财政预算管理的医院，在计划经济时代是清一色的公立医院，医院为病人提供免费医疗，医生的收入完全来自固定的计划性工资，但是这种计划体制也以低水平的医疗质量为代价。改革开放以来，医疗事业向社会逐步开放，医院获得了较大的自主权，医院的收入除了来自财政预算外，也来自自身的经营性收入，市场化的医疗改革也使得医生的收入呈现多元化的特征，职位、医术、医药提成、社会兼职，甚至其在手术台前与患者之间不对称的权力也可以为其带来收入，其中与患者之间权力不对称是衍生医患之间潜规则的温床。公立医院是由政府出资设立的，其资金来自社会公众的税收，医院所具有的救死扶伤的权力严格来看源于社会公众的赋予，医生所享有的医治权力尽管离不开其个人长期刻苦的钻研，但是一经公权力的雇用和确认，其能力和职责便具有公权力的性质，其行使的职权成为公权力的一部分，他们成为公权力的代理者。但是医生个人符合经济人自利的特性，在行使职权时会追求自身利益的最大化。医生不但具有自利的动机，也有自利的能力，其所拥有的医术的专业性和复杂性并非患者所谙熟，在其高度专业化的医术领域，医院没有规定每种疾病必须进行怎样的治疗，结果是治疗时间的长短、实际上使用的药品和剂量、治疗方式、刀口大小等完全听凭于医生。患者在医生面前显得无能为力。专业和信息的不对称造成双方权力不对称，医生拥有较大的谈判权力，在自由裁量权内，权力的钟摆是向左还是向右完全取决于医生。在自利的动机下，不难理解他们会利用自己的自由裁量权明示或暗示患者向其支付超过明规则所规定的额外的价格，对于拒绝服从的患者，医生在自由裁量权内有多种方法使患者遭受不必要的损害。医生的"故意的事故"给患者带来的损害极具扩散效应，少数的损害事件会迅速在社会网络中扩散并形成"不给好处就面临伤害风险"的社会共识。对医生的明示或暗示固然无法抗拒，在无明示或暗示时患者宁愿主动提供额外的支付也要避免医生在治疗过程中可能出现的"故意的事故"。这种以额外的支付换取医生尽职尽责的交易违反了医院的明规则，明规则（包括医院的正式规则和医生这个职业所应承担的义务）要求，医生在公开的价格下根据病患者的情况对症下药，而且必须尽职尽责。医生利用手中的公权力寻求个人利益，或明或暗地推行潜规则，违反了正式制度及其公共角色所被赋予的正式义务，因此，其交易行为必然转入隐蔽状态以逃避打击，沦为潜规则。公立医院的医生作为公权力的代理人，其权力来自公众私权的转让，因此，其以公权力谋取私利的行为不仅给患者造成了额外的负担，也直接损害了社会公众的利益。实际上，私立医院也存在同样的潜规则，只是因为私立医院中医患之间的潜规则仅涉及交易双方的利益，对外部公众影响不大，因此其受到的关注也相对较小。

（三）潜规则现象三：演艺圈中个别演员与导演之间的性交易

"潜规则"这词虽然首先由吴思创造用来描述官场领域的权钱交易，但其得以迅速风靡于整个社会，可能要归功于它在娱乐圈中的传播。娱乐圈中导演和其他剧组负责人拥有选择演员的权力，这种权力直接决定着一名演员的成败。导演或影视公司负责人的行事方式符合经济人自利的特征，无论是演艺公司的负责人还是导演还是其他剧组人员，都力求自身利益的最大化，而自身利益是多元的，影视公司和其出资人可能更多地追求经济利益的最大化，而作为代理人角色的导演或剧组负责人的利益追求更显多元化，性的满足是增进其效用的重要方式。导演和剧组负责人拥有决定谁出演、出演什么角色、赋予演员多少镜头等权力。为了增进自己的效用，部分导演和剧组负责人常常在选择演员方面附加额外的条件。另外，真正拥有演艺技能的人不多，而演技平平又想一炮走红的年轻演员却大有人在，这些演员为了获得理想的角色或者为了增加出镜的机会，可能需要进行额外的支付——性。屈从于导演的演员将获得更多的机会，而拒绝屈从的演员，即使演技再高也可能被"雪藏"。导演利用自己的自由裁量权，搁置了以演技决定角色和演出机会的明规则，代之以不可告人的潜规则，无疑违反了基本的传统风俗和社会主义道德操守。为了逃避舆论的谴责，交易的双方必然将这种交易行为转入隐蔽状态，使其成为潜规则。导演与演员之间的潜规则更多的是影响当事双方的利益，因此主要属于私权领域的潜规则。舆论关注的并不仅在于这种规则剥夺了他人的权利和损害了公众的利益，还在于它侵袭了社会关系网络中公众共同认可的主流道德，这种道德能（至少表面上）维系社会秩序，尽管有时候它只是一面旗帜，但毕竟代表了风清气正的社会秩序，代表了正义。

（四）潜规则现象四：屋主与装修队伍之间的"宴请—质量"关系

另一个私权领域的潜规则以农村装修房子为例来说明，这是民间自发演化的潜规则。随着改革开放和城市化的不断推进，大量的农村人口外出打工，将务工收入转汇回农村以改善衣食住行，其中对住房的拆旧建新是主要投资。由于需要建设住房的农户过多，在一些大村庄便形成了专业的建筑施工队伍和装修队伍，在农忙时各自忙着自家的农事，在农闲时则给同村或外村建设和装修房子。由于不少村庄的农产品生产实现了机械化，一些建筑和装修队伍得以从农业中抽身出来逐步走向专业化，一年四季都承接工程。价格是市场形成的，这个市场是一个局部的市场，价格低于外部大市场中专业建筑和装修队伍或公司的价格，但也不会过低。价格相对较低可能是由于建筑和安装队伍与业主一样均来自同一个村庄，而且常常不是邻居就是近亲或同宗的亲属，实际上邻居也大多是宗亲，因此，专业装修队伍与屋主之间彼此都以宗族内的排行相称呼，以显示关系的亲近。然而，毕竟装修队伍是市场经济的产物，经济的回报是他们组队承接工程的目的，即使关系再好也不可能免除费用，甚至也不会以低于局部市场平均价格的价格承担工程。

各类分部工程的装修价格都是明码标价的，外墙抹灰、内墙抹灰、内墙瓷砖、地板瓷砖等的市场价格信息都是可以轻易获得的。装修协议（民间的口头协议）是公开的，装修队伍以明示的价格为屋主提供装修服务。这种协议明显是不完备的，质量标准基本上取决于装修队伍的专业水平和态度。最低的质量要求是不要有明显的缺陷，但没有明显的缺陷与高质量之间还可以有多个质量等级，就像 60 分到 100 分一样。装修队伍为屋主提供哪个级别的质量取决于他们与屋主的亲近程度，亲近度越高，质量等级也会越高。而这种亲近度是可以控制的，那就是明规则的激励。人们发现，在装修过程中，除了支付明码标价的装修款项外，招待装修队伍的次数越多，招待得越好，则亲近度就越高，相应地装修队伍在工作上就越投入越认真，装修的质量也越高。

一个只按照正式协议履行相应义务的屋主，不但会被装修队伍背后斥责为"抠门"，而且可能遭遇装修质量问题。这些问题非专业人士很难从外观上直接观察到，而是要过一两年才会逐渐显露出来，而到那时，装修队伍完全可以将这些问题归咎于维护和使用的原因。在这种交易中，装修队伍拥有比屋主更强的谈判能力，因为装修的技术和操作过程不是普通农户能掌握的，这也正是其平均收入远高于其他雇佣劳动报酬的原因。装修队伍的努力程度不容易被观察到，而屋主的支付却是简单而明确的——按已经明确计算好的工程量支付确定的金钱。正因为谈判能力的不对称，屋主处于相对弱势的地位，为了获得较高的装修质量，屋主不得不增加招待装修队伍的次数，并丰富招待的内容，如更丰盛的饭局、更高档的烟酒，抑或在言谈举止方面对装修队伍表现出更多的尊重。屋主招待的频次和装修队伍的努力程度之间的关系对交易双方都构成一种约束，这种约束大家都心知肚明，但是却不宜公开，甚至在面对他人的指责时双方也都会矢口否认，屋主会声称招待装修队伍是感谢师傅们工作的辛劳，而装修队伍亦声称无论屋主招待与否以及频次高低，他们都会尽职尽责。但是他们这种表面的宣称并不能服众，也没有人相信，实际起作用的仍然是那个隐蔽的规则，即屋主要想获得更高的装修质量，就必须增加招待的频次并丰富招待的内容。这一规则只能在隐蔽状态运行，根源于它违反了中立旁观者从公正角度审视交易所依据的道德价值。从旁观者的角度看，屋主按照协议支付了约定的价格，装修队伍就有义务尽职尽责为屋主提供可靠的装修质量。在谈判能力不对等的交易中，如果屋主招待不周，装修队伍在能够精细化自己操作工艺的条件下却未付诸实施就是违背了其承担的道德上的义务，如果装修队伍转换身份变成中立的旁观者也会认同这一点，但置身其中使他们不能超然于利益之上，道德义务与利益的较量常常是利益占上方，但为了逃避道德的谴责，这种规则只好转入隐蔽状态，构成潜规则。

第三节　潜规则与相关名词的辨析

社会上对于潜规则这一词的使用存在较大的混乱，一提到潜规则人们总是将其与腐败等同，吴思在《潜规则》一书中对潜规则的描述也总是辅以官场赤裸裸的腐败案例，现实中的潜规则现象也多发生于公权力领域，提起潜规则人们总是愤愤不平，表达了对公权力被私用的不满。实际上在有关的文献中，潜规则现象似乎没有边界，一些学者和媒体把寻租、腐败、非法行为甚至首创精神都视为潜规则现象。寻租和腐败是对同一现象分别从经济角度和政治角度考察时的不同提法，但实际上二者并不是同一事物的两个侧面，而潜规则既不同于政治角度的腐败，也不等同于经济角度的寻租。违法或犯罪是法学上的概念，潜规则显然并非单纯的违法或犯罪。有人认为首创精神也可能是潜规则被赋予合法地位后的"正名"，比如1978年安徽凤阳县小岗村18位农民创造的"小岗精神"就是潜规则演变过来的。因此，潜规则未必都是负面的。本节将指出，以上将潜规则等同于腐败、寻租、违法、创新都是对潜规则一词的误用或滥用。要辨别它们与潜规则之间的异同，就必须抓住潜规则的两个基本的特征（自愿的交易和与主流社会道德相冲突），以此来考察其他行为，如果符合这两点基本特征，则可以被视为潜规则。

一、潜规则与寻租

在经济学上，租是超额利润，现实社会中只要是引起企业获得超额利润的要素，都可以获得租金，因此，租金无处不在。我们通常所理解的寻租主要是寻求政府或权力的管制以获得超额利润，但实际上，引起超额利润的因素并不仅包括体制、权力和组织设置，还包括市场中企业为获得超额利润而采取的市场行为。根据租形成的原因不同，伦敦大学亚非学院的穆斯塔克·汗（Mushtaq Khan）将租划分为六种类型：垄断租、自然资源租、转让租、熊彼特租、学习租、监督和管理租。本节并不是要分析寻租，而是要讲清潜规则与寻租的关系，因此笔者主要聚焦于汗的垄断租，它是指为获得政府法规支持所形成的垄断利益（租金）而进行的活动（国彦兵，2006：397）。政府运用权力对经济活动进行干预或管制，不但制造了政府所允许的合法的垄断，也为特定的企业或个人提供了市场垄断的机会，获得这种机会所带来的超额收入的过程就是寻租。潜规则与寻租既有相同之处，也有本质的差别。

（一）潜规则与寻租的相同之处

首先，寻租活动和潜规则行为本身都是源自利益的驱使。自利虽然不可以解释人类的所有行为，但它确实是一个强有力的动机。"天下熙熙皆为利来，天下攘攘皆为利往"可谓是至理名言。人们无论是在市场领域还是在集体选择的领域，都是追求效用最大化的人，一个有代表性的或典型的人，在从市场领域走向政府领域时，并不因此转换他的心理和道德齿轮（布坎南、斯塔克，2000：19－24），对个人利益的追求永不停歇。一旦个人掌握了有价值的资源，无论这些资源是归个人所有还是归集体所有，他都会在既定的约束内利用资源最大化自身利益。寻租行为中，寻租者通过正常的和非正常的渠道、以合法的和非合法的方式争取公共权力为其所用，尽可能多地占据行政垄断的资源，增进自身的效用。在潜规则行为中，交易的卖方总是力图最大化手中资源的收益，将自身掌握的知识、专业技能、公共权力、选择权等资源的收益最大化。而买方为趋利避害，就会主动地或者被动地接受着卖方的额外索取，即使这些额外的索取违背了正式制度或主流道德价值观，但是只要参与人权衡利弊后认为收益将大于支出和被惩罚的风险，便会接受潜规则。因此，无论是寻租还是潜规则行为，都是个体受最大化自身利益动机的驱使而实施的最大化自身利益的行动。

其次，寻租和潜规则实质上都是一种交易，而且部分寻租活动与潜规则在本质上是一致的。寻租是人们凭借政府保护进行的寻求财富转移的活动。寻租者是个人或组织，寻租的对象是公权力部门及其决策者。寻租者为了获得政府的特殊保护，可以通过正式的合法的渠道向政府和决策者坦陈利害关系以影响政府决策，也可以通过行贿等非法手段"收买"决策者。当利益集团的利害关系满足一定的条件时就可获得政府合法授予的特权，其行为属于合法的交易；如果利益集团达不到这一特定条件而通过行贿的方式获得特许权时，贿赂本身就是交易的额外补偿，其本质与潜规则中的额外补偿在性质上是一致的。潜规则是买方对卖方所做的额外的私下补偿行为，明规则已经确定了资源的价格，即卖方所掌握的资源（包括技术、知识、机会等）是允许交易的，或者其已经被纳入交易的体系（如医生以医疗技术换取了医院的工资福利，演员的演技可以赢得特定角色，装修队伍以专业技能获得报酬，政府工作人员手中的权力价格已经转化为工资薪金），只是制度代理人手中仍然掌握着"造福"和"伤害"的自由裁量权，才导致卖方向买方索取额外补偿。因此，寻租与潜规则有一定的交叉，某些寻租行为在性质上与潜规则行为一致，都是对合法交易的额外补偿，而这种补偿是被法律和道德所禁止的。

最后，潜规则与寻租的结果都是消极的，要么是损害经济效率，要么是损害社会公平。布坎南等人认为"寻求租金一词是要描述这样一种制度背景化的行为：在那里，个人竭尽使价值最大化造成了社会浪费，而没有形成社会剩余"。他们把寻租描述为人们凭借政府保护进行的寻求财富转移而造成的浪费资源的活动。柯兰得尔中给寻租下的定义是为了争夺人为的财富转移而浪费资源的活动。寻租活动给自由市场设置了障碍，通过行政的手段配置资源，造成经济资源配置的扭曲，阻止了更有效的生产方式的实施。道德上的消极性是潜规则的重要特征，而社会主流道德凝聚着社会对公平正义的共识，潜规则的运行损害了社会的公平。明规则和主流道德限制某些交易，而潜规则将其纳入交易体系中，尽管有时候符合经济效率，但是正如罗尔斯所言，某些交易即使再有效率，只要其不正义，也应该禁止。实际上潜规则不但违背了社会公平，也损害了相关的局外人的利益，违反了明规则框架内所允许的经济效率。如政府的采购招标中，公开公平地面向社会招标是符合经济效率的，但是潜规则的存在使得项目暗箱操作，其阻碍了更有效率的厂商获得项目，从而损害了项目的经济效率。

（二）潜规则与寻租的区别

第一，字意上的不同。寻租活动描述的是特定领域的具体行为，潜规则描述的是一般化的行为约束。寻租是为了获得和维持垄断地位从而得到垄断租金所从事的一种非生产性寻利活动，从其名词的字面及其定义上看，寻租活动明确地指出了其行为的目的（即垄断租金）、运行的领域（公权力），它意指某种特定的具体的活动。而潜规则只是一般化的描述，是对交易中频繁进行的自由裁量权买卖行为的抽象化，它既存在于公权力领域也存在于私权领域，并不特指某个领域的具体活动。因此，寻租更具体、更特殊，而潜规则更抽象和一般化。

　　第二，在规则意义上的内涵不同。柯兰得尔给寻租下的定义是为了争夺人为的财富转移而浪费资源的活动，克鲁格也认为寻租是为了取得许可证和配额以获得额外收益而进行的疏通活动（陈佳生、徐彬，2009：127 - 128）。总之，寻租表达的仅仅是某一种行为，它着重刻画的是交易的本质，而不是交易的重复性、频繁性和制度化。潜规则不同，它之所以成为一种规则，是因为规则下行为的频繁性，偶发的、零星的行为是无法引申出规则的，只有那些重复出现的、频繁的行为才会形成一套成文或不成文的规则。正如肖特（2003：33）所说："社会制度得以创生是要帮助一个经济中的行为人去解决他们所面对的某些反复出现的问题。"潜规则既然构成一种规则，它必定包含着重复和频繁的交易，这种交易不管是发生在相同的主体之间还是不同的主体之间，都具有相似性。

　　第三，运行的领域不同。寻租活动一般只用于刻画与政府相关的某些行为，而潜规则的产生和运行不仅存在于公权力领域，还存在于私权领域。与其说寻租活动总是与公权力相关，不如说寻租这一词汇从诞生那一刻起就是为了描述与公权力部门相关的某些活动。布坎南（James M. Buchanan）等公共选择学派学者在垄断租理论的基础上发展了寻租理论，并提出了两个观点：一是寻租基本上是通过政治活动进行的；二是限制寻租就要限制政府。因此，政府运用手中的权力对经济活动进行干预或管制是"租"产生的根源，寻租的过程也就是个人或利益集团对权力部门进行游说以获取"租"的过程。潜规则在公权力领域自然会引起人们的强烈关注，公权力领域也是潜规则多发地带，但私权领域的潜规则同样也不容忽视，如娱乐圈导演与演员之间的潜规则并不涉及公权力，却受到社会的关注。

　　第四，性质不同。寻租在道德上并不必然是消极的，而潜规则在道德上是消极的。寻租有层次之分，对"租"的追求是经济人或组织的自利本性，其本身的定义并不具有特别的道德含义，其道德性质取决于创租和寻租者所采取的手段或方式。一些寻租活动不但不具有消极的影响，还是经济社会发展所应鼓励的行为，也获得了社会的广泛认可和支持，如熊彼特租能给社会带来创新，学习租能增进社会知识的总量。即便是垄断租，其本身也没有好坏之分，一国范围内弱者寻求政府的庇护，农业组织游说政府提高农产品进口关税，寻求用行政手段获取垄断利润，这些行为甚至会赢得所有社会成员的支持。当然寻租的过程也可能在道德上是负面的，行贿是违法的寻租方式，也是违反人们共识的行为。在寻租的第二层次上，对已经出现的"租"的谋求同样可能积极的，也可能是中性的和消极的，取决于寻租者所采取的手段。如大学生通过努力学习谋求进管制部门或垄断企业工作以获得垄断租金，这一行为是被大众认可的。而通过暗箱操作获得政府职位则是违背法律和道德的。正是因为寻租可以被道德和法律所接纳，因此，寻租活动可以是公开的，只有那些违反法律的寻租活动才会处于隐蔽状态。潜规则不同，潜规则自始至终都是违背社会主流道德价值观的，与主流社会道德相冲突是其最基本的特征。

第五，行为的逻辑起点不同。寻租的逻辑起点是自由竞争的市场秩序，而潜规则的逻辑起点则是有管制的市场。寻租是为了获得政府的特权保护而进行的活动，其逻辑的起点是一种自由竞争的市场秩序，是资源的配置完全由市场决定的秩序，寻租行为使政府对市场施加管制，创设壁垒，制造特权。因此，寻租活动造成经济资源配置的扭曲，阻止了更有效的生产方式的实施。潜规则的逻辑起点是有管制的市场，正是因为政府的管制，才会有对制度执行的自由裁量权，潜规则正是在这些管制和约束的土壤中才得以滋生和蔓延。以出租车市场为例，原本自由进出的竞争市场实现了经济效率的最大化，但利益集团的寻租行为导致政府限制出租车执照数量，从而创造了垄断租金，为少部分人带来了利益，却损害了市场的效率。正是因为出租车市场被管制，少部分人掌握着执照发放的权力，这种稀缺权力的交易价格已由明规则规定（以公开公平的方式，达到某种条件即可获得执照）。自由裁量的权力可以为企业和个人创造收益，也可以对他们造成损害，个人和企业为了获得执照而对垄断者做出额外的支付。随着这种补偿频繁地进行，并构成获得出租车牌照必不可少的一部分，潜规则便形成了。

二、潜规则与腐败

腐败本是一个政治学上的概念，但在我国，潜规则一词几乎与腐败一词一样被频繁地运用，而且有潜规则的地方似乎就意味着腐败。实际上，潜规则与腐败既有相同之处，也有较大的区别。

腐败和潜规则都是社会的消极现象。二者都常常被归咎于人的道德败坏，是公权力代理人的人心腐烂的结果。潜规则是违反社会主流道德的行为，与社会主流道德价值观相冲突是潜规则最基本的特征，实际上，大部分潜规则不仅违反了社会主流道德价值观，也与正式法律法规相抵触。腐败亦是权力代理人践踏公意的行为，"字典对这个词（腐败）的解释强调的是它道德败坏、心术不正和歪曲事实的性质，让人想起见到一个完整美好的东西变质腐烂时的感觉"（哈勒、肖尔，2015：39）。腐败是违反正式制度或违反公共角色所应承担的正式义务的行为，官僚腐败是对正式制度的破坏，而政治腐败则是对公共角色所应承担的正式义务的违背。腐败要么是对法律法规所代表的正当利益的损害，要么是通过非正义的法律法规强加于民众从而获得不合理的利益，因此腐败具有消极的社会后果。

此外，公权力领域的潜规则是一种腐败，而且潜规则是腐败行为普遍化的表现。腐败被认为是公权力领域中代理人（或准委托人）对委托人（最终委托人）利益的损害。腐败可能是对正式制度的直接违反，也可能是违背公共角色所应承担的正式义务而制定非正义的制度。而公权力领域的潜规则（交易）常常不仅违反了正义的精神，也直接违反了法律法规，是一种公权力的私用，也是一种腐败。如果缺乏正式制度的制约，个别腐败行为的发展有可能导致社会腐败现象的普遍化，即腐败行为从个别现象发展到普遍现象。腐败行为普遍化后，便逐渐泛化形成一种社会行事规则，产生潜规则。从腐败行为产生至潜规则的形成，是一个量变逐渐发展到质变的过程。潜规则之所以成为一种规则，必定是因为交易行为的频繁性、反复性以致这种交易以规则的形式确立下来。因此，潜规则实际上是腐败行为普遍化的表现，腐败现象越普遍、越严重，潜规则的被认同度就有可能越高。

潜规则与腐败的区别主要表现在以下几个方面。

第一，在规则意义上的内涵不同，腐败不是规则，而潜规则与其他类型的规则一样是一种约束。腐败是对某一类具体行为的定性描述，这种行为并不必然是频发的行为，抛开其表面的形式，腐败尽管实质上也是一种交易，但其并不明显地体现交易双方对资源的渴求，即公职人员以权谋私并不是迫切的，交易并不反映对双方特别是对买方的约束，即没有体现"如果你不支付……我就不……"的约束，也没有体现出潜规则所特有的"大家都这么做，我也只能这么做"的特征。尽管相当一部分的潜规则是腐败，但是腐败并不必然地以潜规则的形式出现。潜规则作为一种规则，是对频繁交往的一种不成文的约束，腐败可以是个案和现象，而潜规则是对个案中的普遍规律的理性归纳。潜规则作为一种规则，约束着交易双方的行为，这种约束与一般的交易约束一样，体现在"如果你不支付……我就不……"之上，因为资源是稀缺的，而潜在的需求者很多，所以潜规则对于买方的约束作用更强，现实中做出额外补偿的一方通常是资源的买方。尽管如此，潜规则作为对交易的约束，其分析的关注点自然是交易双方，缺一不可。

第二，腐败的形式更广泛，并不限于自由裁量权的交易。腐败在学术上可能从三个方面进行定义：一是认为腐败是对道德准则的背离；二是认为腐败是损害公共利益的行为；三是认为腐败就是违反法律规范（Khan，1996：683–696）。从这些定义来看，腐败所涵盖的范围很广。它既包括将公权力视为商品进行交易的行为（即自由裁量权的买卖），也包括挪用公款、不作为、破坏正式规则等单方面的行为。而潜规则是自由裁量权的买卖，它涉及交易的双方，存在买方向制度代理人支付补偿的行为。

第三，发生的领域不同，腐败发生于公权力领域，而潜规则既可能发生在公权力领域，也可能发生在私权领域。腐败常常见于公权力领域中代理人对委托人利益的损害，它不仅包括代理人（在多层代理关系中的准委托人）一方滥用公权力的行为，而且还包括准委托人本身"自私"的行为，政府本身或许就会排斥民意而演变为一个"掠夺型政府"（predatory government）。违背委托人的意志徇私枉法被称为官僚腐败，而准委托人的自私导致制度不公则被称为政治腐败（Lambsdorff，2007：83 - 95）。政治腐败是政治家们通过对高利经济活动设置准入限制，利用包括垄断授权、限制公司特许权、关税、配额、规制以及其他诸如此类的手段来故意创设各种租金，以达到政治控制经济的目的，这也被定义为制度腐败（格莱泽、戈尔丁，2012：37）。潜规则既可能发生于公权力领域，也可能发生于私权领域。发生于公权力领域的潜规则，是共同体权力代理人为谋取私利而推行的违背正式规则或背离其所应承担的正式义务的规则，其实质是共同体权力的代理人与特定人员之间就集体权力进行的交易。因此，公权力领域中的潜规则实际上是一种腐败，都是公权力被扭曲地运用。正是因为发生的领域不同，使腐败和潜规则交易的资源属性不同，腐败的交易对象是公共资源，而潜规则交易中的资源既可能是公共资源也可能是私人所有的资源。

第四，潜规则常常被认为是程度较轻的腐败。虽然公权力领域的潜规则被认为是腐败，但是潜规则往往被认为是程度相对较轻的腐败。一种行为得以制度化，意味着它的频繁性和一定程度的公开性，而社会中一些行为只要不是严重地损害民众利益或严重地违背民众价值观的行为，人们总会倾向于睁一只眼闭一只眼，正式制度的执行者也总是有意无意地放任这些行为的泛滥。潜规则得以盛行与社会公众的普遍默认或接受有一定关系，这反映出潜规则行为往往被认为是一种不太严重的腐败行为，甚至常常仅被认为是道德上的问题。在明清时代，潜规则被斥为"陋规"，在当前社会也仅被称为"潜规则"，被认为是"大家都这么做，我也不得不这么做"的行为，这似乎说明潜规则下的每一桩交易相比犯罪更轻微，或者不被人们视为一种犯罪。实际上，潜规则虽然被局部地接受，但并不代表它的危害小，公权力领域的潜规则作为一种群发性的以权谋私行为在蚕食着正式制度，腐蚀着社会正义。

第五，潜规则与腐败的分析层面不同，潜规则的分析常常仅限于制度的代理人层面，而腐败的分析不仅包括代理人，还包括委托人。公权力领域中的潜规则是违反正式规则或公共角色的正式义务的交易行为，即它总是假定正式制度是一种合乎大众期待的能促进社会福利最大化的制度，因此，潜规则的分析中总是假定委托人被良知所指引，代理人利用制度设计的不完善，通过损害委托人的利益来增进自身利益，所以潜规则是代理人"欺骗"或"辜负"了委托人。因此，对潜规则的分析往往只包括代理人层面。然而，这并不意味着分析潜规则时将委托人的行为或现存制度的性质视为外生变量，也不意味着制度的性质无关紧要，实际上委托人的动机以及委托人所受到的约束都可能导致"不合理"的制度的产生，而"不合理"的制度又会诱发潜规则。

第六，腐败还包括政治腐败或制度上的"恶法"，这些"恶法"不是潜规则，而是明规则。政治腐败或制度腐败是指一种不合理的规则或所谓的"恶法"，"恶法"在政治上是缺乏公平公正的制度，它的出现或者是源于交易成本过高导致人们认知的偏差，也可能是统治者出于自利而刻意设计的结果，正如诺思（2008：21）所言："制度未必或者说通常不会是为了实现社会效率而被创造出来的，相反，它们（起码是那些正式规则）之所创立，是为了服务于那些有制定新规则的谈判能力的人的利益。"制度的腐败通常是指第二种情况，即统治者出于自利而推行的有违大众共识的制度。然而，无论"恶法"的性质如何，它们都是正式的规则或明规则，如奴隶制度再恶劣也是以正式法律确立下来的。而潜规则仅仅是隐蔽运行的规则，它的存在既与主流道德相冲突，也违反正式规则，哪怕这种正式规则本身就是"恶法"。

三、潜规则与创新和对非正义的抗争

正如前述，与主流社会道德相冲突是潜规则最基本的特征，也正因如此，无论是在公权力领域还是私权领域，潜规则都在隐蔽状态中运行，而且毫不例外地受到社会公众的非议。因此，现实生活中有些行为尽管违反了正式规则但却获得公众的认同，只要这种行为符合社会主流道德价值观，它们就不属于潜规则的范畴。这其中涉及正式规则的适应性效率问题。根据诺思的观点，适应性效率是指一个社会或经济体系在多大程度上鼓励实验和创新，并且，诺思认为，制度结构在决定适应性效率方面起着关键性的作用（诺思，2008：111）。正式规则的适应性效率会随着社会形势的变化而变化，其中经济主体可沟通的知识和默会知识的变化将决定正式规则是否过时，即规则的适应性效率是否能再为人们所接受。个人、厂商或经济组织的最大化行为既可以是在现有的约束集合中做选择，也可以是去改变约束。威廉姆森和一些学者有关厂商的文献探讨了在既有制度约束条件下最有效率的治理结构与组织。厂商的这种最大化活动得益于"干中学"以及对有效技能和知识的投资。但还有另一个办法，就是投入资源去改变制度约束。那些引起制度变迁的显明的可沟通的知识和默会的知识都是社会网络中所有成员（或者是能引起制度变迁的主导成员）共同接受的知识，他们追求自身利益时所遵循的行为法则获得社会成员的默认。共同知识的增进使人们的行为有可能超越现有的规则，此时，正式规则常常因为变迁的时滞而仍然被写在文本上，但是已经不再被人们遵守。人们实际遵守的法则可能不愿意公开，但却具有社会学意义上的"合法性"。在这种情况下，突破正式规则的行为必然是在群体成员的知识增进到某一程度时才发生，这种突破行为是知识增进的必然结果，在潜意识里已经被群体成员所接受，是制度演进的方向，它使规则的适应性效率更高，那些最初的探索是创新的源泉。

　　以上是一般情况下制度演化的基本模式，但是有一种特殊的情况，正式制度从一开始时就不是社会群体成员追求自身利益而自发演化的结果，而是被外在的力量强加于社会成员之上，是"设计的"而非"演化的"，是"强制的"而非"协调的"。这种强制的规则在开始的时候就与社会成员的主流道德价值观相冲突，尽管它的维持和实施要比自发演化的规则付出更高的执行成本，但是一项正式规则无论多么不正义，只要不惜代价地强力推行总会得到贯彻，只是在规则的执行有所松动的时候和地方，会涌现大量突破正式规则的行为。事实上，如果一种正式规则与公众的普遍价值观相抵触，则必然存在对这种规则的普遍破坏。当这种破坏行为符合公众的利益和期待时，常常被视为对专政与压迫的反抗，无论是公开的，还是秘密的，这些行为都被贴上正义的标签。因此，没有人将解放战争时期中国共产党在各地区的地下组织领导人民反对国民党政府的黑暗统治、捍卫人民利益的行为视为潜规则现象。

但是，并非所有在"恶法"下衍生的规则都是正义的反抗，它也可能是潜规则。如在公权力领域中，由于制度的不合理，一些人为谋求改善自身处境与权力代理人串通而制造了潜规则，它改善了这些人的处境，权力代理人在潜规则中也获得了更高的收益。然而，不实施潜规则的人继续面临着"恶法"的侵害，实施潜规则的收益被纳入少数人特别是权力代理人的私囊，从而制造了更多的不公平，是对正义的二次损害。这种损害肇始于明规则的非正义，只有推动明规则向正义的方向迈进，才能减少潜规则的运行。

归纳之，创新是社会成员之间可沟通的知识和默会的知识共同增进的前提下在制度内和制度外寻求解决问题的更优方法的举动，那些突破正式规则的创新行为是共同体成员默认的并被大众认可的行为，是符合社会主流道德价值观的行为；在高压状态下对非正义制度的秘密反抗行为，只要是符合社会主流的道德价值观，只要符合群众的期待，那就是正义的行为。与之不同，与主流社会道德相冲突是潜规则最基本的特征，也是区分潜规则与创新或其他正义的秘密行为的重要标准。从以上分析可以看出，潜规则不是创新的萌芽状态，创新也不是潜规则发展的可能结果。

第三章

潜规则的类型

任何看似简单的现象背后都可能隐藏着错综复杂的体系和标准，认识事物既要知悉其内涵和本质，又要能够根据一些标准进行分类。要对潜规则进行分类，就必须有分类的标准，但标准可能有很多，不同标准下的分类自然不同。为了便于进一步认识潜规则现象，我们尝试根据分析的需要设定不同的分类标准，在此基础上对潜规则进行分类。按资源买卖中的额外支付是主动还是被动的，潜规则可以分为侵略型潜规则和防御型潜规则；按发生的领域，潜规则可以分为公权力领域潜规则和非公权力领域的潜规则；按具体领域，可以进一步细分为官场、商场、职场以及社会生活各方面的潜规则；按额外补偿所依附的交易合法与否，潜规则可分为为合法利益而实施的潜规则和为非法利益而实施的潜规则；按生成要素，潜规则可分为利益主导型潜规则和情感主导型潜规则。本章将重点分析侵略型/防御型潜规则和公权力/非公权力领域的潜规则。

第一节　侵略型潜规则和防御型潜规则

一、潜规则交易的不对等性

在潜规则的交易中，交易的双方谈判地位是不对等的，不对等源自一方控制着稀缺的资源（稀缺可能源于自然稀缺，也可能源自制度的设计），而另一方寻求获得资源（可能是为了增进自身利益，也可能源于制度的强制）。资源控制者在权力、专业知识、技能、信息等方面占有优势。在交易中，他既能够轻而易举地对资源购买者施加额外的成本，也能够对购买者施以恩惠，后者常常除了被动地接受对方的条件外别无选择。然而，地位的不对等并不意味着总是强势一方首先索取。实际上，不仅资源控制者可能会首先向资源购买者索取，他们也可能因为拥有决定交易的权力而成为另一方"围猎"的对象。公权力代理人一旦被"围猎"成功，就会被锁定于连续交易中，即会被资源购买者要挟进行连续的交易。即便如此，也不能否定强势的一方在潜规则交易中应当承担首要的责任。他们在交易中处于有利地位，能够拒绝额外补偿，也应该抵御灰色利益和非法利益的诱惑，但却没有这样做。因此，交易中权力和专业技能的控制者的态度与意志决定着潜规则的运行。正是因为潜规则常常由强势的一方（资源的控制者）主导，接受或推行潜规则是交易中弱势一方（资源的购买者）的被动选择，我们常常将谈判地位较弱的一方（资源的购买者）称为"被潜规则"者，尽管实际上他们也常常主动出击。根据资源购买者是主动实施潜规则还是被动地接受潜规则，可以将潜规则分为侵略型潜规则和防御型潜规则。侵略型潜规则是指资源购买者为了以低于明规则的价格（公意价格）获得资源而主动向资源控制者支付额外补偿的行为；防御型潜规则是指资源购买者为了避免资源控制者索要高于公意价格的价格而被动地向资源控制者支付额外补偿的行为。这种区分并非严格意义上的，有的时候很难区分人们是主动地还是被动地实施潜规则，是为了获得利益还是为了避免侵害。尽管存在这种混合情况，但这样的区分对我们的分析仍然是有益的。

二、侵略型潜规则

侵略型潜规则是指资源购买者为了以低于明规则所设定的价格获得资源而主动向资源控制者支付额外补偿的行为。在潜规则的交易中，谁拥有专业和垄断性的资源，谁就能在交易中占据主导地位。这些影响他们谈判地位的资源可能源自政治上对主体的授权，也可能源自长时间"干中学"的积累或偶然因素引起的信息优势。凭借着这些专业、复杂的资源，他们在交易中拥有较大的自主权，可以决定资源的流向和资源的价格。如图 3 – 1 所示，资源控制者凭借着掌握资源的优势，在既定的自主权内，可以将资源的价格设定在明规则所限定的价格 P^* 的水平上，也可以将资源的价格设定在其自由裁量权所允许的最高的价格水平 P_1 或最低水平 P_2 上。在 P_1 和 P_2 之间是无数个连续的点。

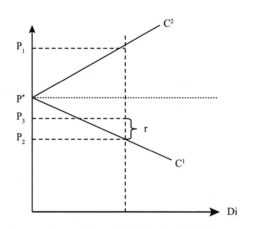

图 3 – 1　侵略型潜规则中资源购买者的额外支付

　　一部分资源购买者从中嗅到了商机，认为可以以低于明规则的价格达成交易，于是主动地向资源控制者支付数量为 r 的补偿。资源控制者获得这一补偿后，以 P_2 的价格交付其控制的资源。这样，资源购买者实际上是以 $P_3 = P_2 + r$ 的价格获得了资源，$P_3 < P^*$（即支付后成交的价格仍然低于明规则所设定的价格）。至于为何资源控制者原本可以挟持资源向购买者索要更高的价格（如以 P_1 的价格交付）而不这样做，原因在于在被购买者"围猎"前资源控制者并未意识到或并未打算以高于明规则的价格出售资源。在交易前，资源控制者所掌握的权力、才干、技能、信息等资源成为一

些人觊觎的对象，但是资源控制者打算做个遵纪守法的公民或权力代理人，以明规则所设定的价格交付资源是其最初的意愿。但是在资源购买者的诱惑和"围猎"下，资源控制者放弃了操守，不再坚守明规则的精神，最终接受了购买者的补偿并以低于公意价格的价格转让了资源。作为自利的经济人，资源控制者所拥有的资源，无论是集体所赋予的用以最大化集体利益的公共权力，还是个人所拥有的可以最大化自身利益的专业知识和技能，都成为他增进自身利益的工具，别人的"纳贡"无疑增进了他自身的福利。当其预期事情败露受处罚所带来的损失小于补偿额时，他便会欣然接受买方的补偿，买方"围猎"成功。以政府采购中的招标投标为例，依据明规则，一些潜在的投标者无法达到中标的条件，即其出示的价格、资质、条件等无法达到中标本身的要求，这些投标者对负责政府采购的官员行贿，官员接受贿赂后同意将采购订单给予这一企业，由此投标者通过主动提供补偿达到了目标。另外，在粮食收购中，政府为保障农民的利益而往往将价格定在市场价格之上，但是收购的粮食数量有限，将采取择优收购的方式收购。一些粮食不够优质的粮农为获得收购名额而主动向收购人员行贿，收购人员获得好处后特别地降低收购标准并收购其粮食，粮农的积极性潜规则的实施使其达到了目标。

实施侵略型潜规则的双方既可能来自同一个权力等级结构，也可能来自不同的权力等级结构。当交易双方来自不同的权力等级结构时，买卖双方之间不存在管理与被管理或命令与服从的关系，其交易行为类似于平等的主体之间的市场交易。与一般的市场交易不同的是，这一情况下的侵略型潜规则所交易的对象往往是集体代理人所掌握的集体资源，而市场交易通常是私人产品或资源。如政府采购部门负责人与潜在的供应商之间，在采购的决定颁布之前，双方可能彼此不认识，既不存在法定的从属关系，也不存在利益上的交换关系，即使采购决定颁布之后，亦不存在命令—服从或支配—被支配的关系，双方的互动以市场交易的形式出现。而且双方所交易的采购权乃是公共资源，这些公共资源原本应以最有效率的方式实现配置，即采购权应在不降低标准的基础上授予报价最低者，但在潜规则的作用下，采购权被以低于标准的条件授予了报价高者。

当交易双方来自同一个权力等级结构中时，命令与服从、支配与被支配是交易双方关系的明显特征。但是在侵略型潜规则中，下级通过主动地向上级支付补偿来达到以低于明规则价格的价格获得上级所控制资源的目的。虽然双方是上下级的关系，但在这一交易中，上下级之间的命令与服从、支配与被支配的关系被弱化，或者被暂时地撇开而表现出类市场交易的关系特征。如上级掌握着某项目的资金配置权，资金的配置将择优在下属之间进行配置，一部分下级人员达不到相应的标准而通过向上级行贿的方式获得了资金。又如公权力部门中的晋升虽然有比较明确的标准和条件，但这些标准和条件往往取决于上级领导的"考核"。那些表现平平的下属人员为获得晋升可能会主动地向领导"示好"或"纳贡"以换取领导特殊的照顾。

在侵略型潜规则中，谈判地位较弱的买方主动出击，谈判地位较强的资源控制者被动接受补偿，但是这种被动并不表明其不情愿。相反，资源控制者可能乐见其成，甚至前者的主动补偿也可能是后者有意设下的局。明规则代理人可以通过调整规则来加强资源的垄断，进而影响资源的价值以获得更多的补偿。苍蝇不叮无缝的鸡蛋，侵略型潜规则得以演化出来并维持下去，依靠的是明规则的缺陷和代理人公正信念的动摇。公权力领域中侵略型潜规则得以实施，其责任主要在公权力持有人一方。

三、防御型潜规则

防御型潜规则是指在交易中制度代理人（资源控制者）利用自由裁量权向资源购买者索要额外补偿，资源购买者为避免高于公意价格的价格而被动地支付补偿的行为。防御型潜规则一般产生于权力等级结构的内部，发生于权力结构中的上级和下级之间。之所以称为防御型，是因为对权力少的一方来说，来自上级的管辖是不可逃避的，上级的额外索取是难以拒绝的，否则在潜在的交易中将遭受上级的"合法伤害"，为了避免这些伤害，下级人员不得不支付额外的补偿。如图 3-2 所示，资源控制者凭借着掌握资源的优势，在既定的 T_0 自由裁量权范围内，可以将资源的价格设定在明规则所限定的 P^* 的水平上，也可以将资源的价格设定在其自由裁量权所允许的最高价格 P_1 或最低价格 P_2 上。在 P_1 和 P_2 之间有无数个连续的点。在利益的驱使下，资源控制者在交易中向资源购买者索要额外的支付 r，如果买方拒绝支付，资源控制者可能将价格设定在远高于明规则的上方，甚至对其施以最高价格 P_1。在这一潜在威胁下，买方为避免更高的价格便不得不向资源控制者支付 r 水平的额外补偿。这样资源购买者实际上是以 $P_3 = P^* + r$ 的价格获得了资源，$P^* < P_3 < P_1$（即补偿后的总价格高于明规则所设定的价格，但低于自由裁量权所允许的最高价格）。

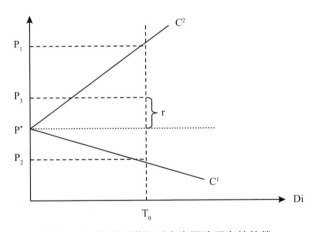

图 3 – 2　防御型潜规则中资源购买者的补偿

防御型潜规则是指谈判实力较弱的一方（更多的是权力等级结构中的下方人员）为了避免明规则执行者或谈判能力强的一方（权力等级结构中的上方人员）在交易中的侵害而被动地向后者支付额外补偿的行为。防御型潜规则产生于权力等级结构内部，上级对下级有发布命令的权力，下级对上级有服从的义务，这种支配与被支配的关系由外在的正式制度确定，是一种法定的权力，难以通过逃避而拒绝。如公权力代理人对辖区内个人或企业具有检查、监督、评估、管理、物品征用等权力，这种权力是法律所赋予的，以强制力为后盾。沉没的投资、资产专用性或者行政上的强制（如户籍制度）使个人和厂商难以通过脱离辖区来逃避管辖权。它意味着权力等级结构中的下级人员必须接受上级的管辖和制约，制约力随着上级权力代理人所拥有的自由裁量权大小而变化，自由裁量权越大，下级人员所受到的约束就越大，但这种约束并不是时时刻刻地体现在任何行动的受限上，而是更多地体现于权力的难以揣摩上，它像悬于空中的达摩克利斯之剑，不知何时会掉下来。在自由裁量权内，权力代理人可以决定个人和企业是否符合某种标准，或决定管辖对象应承担怎样的工作任务，决定他们的岗位。下级人员或被管辖对象在上级的权限范围内可能会春风得意，也可能会举步维艰。对下级人员而言，上级所具有的权力是伤害或者造福的能力，这种能力随着其自由裁量权的增大而提高。政府官员掌握的不仅是其所在部门的资金分配权力和人员的任命权力，甚至在很大程度上掌握着下属的命运。一个狱卒虽然没有重大的资源配置权，却可以对犯人的处境构成极大的影响，犯人要么向他有所表示以改善自身处境，要么什么也不做但不得不在动辄得咎的环境中担惊受怕；医生掌握的医疗资源是有限的，但却可以对病患者造成深刻的伤害，红包可以让病患者得到良好的照顾，而拒绝送红包则可能让病患者付出沉痛的代价。正如图 3－2 所揭示的，资源的控制者（上级）在自由裁量权范围内可以将价格设定在远高于明规则所限定的价格 P_2 上，也可以将价格设定在远低于明规则所限定的价格 P_1 上。

上级权力代理人具有自利的动机，在自由裁量权范围内他可以利用权力最大化自身利益，其谋利的途径就是以制造"合法伤害"来威胁下属人员，或明或暗地向后者索取利益。下级人员具有趋利避害的倾向，为了避免"合法伤害"不得不向上级"纳贡"。"索要—纳贡"成为权力结构中上下级之间的秘密准则，这种准则无论是在政府领域中还是在一个企业和社团中，都显然违背了权力代理人角色所应承担的正式义务，虽然权力代理人的行为有时候没有超出正式规则的范围（在权力代理人的自由裁量权范围内），但是却违反了正式规则的内在精神。正式义务要求代理人应以集体利益最大化为原则，公平公正地运用权力，禁止以权谋私。

在权力等级结构中，上下级之间是命令与服从的关系，这种关系是康芒斯所指的管理的交易（康芒斯，2006：74），潜在的交易对象是权力所控制的资源——资质、许可证、扶贫补助、晋升机会、身份证明等，上级通过行政命令要求下级或被管辖的人员必须"购买"这些资源，其价格弹性几乎为零。而这些资源又因行政垄断而变得稀缺，尽管明规则所标示的资源的表面价格（获得这些资源所必须满足的条件）是清晰的，但是因为在操作程序上赋予了明规则代理人一定的自由裁量权，导致其价格上下波动，而波动的幅度取决于权力代理人的利益满足程度。权力结构中的下级人员只有向上级人员支付一定的额外补偿，才能避免后者在潜在的交易中要求最高价格造成自己的损失。

吴思在《潜规则》一书中提到不少防御型潜规则的例子，如明朝兵部的一个小吏，仅仅负责军功报告的接收，在工作中却有着巨大的操作空间，其故意把报告上的一字洗去，再填上一字，然后拿着报告让兵部官员看，说字有涂改，按规定必须严查。等到将校们的贿赂送来了，这位小吏又说，字虽有涂改，仔细检查帖黄，发现原是一字，并无作弊，于是兵部官员也就不再追究。连张居正都感叹：将校们是升是降，权力全在这个小吏的手里，你不贿赂他能行吗？（吴思，2011：3-4）到清代，官场防御型潜规则更是盛行，清末低级官员奉送上司的银子就雅称"仪"或"敬"，如"冰敬"和"炭敬"等。地方和下级官员在夏季送给六部司官"冰敬"，冬季送给六部司官"炭敬"，地方官员离京时送给朝廷有关部门负责人的银子叫"别敬"或"别仪"，此外，还有"三节两寿"（"三节"是指春节、端午和中秋，"两寿"是指官员本人和夫人的生日）时向上级官员奉送的"年敬""节敬"等。实际上"冰敬""炭敬""年敬""节敬"等都是行贿的别称，是权力等级结构内下级人员用银子讨上级的欢心，以避免上级官员损害自己。当然，其中也有希望获得特别惠顾的企图，即这些行为中也掺杂着侵略型潜规则。

第二节 公权力/非公权力领域的潜规则

尽管潜规则都有一些共性，正如其定义中所体现出来的特征一样，但是在不同领域中运行的潜规则又有其独立的内涵。人们通常比较熟悉公权力领域的潜规则，而对私权领域的潜规则却相对陌生，这除了公权力与每一个人的福利息息相关因而引起人们的更多关注外，也与其在不同的领域中所蕴含的意义不同相关。

一、公权和私权的界限

公和私实际上是相对的概念。一个团体或组织相对于整个社会或国家而言具有私的性质，而相对于个人而言则具有公的性质。在组织或团体中，个人才是私。家庭相对于社会而言是一个私权的领域，而在中国社会家庭中，又有夫妻双方中某一方私藏下来以备不时之需的私房钱。因此，公和私是相对的概念。一个最彻底的"私"应追溯到个人，除此之外任何一个领域都为一定程度的"公"。然而，只将能够追溯到个人所有的权力才定性为私权又与一般认识不相符合，比如没有人将一个由多人出资成立的演艺公司视为公有组织，也没有多少人去关注私营企业上司和下属之间隐蔽的交易。因此，公权和私权应该是有一个大众较为公认的划分标准，在各自领域中衍生的潜规则对外部造成的影响是有较大的差别的。为了便于对潜规则进行分析，我们对公权和私权的范围做出界定：公权是指以政府为代表所使用的权力，用于维护社会的公平正义；私权是指以市场为代表所使用的权力，其目的是增进主体自身利益。私权来自对自我身体的拥有以及由此衍生的对自我劳动成果的占有、习惯法的承认和正式法律的赋予，而公权来自私权的转让。私权运用遵循着主体利益最大化原则，而公权的行使遵循社会利益最大化的原则。在法治社会中，私权神圣不可侵犯。在私权领域内，权力主体行使权力的行为与他人无关，只要不损害第三方和社会的利益，他在自己的权限内享有绝对自由，并受到法律的认可和保护（这里排除掉一些极端的情形，如对自己身体的处置，尽管不损害他人和社会利益，但在众多国家也是受到限制的，比如安乐死）；而公权的行使与社会公众的利益密切相关，公权的不正确行使会损害社会公众的福祉。公权和私权的区别如表3-1所示。

表 3-1 公权和私权的区别

	私权	公权
权力的来源	生命、劳动权的延伸、习惯法的承认和正式法律的赋予	私权的让渡
行使权力的目标	增进自身的利益	维护社会公平正义，增进全体成员的福利
行使权力的准则	个人决策	民主或集中
行使权力的影响范围	影响仅限于交易的双方	影响社会公众的福利
存在的领域	个人、家庭、企业	各级政府及其附属机构，由政府组建的企业和其他组织

对公权和私权进行以上区分，并不意味着现实经济和社会生活都能够按照这样的标准进行明确的划分。特别是在我国，政府对经济社会生活干预较深，不但承担着维护社会公平正义的职责，还直接介入经济活动。政府常常发挥市场主体的作用寻求经济利润的最大化，大量的国有企业、政府设立的投资公司便是政府对经济活动深度介入的明证。

同时也必须明确的是，在个人、家庭、企业事务中，并非一切不涉及他人利益的交易都属于不受法律干涉的私权领域的交易，任何一个国家的法律都会对私人交易做出一定的限制，如毒品的交易、卖淫嫖娼行为以及那些可能会损害一方肉体和生命的交易都可能被列入禁止之行列，甚至在极端状况下，个人的衣着打扮亦受到诸多的限制。这些交易或行为虽然是对自己身体或财物的处置，但因为法律法规已明文禁止，这些权限便不再属于私权的领域。所谓私权，是指法律上明确赋予个人的或者默许个人拥有的权利，被禁止的那部分权利不属于私权。

二、公权力领域潜规则

要分析公权力领域的潜规则，我们就必须引入共同体这个概念。共同体是个宽泛的概念，它是由相关个体按照地域、经济、文化和政治等因素组合而成的组织形式。家族、社区、公司、国家甚至整个人类社会都是个体的集合，是共同体的不同形式。共同体是为了增大全体成员的利益而被组建起来的，为了最大化全体成员的利益而行使的权力构成了集体的权力，集体权力是个体私权的转让，因此，集体权力的不正确行使会破坏共同体大部分成员的利益，进而违背私权转让的初衷。公民大会制度所付出的代价是高昂的，因此，集体权力总是由少部分人行使，集体资源总是交由"信得过"的人去配置，这些被信任的人可能是民主选举的结果，也可能是来自更高层的任命。这些人一旦被放到这个公共位置上，便被正式规则约束，正式规则要求他按照整体利益最大化的原则行事，在正式规则没有规定的地方，也承担着最大化全体成员利益的职责，其行为应体现共同体成员的意志，既不是他个人的意志，也不是某个小团队的意志。卢梭指出，行政官个人具有三种意志：个别意志、团体意志和人民的意志，"在一个完善的立法体系里，个别意志或个人意志等于零，是不起任何作用的，政府本身的意志完全是从属的，因此，只有公意即主权者的意志始终占主导地位，是其他各种意志应当遵循的唯一标准"（卢梭，2011：70）。在自由裁量权内，对公意的维护和服从，是代理人应该遵守的法定的义务，同时，权力代理人相对于共同体其他成员，具有能够减少世界不公的力量，因此，其也承担着追求公平正义的责任，这是其道德上的义务。法定的义务和道德上的义务是共同体成员对权力代理人这个角色的共同的、可以公开的期望，尽管这种义务可能是非正式的，并不能在正式的规则中详尽说明，却和正式规则一样构成人们的共识，是明规则。如吴思（2010：263）在《血酬定律》中谈到潜规则时说："潜规则体系对正规道德法令体系的偏离，源于从皇帝到官吏的真实行为对正式角色规定的偏离。"这种正式角色所被赋予的法定义务和道德义务就是公意的体现，如果这些特殊位置上的个人撇开公意而谋求私利，即使不是直接违背正式规则，也必然是违背他被赋予的法定义务和道德义务。

行使集体权力的人的特殊之处在于他能够对共同体所有成员造成一种福利的影响，因为他掌握着共同体成员让渡而来的资源，不正确地运用这些资源（以权谋私或滥用职权）都会导致集体资源的减少，都会对普遍的私权构成侵犯。私权转让得越多，集体权力就越大，集体权力代理人的自由裁量权就越大，他的行为对成员所产生的影响也就越大。然而，这些代理人也有自己的个人意志或小团体意志，经济人的理性使他倾向于利用集体的权力谋取私利。谋取私利的方式并不是直接违反上位制度本身，而是在不违反上位制度的前提下行动的。在自由裁量权范围内，制度代理人有影响制度规范对象福利的能力，制度代理人正是利用这种能力谋取私利的。在收取制度相对人的额外补偿之后，制度代理人按照有利于制度相对人的方式来执行制度，导致制度在执行中偏离了公意。我们可以看到，在公权力领域的潜规则中，正式制度是在法律所允许的区间内实施的，但是其实施方式却违反了更具普遍性的法律制度（不得以权谋私），实施的结果也偏离了公意。权力代理人有维护公意的责任，当他为了私利而偏离公意时，他也就违反了其应承担的道德义务。

权力代理人的自由裁量权越大，他能为自己谋取利益的空间就越大。当共同体成员缺乏有效的监督机制，或外在的正式规则不够细致或实施力不够强大时，就不足以对权力代理人以权谋私的行径构成有效的阻吓，使代理人利用集体权力谋求个人利益和小团体利益的行为屡试不爽。与之打交道的人们也逐渐明白，只有对权力代理人奉上某种好处，才能在争取集体资源时得到代理人的特殊照顾，某个体一旦拒绝"纳贡"，就将被代理人排斥于集体资源之外，或者在其他领域遭到代理人的刁难，因此，这种权力与利益的交易对人们构成一种实实在在的约束——个体要么遵守，要么被排斥于利益之外，甚至受到侵害。然而，权力代理人利用集体所赋予的权力谋取私利的行为毕竟不是违背了正式规则，就是违反了他应承担的义务，必然面临正式规则的制裁和公众的谴责，为了逃避制裁和谴责，权力代理人必然努力掩盖其行为，使这种交易转入隐蔽的状态。

根据以上分析，公权力领域的潜规则是共同体权力代理人为谋取私利而在自由裁量权范围内推行的违背正式规则宗旨或背离其所应承担的正式义务（包括法定的义务和道德的义务）的规则。正式制度代理人自由裁量权内的操作本身具有法律或制度依据，但是代理人将公权力当作私人物品进行买卖谋取私利本身却违反了更具普遍性的其他正式制度的要求。维护公意是公权力代理人正式角色所赋予的义务，是一种依附于正式规则的非正式规则，是一种明规则。因此，公权力领域的潜规则是公权力代理人为谋取私利而推行的违反明规则的规则，其实质是共同体权力的代理人与特定人员之间就集体权力进行的交易。

三、私权领域潜规则

通过对公权和私权的划分，我们对公权作用的领域和私权作用的领域有了比较清晰的认识。公域主要是指各级政府及其附属机构和由政府组建的企业及其他组织，而私域则是公域之外的一切领域，包括个人、家庭、民营企业和其他非公有的营利和非营利组织。然而，既然在私权领域内权力主体行使自身权力应该享有绝对的自由，又为何在私权领域也存在不敢或不愿公开的潜规则呢？要回答这个问题，必须认识到自愿契约有其自身的局限性。

私权的处置遵循的是双方自愿的契约原则，契约原则在解决现实大部分交易问题方面是有效的，但是这些交易仅限于不会对外部任何人产生影响的情况下的交易，实际上大部分私权的交易都不可能不产生任何外部影响，交易本身就是整个经济社会生活的一部分，交易所秉持的理念是整个社会道德的一部分。自愿契约的原则仅仅是交易双方之间确立的，仅具有"封闭的中立性"，"封闭的中立性可以将不属于焦点的人们的意见排除在外，但是这些人的生活都会受到焦点群体决策的影响……如果焦点群体所做的决策（例如在初始状态下）没有对外部的任何人产生任何影响，那么这个问题就不存在，但是这种情况很少见，除非人们居住在一个完全与世隔绝的社会中"（森，2013：128）。阿马蒂亚·森（2013：125）在批判罗尔斯"初始状态"具有"封闭的中立性"特征时指出，"任何可能出现的一致性都可以只是具有有限说明能力的部分排序……已达成的一致也并不是说某些提议具有唯一的公正性"。一个在自愿原则下达成的契约是一种使双方实现最大化利益的非常有效的办法，但它对于确保开放地审思地域性的、可能是褊狭的价值观来说，却存在很多问题。对某项契约的判断，需要一个中立的旁观者，一个存在于契约外部的中立旁观者。亚当·斯密提出了中立的旁观者这个具有反思功能的设计，以此来使理智的思考摆脱可能存在的当地和当事人思想传统的约束，并且以此来辩证地考察，从位于远处的"旁观者"的角度看，已经为人所接受的传统习俗究竟如何。斯密对于中立程序的论证是这样的："如果我们不离开自己的位置，并以一定的距离来看待自己的情感和动机，就绝不可能对它们作出全面的评述，也绝不可能对它们作出任何判断。我们只有通过努力以他人的眼光来看待自己的情感和动机，或以他人可能持有的看法来看待它们，才能做到这一点。"（斯密，2003：212）

构建开放的中立评价体系，将"内心的那个人"（斯密在《道德情操论》中对"中立的旁观者"的称谓）或"中立的旁观者"纳入契约的评价中，打破了私权范围内交易绝对自由的神话。私权的运用不仅是自己的事，尽管它不涉及利益的纠纷，却关乎他人视觉与心里的感受。特别在中国传统的社会中，关系特征尤为明显，交易主体和外部人都被镶嵌在一个紧密的社会关系网络中，彼此之间都沾亲带故，尽管某些交易从正式法律的角度看属于私权领域，但交易的方式、交易的对象、交易的内容等都对社会关系网中的其他人员产生一定的影响。社会关系网络中其他中立的旁观者会用某种价值标准对交易双方的行为进行评价，这些价值标准是这一关系网络中主体成员共同认可的理念，包括主体成员维护的传统和习俗，也包括从旁观者角度来看交易双方应承担的道德上的义务。有效权力及其间接产生的道德义务成为中立的理智思考的重要基础。有效权力产生的义务是指，如果某人具有在他看来能够减少世界不公的力量，那么他就有足够的社会理由去这样做（森，2013：191）。正如森（2013：192）在《正义的理念》中引用释迦牟尼的话："我们对动物负有责任，恰恰是因为我们之间的不对等，而不是因为对等使我们有合作的需要。他说，既然我们比其他物种强大许多，我们就对其他物种负有责任，而这是与力量的不对等联系在一起的。"不是基于互利视角，而是着眼于因权力不对等而产生的单边义务，构成了中立的旁观者思考的基础。习俗、传统、主流价值信念都是镶嵌在特定的人际关系中，这些习俗、传统和价值信念凝聚出共同体普遍认同的价值观，对这些价值观的认同和遵守是每个共同体成员的道德义务。无论是"内心的那个人"，还是"中立的旁观者"，其对交易进行审视的价值尺度，都是他所在的共同体中所普遍认同的道德价值，而公平正义又是道德价值的核心内容。

简单地说，如果大家都认为一个人应该做并且能做某件事，但这个人却不做，这就是不对的。比如公交车上，老年人没有座位，而青年人有座位，此时，青年人有义务给老人让座，这种义务不是来源于经济学意义上的产权（先来后到的座位规则），而是基于权力不对等而产生的单边义务。又比如，一个会游泳的青年人在河边看到小孩落水而不伸出援手，尽管他没有法律上的义务，在经济上也没有任何回报，但依然受到舆论的谴责，因为他违背了因权力不对等而产生的单边义务。

私权领域的交易与主流道德价值相吻合，那么交易行为就是可以公开的，其所遵循的准则是明规则；如果在私权领域交易中谈判实力较强的资源控制者没有履行自身的道德义务，而是凭借自身在谈判中的优势地位侵凌买方的利益，比如农村房屋装修队伍利用自己的专业优势和信息不对称，"暗示"屋主加大招待频次和丰富招待内容，则必然被认为是违反了主流道德价值，这种行为将受到社会关系网络中"中立旁观者"的谴责，为了逃避这些谴责，交易主体必然不敢或不愿公开这些交易，从而构成潜规则。因此，私权领域的潜规则是交易中交易主体（尤其是谈判实力强的一方）因违反共同体的主流道德价值而被迫转入隐蔽状态的行为。

四、公权力领域的潜规则何以特别受关注

潜规则的存在是广泛的，不仅存在于公权力部门（政府部门、公立医院、国有企业、公立学校等），民间团体和民营企业甚至私人之间也可能存在潜规则。然而，似乎没有哪个领域中的潜规则像在公权力部门中那样受到关注，受到人们的痛恨。其原因是公权力乃是共同体每一个成员的私权的转让，对共同体权力的扭曲运用直接损害了共同体的每一个成员。人们不会过多地关注私营企业中的潜规则，但对公权力部门中的潜规则却相当敏感，因为公权力领域的潜规则影响着每个人所转让的私权，影响着每一个人的福利。

公权力领域因为在建立起有效的激励约束机制方面存在困难而成为潜规则多发领域。公权力领域潜规则的产生，是集体权力代理人有意或无意推行的结果，归根到底是一种代理问题。并不是所有共同体内部对集体权力代理人的激励与约束的机制设计都存在同等的难度。应该说，一个组织其群体成员越多，对权力代理人的激励与约束机制设计难度也就越大，公共物品也就越不容易被生产出来。监督集体权力代理人，促进公权力清正廉洁地运用，对共同体成员而言也是一种集体物品。奥尔森在《集体行动的逻辑》中向我们展示了大集团中集体行动的困境：在不存在外在激励和强制下，组织成员越多，利益越分散，共同体中的集体物品就越不容易被生产出来。布坎南也曾指出，"按任意给定的规则组织决策的预期成本，在较小单位中比在较大的单位中小一些"（布坎南、塔洛克，2000：121）。在很小的共同体内，人们可能更容易发现集体权力被扭曲运用进而及时地纠正，"小群体中（如三人）任何两人对第三人的蓄意剥削可能是难以想象的，而个人对他的对手的兴趣，也随着群体规模扩大而十分显著地降低"（布坎南、塔洛克，2000：168）。在一个人数很少的组织中建立起有效的激励约束机制总是比在一个股东人数众多而分散的股份制企业（如人人有份的国有企业）中建立起这样的机制要容易得多，同样，企业股东对经营者建立起有效的激励约

束机制总是比民众对政府官员建立起同样有效的激励约束机制要容易得多。正是因为存在巨大的成本，在公权力内部对公权力代理人构建起有效的约束和激励机制是困难的，结果是公权力部门总是潜规则多发的领域。

一般而言，权力越集中，有效的制约机制就越难建立起来，潜规则就越盛行。中国古代中央集权体制下各级官员的权力异常大，民众也总是被排斥于政治领域之外，民众利益表达不畅通，监督渠道少，民众对政府官员的反抗总是得不偿失。政治越是集权，社会中各类资源被纳入"公"的范围就越大；当"溥天之下，莫非王土；率土之滨，莫非王臣"时，公权力代理人的所控制的资源也就越多，而潜规则总是随着"公"的范围拓展而扩张。被集中起来的权力是组织的集体权力，它意味着资源被归入"公"的领域。"公"的范围实质上是资源或产权的隶属程度，当资源或产权隶属于个人时最为清晰，保护也最为严密；当产权隶属于"天下"时则往往最为模糊，在保护上也最为松懈；中间地带如社团组织、企业等均是不同程度的"公"。理论表明，产权归属越"公"，有效的激励约束机制建立的难度就越大。历史经验也不难发现，产权归属越"公"，滋生的潜规则就越多，受潜规则影响的人数范围就越广，危害就越大；产权归属越"私"时，潜规则就越少，受潜规则影响的人数范围就越少，危害就越小，民众不会太过于关心一个私营企业中上下级之间的潜规则。产权归属的范围决定了对公权力代理人监督和约束的难度，当资源的产权归属于全体民众时，公权力的代理人所受到的监督与约束可能就越小。"公"的范围与激励和约束机制设计难度的实践意义，除了激励约束机制设计外，那就是要减少"公"的领域。

由于公权力领域潜规则影响的广泛性和危害性，本书将主要讨论这一领域的潜规则，当然其理论也同样适用于更小的共同体中的潜规则，笔者并不认为在更小的共同体中盛行的潜规则对社会是中性的，它同样会侵蚀社会的道德风尚。

第三节 潜规则的其他分类

本书主要讨论公权力领域的潜规则，同时又主要关注权力不平等主体之间的潜规则，前述"侵略型潜规则"和"防御型潜规则"是公权力领域不平等主体之间潜规则的两大形式。因此，侵略型潜规则/防御型潜规则以及公权力领域潜规则/私权领域潜规则的两种划分足以为本书的大部分分析提供立足点。但实际上，潜规则还可以从其他方面进行划分，下面主要介绍另外两种划分。

一、权力平等主体/权力不平等主体之间的潜规则

潜规则多发于公权力领域，又主要存在于权力不对等的主体之间。我们将权力不平等的主体分别称为上级和下级。在公权力领域，权力的不对等意味着上级拥有影响下级福利的能力，可以给予下级"合法的恩惠"，也可以给下级造成"合法的伤害"，下级却不拥有影响上级福利的权力，而只能被动地应对上级对自己所做的潜在的选择。在潜规则中，上级确实没有什么实质的损失，而只有潜在的收益。即便上级拒绝贿赂而秉公执法，带给他的好处似乎是一种良好的声誉，但是这样的声誉并没有实质的回报，而且当公权力领域普遍存在潜规则时，秉公执法反而会让自己沦为另类，声誉演变成"清高"和"不和于俗"。而执行潜规则则能给他带来实质的好处。无论是暗示给予下级"合法的恩惠"，还是威胁给对方"合法的伤害"，都能从中捞取一笔额外的好处。当然，实施潜规则可能会被揭发并受到惩罚，不过潜规则盛行的社会也意味着惩罚机制是不完善的。"实施潜规则在大部分情形下都不被惩罚"成了权力代理人稳定的预期。在成本—收益的衡量下，权力结构的上级当然会采用潜规则。而相对于下级而言，无论是"合法的恩惠"还是"合法的伤害"，都实质地影响到其利益。下级虽然可以通过拒绝

潜规则而给予上级潜在的"损失",不过这个"损失"并不是上级"应得"的。就像市场交易行为一样,买方不购买 A 的商品而购买 B 的商品,买方的行为不能算是对 A 造成了伤害。如果说"合法的恩惠"还算是一种额外收益的话,那"合法的伤害"就必定是对"应得"的剥夺。

权力结构上级和下级之间的这种不对等影响不仅表现在具体的潜规则中,还表现在相互关联的不同事务中。上级拥有影响下级的众多渠道和方法,任何一个渠道和方法都会对下级造成福利影响。在具体某一个事项上,下级拒绝潜规则可能并不会立即遭到上级的报复,上级往往是选择在其他事项上进行惩罚(刁难)。同样,上级在给予下级"合法的恩惠"后可能也不会立即收取后者的回报,而是在其他事项上接受后者的馈赠(如选择在婚丧嫁娶和重大节假日收礼)。这种"行为—奖惩"在时间和空间上的分离容易给人造成一种假象,即上级并没有在具体某项事务中滥用自由裁量权,从而给纪检机关的侦查带来了难度。监督机构有时候很难发现某项事务上自由裁量权交易的证据,但是却发现权力代理人有很多不明来源的财产。为此,《中华人民共和国刑法》第三百九十五条还规定了"巨额财产来源不明罪",即"国家工作人员的财产、支出明显超过合法收入,差额巨大的,可以责令该国家工作人员说明来源,不能说明来源的,差额部分以非法所得论,处五年以下有期徒刑或者拘役;差额特别巨大的,处五年以上十年以下有期徒刑。财产的差额部分予以追缴"。巨额财产来源不明罪说明了权力结构中上下级的潜规则交易中行为与奖惩错位现象是如此普遍。

权力平等主体之间的潜规则发生于权力结构中拥有平等权力的主体之间。在平级者之间,权力可能是彼此独立的,也可能是相互交叉的。在权力彼此独立的情况下,平级主体之间并非就没有影响对方福利的筹码。首先,人的社会活动是涉及多个方面,包括经济、社会、政治、文化等活动,以及生活上的衣食住行都会在多个领域内进行。人活动的综合性使人与人之间可能在很多场合发生联系。因此,即使平级 A 和 B 拥有各自独立的管辖领地,也难免有一天 A(或 B)的活动会进入 B(或 A)的权力管辖范围。其次,人不仅关注自身利益的最大化,还关注自己想关心的人(尤其是自己的亲人）的利益最大化。即使自己因生活太过封闭而几乎不可能踏入他人的权力领地，也很难保证其亲友不会踏入他人的权力领地。基于以上两个原因，即使两个在地域上或部门上毫不相关的权力主体也会发生自由裁量权的交易。比如两个不同部门之间的权力平等主体相互为对方家属提供"合法的恩惠"。这是以"合法的恩惠"换取对方"合法的恩惠"，只不过受惠者并非权力主体，而是与权力主体相关的其他人员。

在权力相互交叉的情形下，不同部门的平级权力主体都拥有影响其他部门同等权力主体福利的能力，而且这种能力大小几乎是相等的，谁也不会更有优势。这种情况下，在平级主体之间的潜规则主要是为获得"合法的恩惠"而进行的交易，很少有为了避免"合法的伤害"而进行的交易。因为A给B造成"合法的伤害"必然遭到B同等的"合法的伤害"。既然会遭到报复，又何必先做伤害对方的行为呢！与其结仇，不如为自己创造良好的权力环境。自己给予对方的"合法的恩惠"一般也会换来对方的"合法的恩惠"。同权力相互独立的情形一样，权力交叉情形下以恩惠换取恩惠的行为并不是一一对应的，即A给予B恩惠，可能并不会立即换来B的恩惠，B的恩惠可能是跨时间的甚至可以是跨部门的（当B通过第三人来实现对A的报答时）。这种跨时间、跨部门的恩惠交易使人产生了官官相护的印象。

二、为合法利益/非法利益而实施的潜规则

从交易的目的来看，潜规则可以分为两类，即为合法利益而行使的潜规则和为非法利益而行使的潜规则。这种分类是针对资源买方而言的，因为对资源控制者而言，无论是侵略型的潜规则还是防御型的潜规则，都使资源控制者获得了不正当利益，而且获得这些不正当利益正是资源控制者出售自由裁量权的目的。资源买方所实施的潜规则，既有被迫实施的情形，也有主动实施的情形。被迫实施潜规则往往是为了维护自身的正当利益，避免来自资源控制者"合法的伤害"，此时的潜规则是前文提到的防御型潜规则。资源购买者为了非法利益而行使潜规则时，其往往首先行动，利用潜规则收买资

源控制者的自由裁量权，从而达到其目的，这是为了获得"合法的恩惠"而实施侵略型潜规则。无论是"合法的伤害"还是"合法的恩惠"，尽管在很大程度上仍处于制度代理人的自由裁量权内，但实质上都已经偏离了明规则的精神，偏离了公意。为了避免"合法的伤害"自然是让资源交易价格回归公意层面，而争取"合法的恩惠"则就是偏离了公意，成为争夺不正当利益的行为。

　　为非法利益而行使的潜规则与为合法利益而行使的潜规则虽然在性质上不同，但其边界却是模糊的。有时候很难区分群众向官员实施或服从潜规则到底是为了获得正当利益还是非法利益。如在办理证件过程中，民众在达不到明规则条件时向官员做出支付以换取证件，显然是为了不正当利益而行使潜规则，但是明规则所规定的条件往往是模糊的，其具体的操作掌握在规则代理人手中，代理人有判断民众是否具备资格的权力，因此，是否达到明规则所规定的条件完全取决于官员。在这种情况下行使潜规则是为了获得正当利益还是非正当利益则很难甄别。再如，一般的患者向医生送红包，如果是为了获得合理的治疗则是为了正当利益而行使潜规则，但如果是为了获得超出正常水平的优待，则构成了为非正当利益而行使的潜规则。即使如此，相当一部分潜规则仍然可以被明确地归入为了获得非正当利益而行使的潜规则之列。

第四章

潜规则的制度属性

　　潜规则具有制度的一般属性，无论是侵略型潜规则还是防御型潜规则，都是为了实现某些目标而对行为施加的一组约束。潜规则显然不属于正式制度，但同时其又与风俗、传统、意识形态等非正式制度存在明显的区别。那么，潜规则到底是什么类型的制度，其在制度结构中到底处于什么位置？

第一节　对潜规则属性的三种认识

一、将潜规则纳入诺思的非正式制度的范畴

　　诺思将制度分为正式制度和非正式制度已经广为人知，对制度的这种两分法，使潜规则作为一种非成文的却切实起作用的规则被归入非正式制度的范畴。如梁碧波（2004）认为，"潜规则就是制度体系中属于非正式制度范畴，且与主体制度体系相悖的非正式制度。它游离于占统治地位的主体制度体系之外，并与主导集团的意志相违背。它规范和调整的对象是非法交易或非合法交易，由于未获主体制度体系的承认而不具有合法身份，从而处于地下状态"。周敬青等（2014：20，37）指出，非正式制度包括与正式制度所

崇尚或规定的制度理念、原则、范式相近或相同的非正式制度以及与正式制度所崇尚或规定的制度理念、原则、范式相异的非正式制度。潜规则是一种非正式规则或非正式制度,潜规则与一般的非正式规则或制度最重要的区别是潜规则虽往往与正式制度体系所崇尚或规定的制度理念、原则、范式相异,但不是简单地背道而驰,有时也具有一定补充性或辅助作用,且发挥作用隐蔽。

诺思所理解的非正式制度包括惯例、风俗、意识形态等,然而,这些非正式制度显然是历史演化而来,由人们自觉地遵守和维护,而且不会明显地危害到他人的利益,凝聚着共同体道德的力量,是可以光明正大地摆在台面上的。但潜规则显然不具备这些特征。而且从经验上看,潜规则在社会上被视为消极的、负面的现象,无论哪个领域的潜规则都违背主流道德价值观,官场领域的潜规则更成为官场腐败、官员腐化的代名词,社会民众对之深恶痛绝,而娱乐圈领域的潜规则直接腐蚀着传统的道德价值观,因此,将潜规则与这些非正式制度并列显然有悖经验常识。

二、将潜规则理解为青木昌彦所定义的制度

青木昌彦(2001:4)将制度定义为"参与人主观博弈模型中显明和共同的因素——即关于博弈实际进行方式的共有信念",并且认为,只有对人类行动的一组人为的和可实施的限定才构成一项制度,因此,潜规则作为互动双方"共有的信念"实实在在地发生作用而获得制度的地位。如张德荣和杨慧(2011)认为,潜规则对人们的行为构成现实约束,所以潜规则是经济学意义上的制度,但并不是诺思意义上的非正式制度,而是青木昌彦认为的制度——博弈如何进行的共有信念(shared belief)的一个自我维持系统。潘祥辉(2009)将潜规则定义为"那种不能够自我实施的对正式制度起着替代作用的制度",他赞同青木昌彦对制度的定义,认为从广义上而言,潜规则也是一种正式制度。从实际发生约束作用的角度去定义制度有其积极意义,但从个体层面去理解,将制度视为互动双方的约束规则,不但抹

煞了正式制度和非正式制度的区别，也忽略了制度尤其是正式制度的群体性、起作用的普遍性和实施的第三方强制性等特征。不区别正式制度、非正式制度和潜规则，忽略三者之间的本质区别，对于制度变革和社会实践的指导意义也不大。

三、潜规则既不是正式制度，也不是非正式制度

林炜双等（2010）认为，潜规则类似于西方的"组织政治行为"，它"是当前公务员组织突出的消解组织正式制度效用的个人利益寻租现象"。潜规则虽与非正式制度有相同的一面，但也存在着差别：一是概念性质不同，非正式制度蕴含着道德、价值观等内涵，而潜规则却是消解正式制度；二是主体不同，非正式制度的主体是群体和社会，潜规则的主体是个体；三是作用层面不同，非正式制度是指社会、组织运行层面非成文的规范，而潜规则是个人利益攫取的得失算计。于光君（2006）也认为，正式规则的创建是一种自觉行为，非正式规则的形成是一种自发的过程。潜规则既不是正式规则又不是非正式规则，而是类似于经济学理论中的游戏规则，通俗地说，就是社会生活中的利益各方出于趋利避害的动机，以交换、谈判、竞争等形式形成的特定行为规则，然后利益各方都自觉遵守这个不成文的规则，以尽可能追求自己的利益，减少自己的失误。这个不成文的规则就是潜规则。此类观点认识到潜规则与正式制度和非正式制度的区别，但没有系统地把握住潜规则与正式制度和非制度之间的本质差异，仅仅关注表现形式的不同。

第二节　潜规则在制度结构中的位置

一、正式制度、非正式制度与潜规则

本书分析的对象是潜规则，与潜规则相对应的是明规则（或显规则）。

顾名思义，明规则是指那些公开地或者光明正大地起作用的规则。但是到底哪些规则可以公开地和光明正大地运行呢？正式制度就必然是公开和光明正大的吗？非正式制度都是不光明正大的规则吗？因此，有必要首先辨析正式制度的内涵，厘清非正式制度所涵盖的内容，才能在正式制度和非正式制度的框架内界定明规则。

（一）正式制度及其争议

诺思（2008：50 - 65）指出，正式规则是人们设计出来的一些成文的规定，包括国家中央和地方的法律、法规、规章、契约等。诺思认为，正式制度是由国家制定的一系列法律法规构成的，是由国家承认的并通过合法的暴力去实施的规则。这需要有一个前提，即"国家"是一个统一的政治实体，在这个统一的国家内，只存在唯一合法的政权组织。如果这个前提不成立，则正式制度就存在很大的争议。如果一国之内存在互相敌对的政治组织或政权，彼此都将对方视为非法的存在，那么在一个政治组织内合法施行的法律法规在另一个政治组织看来就是"非法"的。这些在其他政权看来"非法"的制度，是其所管辖的地域范围内通过立法程序制定和颁布的，具有强制执行力和普遍约束力。那么，这些法律法规到底是不是正式制度，显然从诺思的定义中找不到答案。此外，即使一国之内只存在一个合法的政权组织，那些非法的组织实施的规章制度，既得不到合法的暴力支持，又白纸黑字地记载着，具有成文法的特征。章程、门规、帮规、戒条、戒律等规则大多是以成文的形式向追随者和信徒展示，有的组织也要求入会成员签订正式的书面文件，这些规则按照诺思的定义，到底是否属于正式规则？比如传销组织中明确地向成员颁布的"五级三阶制"的奖金分配制度和职位晋升制、黑社会组织内部严密的帮规（Rules of Mafia）。这类规则在制度的二分法中也是难以清晰地归类。

有人认为，正式规则仅限于获得国家法律承认的合法部门的规则，那些非法的部门规章制度将会受到统治阶级的打击进而转入地下状态，因此不构成正式制度。但是当一国内部存在两个互相对抗并且势均力敌的组织时呢？

此时根本无法判定到底哪个是占统治地位的，两个组织同样在其内部都颁布法律法规，并且都公开宣称其代表全体人民。这种情况类似于两个敌对的国家，每个国家内部合法的规则必然是正式规则。因此，如果仅以占统治地位的法律是否承认作为标准判定某个组织中的规章制度是否属于正式规则，将很难经得住质疑，毕竟非合法的组织中的规则制度是被白纸黑字地撰写着的。正式规则的定义应该是撇开法律和道德的含义，以其实际上是否"成文"为标准，只要是典章化的或被白纸黑字地表达出来的，那就属于正式规则。从这一层面来看，正式制度不仅包括受到统治阶级承认的法律、法规、规章、契约，还包括那些非法的组织和社团中施行的成文的规章。如一直受到法律严打但是在很多地方仍然存在的传销组织，其内部常常编撰一些伪文件来欺骗缺乏辨识能力的人，其在吸纳新成员时常常展示《中国商会商务特许经营管理条例》《中国资本运作投资行业管理办法》等伪造的规章，虽然不情愿，但也不得不承认这属于正式规则。

（二）非正式制度及其争议

非正式制度的框架无所不包，只要不属于正式规则，哪怕是似是而非的"规则"，都被纳入其中，但是人们印象最为深刻的，或许是诺思（2008：50-65）对非正式规则（约束）的描述。他指出，非正式规则包括行事准则、行为规范、惯例（conventions）、禁忌、习俗、传统等。其中禁忌、习俗、传统更像是组织成员所共持的与价值信念、意识形态一样的普遍性非正式规则，这类非正式约束是历史演化而来的被公众接受的只是尚未典章化的约束。这些约束是由群体内部在长期的交往中演化而来的，带有组织文化的特征。布坎南（1989：108-124）对制度进行了划分，将其分为"文化进化形成的规则"和"制度"。前者是指文化进化已经形成的或产生的非本能行为的抽象规则，这些规则我们不能理解和不能（在结构上）明确加以构造，但始终作为对我们的行动能力的约束；后者是指我们可以选择的，对我们在文化进化形成的规则内的行为实行约束的各种制度。诺思所列举的非正式制度更偏向文化进化形成的规则，我们可以称之为文化进化形成的非正制度，或者带有文化内涵的非正式制度。带有文化内涵的非正式制度是千百万人在相互交往中自发演化的结果，是人们在交往中有机地滋生出来的（肖特，2003：26，33，78），是博弈的稳定均衡。这些非正式制度一旦演化出来，没有人愿意背离，也不希望别人背离，因为遵守这种均衡的策略相对于偏离策略能使自己的利益得到改进。演化出来的稳定均衡不一定是有效率的，但是均衡一旦演化出来便凝聚着道德的力量。"一项得到一个群体内所有人遵循的规则，如果任何一名行为人遵守它，该行为人的对手也遵守它符合对手的利益，这样规则便具有道德力量。"（萨格登，2008：65）因此，共同体中的由文化进化形成的非正式制度代表着共同体中的主流道德和价值观，遵守这类非正式制度是对共同体其他成员利益的尊重，违反这类非正式制度被认为是对主流道德的背叛。

（三）诺思的制度二分法的缺陷

制度二分法的争议源于诺思以列举的方式来解释具有数学特征的一对名词。正式制度和非正式制度具有数学上"A集合"与"非A集合"的性质。在数学逻辑上，"A集合"与"非A集合"囊括了全部的元素。但是社会现象并不具有数学的精确性特征，在对社会现象进行"A"和"非A"的分类中，"A集合"的内容一般是清晰的，但"非A集合"中的内容可能是包罗万象的，"非A集合"中任何一个具体的子集或元素都很难全面地概括"非A集合"的特性。诺思根据自己的思考定义了正式制度，正式制度是由国家背书的成文的法律、法规、规章等，在不考虑一国之内存在多个敌对政治实体的情况下，这个定义是明确和具体的，即"A集合"具有清晰的边界。但是，A越清晰和具体，非A就越广泛和模糊。因此，正式制度的定义确立下来后，非正式制度的内容就显得广泛许多，只要不属于正式制度的制度，都可以纳入非正式制度的行列。但是诺思又以列举的方式定义非正式制度，这种列举式的定义自然难以穷尽所有"非A集合"的情形。必然存在着一些规则，既不是诺思所定义的正式制度，也不属于他列举的非正式制度，于是制度的二分法就出现了模糊地带。基于制度二分法的巨大影响力，人们不自觉地将实践中所有的规则都归入正式制度和非正式制度的框架中，这种归类在大多数情况下是合适的，但在少部分情况下则显得削足适履。

（四）潜规则作为诺思的制度框架内的第三类制度

潜规则显然不属于正式制度，没有一个正式的法律法规和文件将潜规则表述出来，但它也不具备诺思所列举的非正式制度所具有的积极意义（至少是中性意义）。在中国社会，潜规则之"潜"，不仅是对其形态上非正式性的描述，更是由于其为规避主流道德的审判和法律的惩罚而隐蔽地运行，不敢公之于众是潜规则之"潜"的首要含义，与主流社会道德相冲突是潜规则最基本的特征。也正因如此，潜规则成为官方和法律所公开打击的对象。潜规则具有"关系文化"的传统基因，也是制度缺陷的产物。一项正式制度一旦确立下来，其漏洞就会迅速被发现并可能滋生出潜规则。综观中国社会，潜规则盛行的地方和部门，必然是正式制度存在较严重缺陷的领域，这种严重的缺陷主要表现在正式制度的性质和实施机制两个方面，中国历史上潜规则盛行，亦可以从法治的缺失方面寻找根源。因此说，潜规则分别蕴含了非正式制度和正式制度的双重特征，它既不是正式制度，也不属于诺思所定义的非正式制度，在诺思的制度框架内，它是介于正式制度和非正式制度之间的第三类制度（见表4-1）。从表中可以看出，潜规则既不能归入诺思正式制度范畴也不能归入诺思非正式制度范畴的规则有很多，至少包括非法组织（敌对组织、黑社会组织）的成文规则、非文化进化形成的非正成文规则。

表4-1　　　　　　　　　潜规则在诺思制度框架中的位置

诺思的正式制度	第三类制度	诺思的非正式制度
合法组织的正式规则	非法组织的正式规则、非文化进化形成的非正式规则……	文化进化形成的非正式规则

（五）潜规则作为非文化进化形成的非成文制度

从字面上理解，正式制度和非正式制度必然包括了全部的制度类型，因为在数学逻辑上，A 集合与非 A 集合必定囊括了全部元素。潜规则必定不属于正式制度，用排除法就可以很容易地将其列入非正式制度行列中，不过，此时的"非正式制度"内涵要比诺思的定义广泛得多。应该说，在非正式制度中，除了文化进化形成的非正式制度外，还有另一种并非文化进化而来的非正式制度。这些非正式制度是在一个组织中衍生的不成文的规矩，这些规矩与文化关系不大，或者没有明显的文化特征，可能是随着正式制度的产生和演变而产生和演变，其没有久远的历史，其形成具有偶然性。如企业中项目部谁承接到新项目谁就要负责整个部门一次集体娱乐的花费。这些规则伴随我们的生活，不带有明显的文化特征，并随着组织制度的变化而变化。这些不具有传统文化色彩的非正式规则更接近西方社会所理解的"hidden rules""unwritten rules"或"unspoken rules"（Azari and Smith，2012；Shipley and Hardoy，2023）。如迈可·海勒，詹姆斯·萨尔兹曼（2022：20）就将"先到先赢""现实占有，胜算十之八九""一分耕耘，一分收获""家是我的堡垒""我们的身体属于我们自己""温柔的人必承受地土"视为获得所有权的六种潜规则。这些非文化内涵的规则名称很难统一，其中既有不违反社会法律或道德的惯例，如承担部门集体娱乐花费，也有与社会法律或道德相悖的规则，如将新郎绑电线杆上扔鸡蛋和抽打的低俗婚闹，以及盗窃团伙内部的分赃规则等。用一个统一的名称很难概括其要义。此外，用文化与非文化对非正式制度进行分类，会像正式规则和非正式规则的划分一样存在很大的模糊地带，有的规则既有文化的含义，又不全然是文化演化的结果。如关系规则，在人情关系的建立和维持上，如果只有付出而没有回报，必将行而不远，这是礼尚往来的传统文化的结果。但是，市场经济中有些关系是建立在明显的功利目的之上的，全然偏离了纯洁的礼尚往来传统，这种情况下就很难辨别这样的人情关系是文化的结果还是对经济利益的现实考量。

基于以上分析，我们将正式规则和非正式规则的定义、类型和例子编列于表4-2中。正式制度内部的划分是清晰和明确的，但非正式制度的划分涉及文化的内涵，尽管其定义是明确的，但因对"哪些因素是文化的"这一问题有争议，所以在其内容上可能并不够明确。但是即使如此，这种分类对于我们建立明规则和潜规则的框架仍然是有用的。潜规则是非成文的规则，因此必定处在非正式制度的范畴，而文化进化形成的非正式规则凝聚着社会道德，可以公之于众，因此，潜规则必定不能归为文化进化形成的非正式规则。在笔者看来，潜规则是非文化进化形成的非正式规则中的一种规则，在这个非文化进化形成的非正式规则中，仍存在着其他类型的规则。

表4-2　　　　　　　　　正式制度和非正式制度的内容框架

制度	定义	类型	例子
正式制度	以是否"成文"为标准，只要是典章化的或被白纸黑字地表达出来的，就属于正式规则	受到政府承认的"合法"的规则	宪法、法律、条例、合同等
		在敌对组织、非法组织、社团中和个人间施行的成文的规则	黑社会内部章程、传销组织规章等
非正式制度	正式制度以外的一切制度	文化进化形成的非正式规则（符合社会道德）	得到社会公认的习俗、传统、宗教禁忌、意识形态等
		非文化进化而来的非正式规则（可能违反社会道德，也可能不违反社会道德）	团伙中的分赃规则、潜规则等

关于潜规则是不是一种文化的结果，伦敦大学亚非学院穆斯塔克·汗教授（Mushtaq Khan）曾以插队为例，指出发展中国家的人在其国内常常不守规则插队，但是一旦到了西方国家就又迅速地遵守了排队的规则。同时他指出，一些中国人热衷于用潜规则来办事，但是一到英国来却又乖乖地遵纪守法，这些变化源于不守规则所面临的惩罚不一样，即制度不一样。这种能够迅速改变的行为方式，算不上是文化的结果，它只是制度的产物。

制度是一个庞大的规则体系，笔者认为可以将制度划分为正式制度与非正式制度，不过其内容与诺思意义上的正式制度和非正式制度有差别（见图4-1）。在笔者所构建的庞大的制度体系中，潜规则仅占一隅，它属于非正式制度中那些非文化进化形成的规则，是一种关于交易的规则，而且这些规则违反了社会法律和（或）主流道德价值。

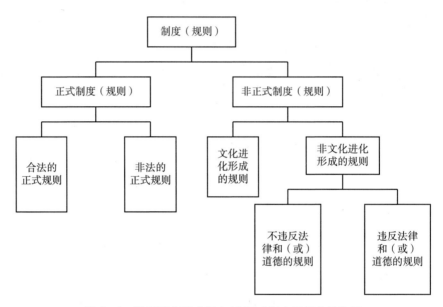

图4-1　潜规则在正式制度/非正式制度框架中的位置

二、明规则与潜规则的分析框架

明规则是指那些能够在阳光下运行的规则。它有两个核心特征：一是显而易见的、透明的。即它可以公开地颁布和运行，能够被大众知晓。二是光明正大的，即它是正义的，或至少自我宣称是正义的。

一个组织中合法的正式制度，无论是否确实维护了大部分成员的利益，在名义上均无一例外地宣称它服务于大部分成员，代表正义，并依靠组织的机器推动实施，因此，它总是运行在阳光之下，是理所当然的明规则。然而，如前所述，组织类型多种多样，一国之内可能有公开对抗的反叛组织，在统一的国度内也可能存在形形色色的非法组织。从这一层意义上理解，明规则具有相对性，在一个组织中是光明正大的规则，放在更大的环境中可能就不那么光明正大了。但这样我们的分析就无从谈起，我们的分析要有一个立足点，这个立足点就是一个组织，或者一个统一的国家。在这个统一的国家中，法律及由法律所支撑起的那些规章、制度、契约等都是明规则的一部分。但是，受到主权国家法律法规排斥和打击的（简单说就是非法的）组织、社团和个人所采用的成文的规章，它们不能光明正大地实施，一旦被发现将面临法律的制裁，因此，它们不能被称为明规则。比如，黑社会内部章程、传销组织规章等，尽管属于正式规则，但却不是明规则。值得进一步指出的是，属于明规则并不代表它就必然是正义的。一项低效率的正式规则或者一项非正义的制度在暴力机构的强力推动下也能持续公开地在社会中施行下去，只是它施行的代价可能会大一些。

明规则还包括自发演化而来的被大众所接受的道德、习俗、传统、宗教禁忌、意识形态等带有文化内涵的非正式规则。那些建立在文化内涵基础上的惯例应被视为明规则，如清明节在很多农村地区要以家族为单位祭奠祖先，这是在文化基础上形成的习俗。随着时间的推移，家族的规模越来越大，祭奠的经费可以由每个小家庭平均承担，也可以按人口平均收费，有的地方则是从由年轻人捐献形成的家族基金中支付，当然也可以由一两户富有的家庭全部承担。这就是在文化的基础上形成的多套不同的惯例，这些惯例在家族中广为人知，可以公开地谈论，也可以在公开的讨论中修改，这是一种明规则。

因此，明规则除了包括正式规则中受到国家承认的宪法、法律、法规、规章、契约以外，还包括由文化进化形成的非正式规则。明规则总是以保障群体成员的利益不受侵犯为其基本功能，总是力图使短期利益和长远利益相结合，总会综合考虑推动经济社会的全面发展（或社会福利的最大化），也总是不断地响应着成员的需求，在公开的讨论中不断地调整和完善。

　　从定义上看，明规则仅仅涵盖正式规则和非正式规则中的一部分，那么，在正式制度和非正式制度中的其他部分是否就应该纳入与明规则相对应的潜规则呢？或者，那些非法组织、社团中和个人间施行的成文的规则以及非文化进化而来的惯例、约定的规范是否都应该应被纳入潜规则的范畴呢？从我们对潜规则的理解看，答案当然不是，其原因就在于明规则与潜规则的框架像正式制度和非正式制度一样存在着模糊的地带，在明规则与潜规则之外，必然存在着"第三种状态"。

三、明规则与潜规则之外

　　如前所述，在数学逻辑上，A 集合与非 A 集合包含了一切元素。在这种 A 和非 A 的分类中，A 集合的内容一般是清晰的，但非 A 集合中的内容可能是包罗万象的，非 A 集合中任何一个具体的子集或元素都很难全面、正确地描述非 A 集合的特性。这就是诺思的非正式制度仍然存在很多争议的原因。

　　潜规则—明规则这一对规则遇到的问题要比正式制度—非正式制度更为复杂。潜规则—明规则并不是 A 集合与非 A 集合的关系，它更类似于一对反义词。然而，自然界中本来就很难寻找到非此即彼的情况，更何况作为复杂构建而存在的人类社会中的规则呢！自然界中总会存在很多中间的状态，在黑和白之间是一个连续的色谱。同理，在潜规则与明规则这一对相反的规则之间就必然存在着众多的似是而非的规则，这些规则的存在就是潜规则和明规则的分类仍然存在很大争议的原因。

　　潜规则与明规则的划分，最先是由对潜规则的研究引发的。人们最初对潜规则的理解可能是明确的，其创造者吴思在其著作中用以诠释潜规则的例子几乎都是自由裁量权的交易，但是人们喜欢寻找与某一事物相对立的事物，潜规则被创造出来之后，潜规则的对立面也就自然地被创造出来，它的对立面应该是明规则。然而，当明规则被创造出来时，中间地带就出现了。为了解决这个中间地带的问题，人们拼命地将一些似是而非的规则往两边塞，企图让明规则与潜规则囊括全部的规则。于是，原本清晰的潜规则内涵，因为被似是而非的内容填充，反而模糊了其边界，模糊了人们对潜规则的理解。只要明确了潜规则和明规则的定义，我们就能找出那些中间地带的规则。

首先，非法组织、社团中和个人间施行的成文的规则不能被纳入明规则和潜规则的框架内。我们已经指出，明规则包括"合法的"规则以及由文化进化形成的非正式规则以及在此基础上形成的惯例、规范，而潜规则专指对资源控制者的自由裁量权的交易。从明规则和潜规则的定义来看，正式制度中非法组织、社团中和个人间施行的成文的规则，以及相当一部分非文化进化而来的非正式规则，既不被明规则收纳，也不能划归潜规则的范畴。这是明规则与潜规则之外的中间地带的规则。在非法组织、社团中和个人间施行的成文的规则中，有些例子明显地既不属于明规则也不属于潜规则，如传销组织中采取的"五级三阶制"的奖金分配制度以及按金额和下线定岗位的职位晋升制、黑社会组织内部严密的帮规等。这些规则因为与占主流地位的正式规则相冲突而处于秘密运行的状态。不管它们正义与否，它们都是非法的，一旦被揭露或揭发就面临惩罚的可能性，因此它们不能称为明规则。但是，同时它们也不是自由裁量权的交易，而且不一定违反社会主流道德，因此也不能被贴上潜规则的标签。

其次，一部分非文化进化而形成的非正式规则也不能被纳入明规则和潜规则的框架内。从字面上理解（不是诺思的分类），潜规则是非正式制度中的一种规则，而且是非正式制度中非文化进化而来的非正式规则。但是非文化进化而来的非正式规则又包括丰富的内容，有符合社会法律或道德的惯例、规范，也有与社会法律或道德相背离的惯例和规范。潜规则应该是后者，但是后者里有些规则并不是潜规则，如盗窃团伙里的分赃规则、色情产业中的某些规则。卖淫嫖娼在中国是违法的，但是却一直存在于社会中，一些不法人员利用足浴店、KTV 等作为掩护从事非法交易。店家提供的服务类型和级别五花八门，每一种服务对应着不一样的价格。在交易过程中是先提供服务再付费还是先付费再提供服务，这是两套不同的非正式规则。此外，在某一类服务中顾客能干什么不能干什么都是非正式的。这些规则要么是违反了社会法律法规，要么是违反了社会主流道德，既不是明规则，也不能被理解为自由裁量权的交易。

最后，一些带有文化特征的规则也不适合放入明规则和潜规则的框架中。有一类比较特殊的规则，带有文化的特征，却又不能或不宜公开地宣示，这类规则中比较典型的是关系规则和面子规则。中国人的人情交往带有强烈的"关系"色彩，友谊的维持、相互合作都建立在"关系"上。缺乏"关系"支撑，企业在商业上很难取得成功。但是关系的形成和维持都是建立在互惠交往上的，而且互惠要大致平衡，如果交往中的礼尚往来失去平衡，人际关系就难以维持下去。如只接受别人的馈赠而拒绝付出被认为是无礼的，这时关系就会受到损害，无论是朋友之间还是亲戚之间皆如此。在人情关系上，如果只有付出而没有回报，必将行而不远。但是，这种关系规则虽然是根植于文化，却不宜公开地表达出来。这可能源自中国人含蓄、内敛和委婉的特性，即使内心希求回报也不会表达出来，甚至会表达出相反的意思。中国古代就不缺明明觊觎官位却在擢升时还故意辞让一番的例子。总之，人情关系的规则很难算得上是明规则，但也缺乏潜规则的要件，然而，其实实在在地约束着人们的行为，成为人们交往中心照不宣的默契。

"面子"规则是另一个显著的例子。没有哪一个社会像中国人一样注重面子讲排场了，面子的本质就是在公众场合获得别人的尊重和称赞，让自己面上有光。面子具有社会交换的功能，在人际交往中，"会做人"的人总会给对方留下面子，其目的是日后对方也给自己一个面子。如饭局上一方向另一方敬酒，而后者拒绝喝酒或者不回敬，那就是不给前者面子。因为不给面子而在酒桌上闹翻的事例并不少见。然而，事实上公开闹翻的相对于隐忍不发的还是算极少的。之所以隐忍不发，是因为面子规则在很大程度上是不宜公开宣示的，没有人会坦诚地向对方说明用这个场合的面子交换另一个场合的面子，因为这是大家心照不宣的规则。"面子"规则是一种隐晦的规则，算不上明规则，同时它又与"关系"规则一样经得起道德的审视，不具有消极道德意义，也不存在自由裁量权的交换，因此不是潜规则。

明规则与潜规则之间的中间区域客观地存在，给处于中间地带的规则（如果它们也能够算是规则的话）起一个统一的名称确实很困难，但可以比较明确的是，它们都是隐性的规则。单纯从字面上看，隐性的规则与潜规则十分相近，并且有交叉之处，但是从内容上看，潜规则有其特殊的含义。潜规则是对自由裁量权的交易，"潜"字代表了其在道德上的消极性。隐性规则则包含更多的内容，它不一定是规范交易的，"隐"字仅仅表明一种状态，并不具有道德上的特殊含义。它"隐"的原因，可能是违反了正式制度，也可能是违反了社会道德，或者只是出自中国人特有的隐晦、内敛和含蓄性格而导致的"不好意思"问题。

第三节　潜规则的制度特征

前面在辨别潜规则的时候已经指出潜规则具有三个基本要件：一是潜规则必须首先是一类规则，它是在自愿的基础上达成的交易。二是潜规则是对资源控制者的自由裁量权的交易；三是潜规则行为在道德上是消极的、负面的，与主流社会道德相冲突是潜规则最基本的特征。这三个要件仅仅是作为辨别一项规则是否应纳入潜规则范畴的标准，它并不能全面概括潜规则的特征。在这节中，我们将首先探讨潜规则作为一项规则的一般属性，再从其与明规则（尤其是那些文化进化形成的非正式约束）之间的比较来展示其特殊性。

一、潜规则作为规则的一般属性

诺思（2008：4）认为："制度是一个社会的博弈规则，或者更规范地说，它们是一些人为设计的、形塑人们互动关系的约束。"制度的约束作用是通过为人们提供日常生活的规则从而减少不确定性实现的。顾名思义，潜规则是一种规则，与所有各种类型的制度或规则一样，是对人类行为的约束，在规则意义上，潜规则与明规则没有差异，它们都是有效的约束。

制度的约束作用，无非是体现在"禁止人们做什么""要求人们做什么""允许人们做什么"这三个方面上（奥斯特罗姆，2012：164 - 166；诺思，2008：4）。依照此定义，制度乃是一种人类在其中发生相互交往的框架。这和团体竞技体育的游戏规则十分相似，制度由一系列准则组成，如在足球比赛中，不得故意伤害对方运动队的人员，必须在界线内活动，允许除双手外的其他一切部位进行传带球等。人们被要求在这些规则内行动以追求自身的利益。这些规则也意味着，对规则的违反要受到一定的处罚，处罚有轻有重，处罚意味着利益的损失，这是违反规则的成本。潜规则作为一种规则符合规则的一般特征，即个体要么遵守要么被排斥于利益之外或遭受处罚。如吴思在《潜规则：中国历史中的真实游戏》一书中提到的"冰敬""炭敬""年敬""节敬"等都是潜规则现象，对这些规则的遵守能确保低级官吏仕途的顺利甚至获得优待，而对潜规则的破坏不但会使自己仕途坎坷，甚至有可能被排斥于官僚系统之外。再如病患给医生送红包被公认为是一种典型的潜规则现象，患者如果拒绝遵守潜规则，不但可能承受额外的身体痛苦，也可能面临精神上的煎熬，而遵守潜规则，则不但可以避免加倍的病痛，也可以省却不必要的担忧。

潜规则与其他制度一样具有协调人们行动、降低互动双方不确定性的功能。阿尔奇安和德姆塞茨认为，制度提供解决"跟资源稀缺有关的社会问题"以及相关利益冲突的方式，制度"帮助人们形成那种在他与别人的交易中可以合理把握的预期"。作为一种制度，潜规则必然具备制度的一般功能，即它能够协调潜规则双方的行动，降低行动的不确定性。人们要获取某种资源必然要借助于某种规则，无论是明规则还是潜规则，它都构成人们内心默认的"正确"方法，比如人们在市场上购买橘子，顾客支付一定数额的人民币，店主便会给予一定数量的橘子，顾客不必担心在支付人民币之后店主或小贩会拒绝给他称橘子，不必担心店主或小贩拿到钱后就跑，也不必担心对方给的是香蕉或其他水果；或者反过来，店主或小贩在给顾客称橘子之后，不必担心顾客拿到橘子后拔腿就跑，也不必担心顾客会少支付人民币。在顾客和店主或小贩之间有一种合理的预期，那就是市场交易的规则。同样，潜规则也具有这样的功能。病人为了在手术或护理中获得合理的或更好的医疗服务而给医生送红包成为一种潜规则，病人在支付足够数额的红包时，他的行为就类似于在市场上购买一种合理的或优质的服务，患者不再担心医生的粗心大意或"故意失误"；医生在收到红包时，也类似于市场上的店主或小贩，他会像履行市场规则一样全力以赴给予患者合理或额外的服务。规则的功效是在互动双方之间提供一种信任，减少不确定性，在潜规则之下交易双方建立起了某种信任，彼此之间形成了默契，尽管对某一方而言可能是不得已的选择。相反，违反潜规则，患者和医生之间就没有某种双方默认的契约，医生可以在自己的自由裁量权范围内将努力程度降到最低——"故意的失误"，也可以将努力的指针拨向最高点——全力以赴，患者只能充满焦虑和疑虑地任由医生主宰。吴思在对潜规则进行解释时亦指出，作为一种约束，"行为越界必将招致报复，对这种利害后果的共识，强化了互动各方对彼此行为的预期的稳定性"（吴思，2011：193－194）。

二、潜规则作为规则的特殊性

尽管潜规则有着规则的一般特性，但是与明规则相比这种约束作用的发挥也有其自身的特殊性。潜规则的约束对象、运行机制是"表"，而潜规则为何如此运行则是"里"，只有通过对潜规则表与里的全面探析，才能全面地认识潜规则。潜规则特殊之处在于其"潜"的特性，与明规则的比较，这一字的差别是其内在性质差别的反映，也是认识潜规则的关键。为了全面认识潜规则的特殊性，我们将从约束对象、交易双方谈判地位、约束内容、形成机制、实施机制以及违反规则的后果等方面进行分析。潜规则与由文化演进形成的非正式制度之间的关系是复杂的，这也是容易引起混乱的部分，因此，我们在探讨潜规则特殊性时，将会重点将其与由文化进化形成的非正式制度进行比较。前面已经将价值信念、传统、意识形态等带有文化内涵的非正式制度纳入明规则的框架内论述，但是非正式制度是个大容器，容纳着一切不属于正式规则的规则，潜规则显然不属于正式规则，那就必然落入非正式规则的框架中。然而，泛泛地谈论其非正式制度的特性并不能很好地理解潜规则的特殊性。潜规则从非正式规则中独立出来获得自己专有的标签，必定有其"过人之处"。在此，我们通过将其与价值信念、传统、意识形态等带有文化内涵的非正式制度进行比较，勾勒出潜规则所具有的一些特征。

（一）约束对象范围的特殊性

潜规则约束的对象不是全体成员，而是组织中某些交易中的买卖双方。明规则中的正式制度部分是根据共同体的目标而设计出来的或群体成员在交往中自发演化后被典章化，并依靠强制手段强加于共同体全部成员的规则，这种规则具有政治意志并依靠强制力实施，它的强制性保证了它得以用公开的方式在整个群体或社会内普遍地推行。文化进化形成的非正式制度是文化和传统长期延续的结果，它的形成源于千百万人的互动，"是群体或社会——文化共同体依赖内在自觉推动的"（林炜双等，2010）。它的主体同样是一个组织或群体，它作用的层面是整个组织或全社会。正因如此，明规则是被共同体成员普遍接受和认可的行为准则。潜规则是资源控制者与资源购买者之间的交易，是个人利益最大化的行为选择。明规则覆盖的对象是群体或组织中的每一个成员，明规则在组织中都具有全面性、普遍性和公开性的特征，即全面地认同、普遍地遵守以及公开地执行。而潜规则仅仅是运行于自由裁量权买卖双方，其约束的对象仅仅是资源控制者和资源需求者。

（二）交易双方谈判地位的特殊性

谈判地位不对等是潜规则区别于文化进化形成的非正式制度的重要特征。带有文化内涵的非正式制度是行动主体自发产生的，它不存在政治意志和强制力，内部不包含许多明确的层级性规则和程序性规则，它总是被"横向地运用于平等的主体之间"（柯武刚、史漫飞，2000：130），带有文化内涵的非正式制度结构中没有权威的结点，没有强制的命令与服从。潜规则是资源买方与资源控制者之间的依附于合法交易上的交易，在自由裁量权范围内，资源控制者在很大程度上可以决定资源的配置，是否达成交易取决于资源控制者。因此，买方与资源控制者之间在谈判能力方面往往是不对等的，资源控制者在谈判议价上拥有较强的优势，买方处于弱势地位。谈判地位的不对等决定了交易的不对等，在资源价值并不高时，买方完全可以因为谈判地位的不对等而退出交易。但当资源是经济社会生活中的必需品时，或者资源蕴含着较大的利益时，则买方退出交易将造成严重的后果。在防御型潜规则中，即当买方意欲以公意价格获得资源时，如果资源对买方而言非常重要（如政府强制购买），哪怕资源控制者索要的价格十分高昂，买方仍不得不进行支付，这也注定了其在交易中处于受支配的地位。在侵略型的潜规则中，尽管额外的补偿是买方主动地向资源控制者支付，其意欲以低于公意价格的价格获得资源，而资源控制者具有曲解甚至修改明规则的权力，能否以低于公意价格的价格获得资源，在很大程度上亦取决于资源控制者的利益。因此，侵略型潜规则中弱势的一方主动向强势的一方支付补偿，与其说是主动支付才使交易双方陷入不平等的交易中，不如说这些主动的补偿是潜在交易双方谈判地位不对等的结果。

在公权力领域，潜规则的双方可能是在权力等级结构中处于同一层级的代理人，但更多的是在权力等级结构中处于不同层级的代理人。平级之间的潜规则具有"互惠"或"互害"的特征，其中又以"互惠"为主。在发生交易的瞬间，双方的地位却是不对等的，只不过是弱势一方将补偿抵作下一次对方求助于自己时的支付。"赊购型"的交易掩盖了自由裁量权被买卖的事实。权力结构的上下级之间、平民百姓与公职人员之间总是潜规则多发的领域。潜规则总是以权力最大者为中心、围绕着公权力而展开。公权力代理人拥有资源的配置权力、是非的裁决权以及强制的实施力，因此，公权力代理人是潜规则的博弈结构的核心。权力本身就带有支配与被支配的性质，依附于权力关系上的交易更容易表现出强制与被强制的关系。在公权力领域的潜规则中，交易双方中一方占据着较大的权力，另一方拥有较少的权力或无权力。在防御型的潜规则中，强权的一方往往是有意无意地推行潜规则，弱势的一方往往是被动地遵从潜规则；在侵略型潜规则中，权力小的一方主动地向强权的一方支付额外补偿，以换得后者的特殊照顾。无论是防御型潜规则还是侵略型潜规则，潜规则总是围绕着公权力而展开，以权力大者为中心，以获得权力大者的庇护为目的。权力是潜规则运行的关键要素，离开权力，潜规则就不可能生存和盛行。值得一提的是，与潜规则高度相通的其他行为，如腐败、寻租、庇护大多围绕着权力而展开，如汗（Khan，2000：11）就指出，寻租的支付大小以及寻租过程中产生的权力类型都取决于庇护网络中的权力分布。吴思在《血酬定律：中国历史中的生存游戏》中引述《二刻拍案惊奇》卷二十六开篇的故事，说明朝最清苦的官是州县级儒教官："天下的官随你至卑极小的，如仓大使、巡简司，也还有些外来钱。惟有这教官，管的是那几个酸子。有体面的，还来送你几分节仪；没体面的，终年也不来见你，有甚往来交际？所以这官极苦。"（吴思，2010：77）即使如此，有一天这个儒学教官的一个学生当了御史，老师去看望，众人为了巴结御史纷纷巴结御史的老师，那清苦教官竟然得了 2000 两银子。这就是说，这个教官的学生未当上御史之前，手中的小权力仅仅为教官带来"几分节仪"，而当学生当上御史之后，与大权力沾上了边，教官依靠御史学生间接地拥有了大权，潜规则在大权力之下应运而生，为这名教官带来了丰厚的收益。

在私权领域，潜规则交易双方的谈判能力也是不对称的。一方掌握着专业的知识、技能、信息，他们拥有较强的谈判能力，在交易中占据着有利地位。另一方掌握着较少的技能和信息，他们在交易中处于弱势的地位。由于专业技能、知识难以被外界认识和理解，在交易中专业技能的掌握者通常会利用这一点去抬高要价，专业技能和服务的购买者为了获得专业技能掌握者的"尽心尽力"，不得不在公开的价格之上额外支付补偿。

（三）约束内容的特殊性

正如前文所述，潜规则本质上是交易中的额外补偿行为，是在交易中买方为了获得被控制的资源，主动或被动地向资源控制者支付额外补偿的行为。这种补偿发生于两种情况：一是当资源购买者为了避免被资源控制者施加高于公意价格的价格时；二是当买方欲以低于公意价格的价格获得被控制的资源时。这种补偿所依附的交易是明规则所允许的，因此，交易本身是可以公开的。但是依附于交易中的额外补偿却是被明规则所禁止的，因此其是隐蔽的。额外补偿的行为尽管不构成交易的主体，却是达成交易不可或缺的因素，它使资源的成交价格接近资源被控制时的真实价值，或者使资源的成交价格接近买方预期。这种支付，是一桩合法交易得以完成的保证，因此，这种支付也可以看成是对交易的交易——只要支付，交易就可以完成。这种隐蔽的对交易的交易，就构成了潜规则。因此，潜规则的约束作用可以转换成"如果你不……我就不……"其约束的对象和内容都具有交互性，并非能独立地遵守或违反而不影响其他人。潜规则的这种特性与明规则有明显的不同。明规则所覆盖的内容十分广泛，它既包括对单独个人的行为约束（如禁止吸毒，实施九年义务教育等），也包括对交互作用中主体行为的约束（如对正式交易中的买卖双方权利和义务的规定），也就是明规则所约束的内容不限于交易行为。因此，明规则的约束作用既可以转换成"如果你不……我就不……"也可以转换成"你必须……""你不得……""你可以……"

柯武刚和史漫飞（2000：115）认为，制度可以分为指令性的（pre-scriptive）和禁令性的（proscriptive）两类，前者可以精确地指示人们应采取什么行动以实现特定的结果，后者是禁止某些难以接受的行为。奥斯特罗姆（2012：164 - 166）认为，除了"禁止""要求"外，制度还包括"允许"，诺思（2008：4）则认为，制度约束作用包括"禁止"和"允许"两个方面。因此，制度通常是包括"禁止""要求"和"允许"中的一项或一项以上的内容，只要它具备一项以上的特征，那么就具有制度的特性。潜规则似乎仅仅包括"要求"，即指示人们应采取什么行动以实现特定的结果，在潜规则的交易结构中要求买方必须支付额外补偿。这一特征在防御型潜规则中表现得尤为突出，买方为了能以明规则所标示的价格获得资源，必须向资源控制者支付额外的补偿，其要求的主体是资源的控制者，是买卖关系中谈判实力较强的一方（不一定是资源的所有者）。要求的对象是谈判实力较弱的买方，正是因为处于被要求的地位，其常常是处于被动的地位，被强制要求对前者支付额外的补偿。

（四）形成机制的特殊性

明规则——无论是其中的正式制度还是文化进化形成的非正式制度——均产生于人们之间漫长的交往过程，是人们在反复的交往中逐渐演化出来的一套约束。布坎南的《自由的界限》以及诺齐克的《无政府、国家与乌托邦》中就揭示了自然状态是财产权利、秩序的逻辑起源这一思想。自然状态是一种没有任何规则（或者武力是唯一的规则）的原始状态，但人类社会在这一自然状态下并未最终导致一切人对一切人的战争，而是比较和谐地交往，并创造了人类的文明。人类文明得以产生和延续，得益于人类在交往过程中逐渐产生了大家都遵守的规则。然而，规则并不全然是在自然状态中自发演化的结果，不全然是博弈的稳定均衡，尽管哈耶克极力反对，也不能否认现实中大量存在着人为创设的明规则。既然是设计的结果，就可能不是博弈的稳定均衡，而是依靠外在强制力量来维持的遵守状态。据此，我们可以说，正式制度是典章化的依靠外在强制力实施的规则，它可能是自发演化而来，也可能是人为设计的结果。由文化演进形成的非正式制度则是那些未被典章化的自发演化而来的约束，如习俗、惯例等，它是博弈中稳定的均衡策略。是否能自我实施是正式制度和文化演进形成的非正式制度的重要区别，而是否能自我实施与它们的形成过程有关，我们可以用博弈模型去区分正式制度和带有文化内涵的非正式制度的形成。

矩阵4.1是典型的囚徒困境博弈，在反复的博弈中，参与人最终意识到他们的占优策略Y所导致的结果并不是最优的结果。参与人通过协议选择策略X，从而使双方最终达到支付（6，6）的帕累托最优状态。然而，策略X并不是自我实施的，因为在对方遵守X的既定条件下，另一参与方有激励偏离X而选择Y以使自己的收益从6增加到10，因此，要确保大家都选择X，第三方的强制是必不可少的。在矩阵4.2中，策略X和策略Y都是一种稳定的均衡，一个均衡一旦确定下来，不仅每个参与人都不想偏离其选择的策略，而且他也不希望对方偏离，因此，这一策略均衡是自我维持的，不需要第三方的强制实施。

矩阵 4.3 是一个协调博弈，存在两个稳定的均衡（X，X）和（Y，Y），两个稳定均衡都具有同等的概率被演化出来，如果演化出来的是惯例（Y，Y），而且如果博弈参与人安于现状，则这一均衡将持续下去，无须外在的强制。如果博弈参与人认识到更高水平均衡（X，X）的存在，就会努力实现向更高水平的均衡转移。然而，任何单个的博弈参与人都没有动力去改变现状，因此，要实现向更高层次的均衡推移，一种外在强制实施的合作是必不可少的。

矩阵4.1：正式制度产生的博弈

	X	Y
X	6，6	0，10
Y	10，0	4，4

矩阵4.2：带有文化内涵的非正式制度产生的博弈

	X	Y
X	6，4	2，1
Y	1，2	4，6

矩阵4.3：惯例的转移：（Y，Y）→（X，X）

	X	Y
X	6，6	2，1
Y	1，2	4，4

惯例、习俗等是由个体的经验转化而来，它是社会成员长期交往逐渐演化的结果，其过程类似于生物的演化。在这一过程中，众多的个体追逐自己的利益，经济社会环境会有利于某些行为而不利于另一些行为，被选择行为将成为后来者遵循的惯例，惯例在选择中能自我累积并在群体中扩散，演变

为群体中大部分人共同遵守的默认制度。因此，非正式制度是群体中众多个体的生存竞争造成的一种无意识的后果，是群体内大部分个体逐渐认同并遵守的过程，它包含着大量经过精炼和检验的先人智慧。

潜规则与明规则在形成过程上有着本质的区别。

首先，潜规则的形成并不需要经过长期的沉淀，它总是伴随着正式制度的产生而产生，既离不开正式制度又违背正式制度，正式制度一旦建立，只要有利可图，潜规则顷刻间就能形成。因此，尽管潜规则的产生是自发的，但却严重地依赖正式制度，其形式随着正式规则的改变而变化。我们常常看到这样一种情况，政府出台一项新的政策，立即就会冒出千千万万个钻空子的人，这些人通过对出台的规则进行曲解、扭曲、变通等方式去追求自身利益，潜规则就是这种寻利的结果，它的形成是受人们自利动机的驱使，是自发形成的。但潜规则离不开正式制度决定了其演化的依附性，它的形式随着正式规则的变化而变化。吴思（2010：103-122）在《血酬定律·灰牢考略》中描述的班房、卡房、官店、差馆、押馆都是非法拘禁的地方，它们也是衙役们大肆运用潜规则的地方，是他们的利薮所在。四川臬司张集馨看到班房里每年瘐毙一二千人的大弊病，于是严令拆毁全部卡房。然而，那些支撑班房存在的潜规则仍然未消除，临时关押的实际需要仍然存在，于是官员们便让衙役将人关押于"私家"，这种关押方式为潜规则大行其道提供了空间。"私家"式的关押是在拆毁卡房禁令颁布之后立即滋生出来的，没有这一禁令，"私家"关押这种形式就不会出现，从"班房"到"私家"，是潜规则表现形式的变换，它的变换只需要瞬间而已。只要正式制度的实质内容没有改变，潜规则的表现形式就会多种多样，让人防不胜防。因此与其说潜规则是自发形成，不如说它是刻意设计的正式制度的副产品。

其次，潜规则与其说是自由博弈，不如说是资源垄断下民众的被动选择。在既有的明规则及其惩罚风险下，潜规则是自我维持的。矩阵4.4显示的是公权力代理人与普通民众之间的"博弈"，但这种博弈存在着很大的不公平。因为在这一博弈中，权力代理人首先做出选择，权力代理人在自由裁量权范围内可以设定标准，评价优劣，决定胜负，权力等级结构中的上级代理人永远占据着主动权，下级人员只有服从的义务，这种支配与被支配的关系是由外在的正式规则确定，是一种法定的权力，依靠强制力实施。对于民众而言，权力代理人的选择似乎是一个外生给定的变量。这种关系难以通过逃避而拒绝，这就是在博弈中共同体权力代理人总是能够率先做出选择的原因。在既定的风险和支付差异下，官员选择自己收益最大化的策略——潜规则，普通民众别无选择，只能选择潜规则，否则将一无所得。

矩阵 4.4：潜规则与明规则的博弈

		民众	
		潜规则	明规则
公权力代理人	潜规则	8, 3	2, 0
	明规则	2, 0	6, 6

　　潜规则的博弈结构与明规则的博弈结构不同。在明规则的演化博弈中，博弈参与人在策略选择上总是拥有平等的机会，选择没有先后之分，参与人都根据对方的选择而做出自己的选择，彼此的关系是双向的，是互动的；而在潜规则博弈中，权力代理人的选择似乎并不受民众策略选择的影响，权力代理人总是最先出手，民众随后被迫做出选择，对民众而言，公权力代理人的选择是一种外生变量。公权力代理人无疑会选择自己收益最大化的策略——潜规则，普通民众在既定环境下只能选择服从潜规则。从矩阵 4.4 可以看出，在现有的明规则及其实施机制下，潜规则一旦滋生，利益将诱使公权力代理人实施潜规则，即使潜规则会造成民众利益和社会收益的严重受损。潜规则一旦确立，它将自我实施，民众别无选择，只能忍受并遵守它，否则他们的收益将为 0。

（五）实施机制的特殊性

　　明规则的实施有两个重要的特征：一是社会的强制性。明规则中的正式规则总是公开地运行并拥有强制实施的暴力机关，它的强制性保证了它得以用公开的方式在整个群体或社会内普遍地推行。二是依赖社会关系网络。明规则中由文化进化形成的传统、风俗、意识形态等则通过血缘、地缘、学缘、业缘等社会关系网络影响着个人社会声誉,因为非正式制度是共同体成员或社会公众普遍认可的行为规范。因此,对非正式制度的违反,会受到社会关系网络中大部分成员的排斥,进而会破坏个人在社会关系网络中潜在的交易。潜规则的实施在强制性和社会关系网络方面与明规则有明显的区别。

第一,潜规则的约束作用既不能直接依靠外在的强制力来实施,又离不开外在强制机制。潜规则是违反正式规则或其赖以建立的精神的规则,它的实施自然不能直接求助于合法的强制机构,没有一套外在的强制机制直接要求行为主体主动实施或接受潜规则,但并不代表潜规则的维持不依赖外在的强制机制。个人不是原子化的,而是嵌在各种社会关系网络中,这些社会关系相当一部分难以退出,或者要退出,将花费巨大的成本。人与人之间在社会网络中的关系不是单一的,而往往是多重的、错综复杂的,各种关系之间存在着关联性,彼此之间相互影响甚至互为因果,这就为非法的交易提供了可能。潜规则正是依附于合法交易或社会关系,通过威胁取消合法交易或中断社会关系对违反潜规则的行为起到威慑作用。在潜规则所依附的社会关系中,权力等级结构关系是最重要的社会关系,潜规则通常借助于权力关系蔓延。在权力等级结构中,上级与下级之间是管理与被管理、命令与服从的关系,这种关系难以退出,正因如此,权力等级结构中下级一旦违反潜规则,上级可以寻找其他借口在其他管理行为中对下级施加惩罚,而这种惩罚是合法的,是可以诉诸正式的外在强制力来实施的。这在防御型潜规则中表现得尤为突出。如狱卒向犯人索要报酬,若犯人不遵从,狱卒在对监狱的管理中会有多种方式让犯人动辄得咎。医患关系中,患者拒绝向医生送红包,则在手术中可能承受巨大的疼痛,而这种疼痛可以被说成是手术过程中不可避免的。

第二,潜规则的实施更多地内嵌在合法的交易中。文化演进形成的非正式制度是博弈格局中自发演化的稳定均衡,它不需要第三方机制强制实施。因此,从惩罚的机制上看,非正式制度诉诸自愿协调,违反非正式制度并非没有后果，但要由个人在具体环境中决定接受或不接受违规行为的后果。潜规则总是内嵌于社会关系中，或依附于合法的交易，因此，对潜规则的违反，不但被排斥于潜在的资源之外，原有的社会关系也面临着遭受破坏的威胁，合法的交易可能受到侵害。社会关系和合法交易是通过正式制度的强制得以维持和实施的，借助于正式制度的惩罚机制来破坏社会关系或中断合法交易可以威胁潜规则的违反者。这也就是外在正式制度对潜规则违反者的"合法伤害"。但是，外在正式制度的惩罚与违反潜规则之间并不存在直接的对应关系，即正式制度惩罚的表面理由不是由于主体违反了潜规则，而是其他可以公之于众的理由。法制的庞杂性和语言的博大精深使权力代理人总能找到"合法"的惩罚理由，正所谓"欲加之罪何患无辞"。

第三，潜规则所依附的社会关系网络带有明显的功利性特征。非正式制度所依附的社会关系具有广泛性，血缘、地缘、业缘、学缘等都是传统、风俗和文化的传承载体，这些载体构成人们日常交往的社会关系网络，它们不具有明显的经济性动机，而是凝聚着非经济理性的道德和情感，如逢年过节向年长者赠送礼物纯粹出于对长者的尊敬，不求后者的任何功利的回报。而潜规则本质上是一种交易，其具有明显的利益动机，其所依附的社会关系常常是由经济理性所主宰的关系网络，甚至这一关系网络的产生并得以维系完全仰赖功利性目的滋养。但是凝聚着道德的纯粹的社会关系网络也可能蜕变为以功利的载体，进而孕育出潜规则。因此，社会关系网络具有复杂性，有的关系网络既凝聚着社会道德、情感，又是功利行为产生的土壤，潜规则这种交易所滋生的土壤必定是由经济理性浇灌而成的，或者潜规则是依托关系网络中的经济理性成分而得以产生和运行的。正如于阳在《江湖中国》中指出的，夹带利益交换的关系网具有两个特点：一是"利益理性"。个人意志高度介入关系对象的甄别，有用的人交往，没用的人不搭理；二是"快餐化"。通常人们关系圈的形成是一个漫长、自发的过程，而活络者则不然，他们通过请客送礼、金钱铺路、银弹肉弹手段，把关系营造原本需要的漫长过程尽可能浓缩成一个短暂时间（于阳，2016：86）。这种典型的理性关系网络就是围绕着公权力而延展开来的网络。

（六）违反规则的社会后果的特殊性

明规则中正式规则有正义和非正义之分，但无论正义与否，其都得到组织的力量支持，对正式规则的违反，就是对组织意志的违反，因此必然受到组织的打击，这是显而易见的。文化进化形成的非正式制度通过社会关系网络得到强化，而关系网络则取决于好名声的确立，其中包括信守诺言、遵守行为规范等。对行为规范的违反，不但意味着在关系网络中丧失声誉，而且会损害业已依赖网络而建立起来的利益结构，这种利益格局是社会成员在漫长的互动中逐渐建立起来的，被认为是最合适的。因此，违背非正式制度不仅将遭受到来自社会成员的道德谴责，还面临着在社会关系中其他成员的排斥。

而潜规则不同，潜规则并非全体成员普遍接受的规则，而是依附于特定交易、违背了主流道德价值观的规则。潜规则尽管给交易双方带来了利益的增进，但却是以牺牲集体资源的效率或损害公平正义为代价的。因此，潜规则的运行总是避免公之于众，一旦被揭发必然遭到共同体成员和社会关系网络中其他成员的谴责。违反潜规则可能会受到因潜规则而受益的成员（特别是集体权力代理人）实施以牙还牙、放逐、损害名誉等惩罚，但却会在更大的群体或社会中受到赞赏，符合社会正义，被主流意识形态接纳和肯定，提高了其在社会关系网络中的声誉，为时人所歌颂。如明朝清官海瑞不遵从潜规则，虽然不容于官僚集团，却名垂青史。

尽管潜规则也是一种非正式的制度（不是诺思意义上的非正式制度），但其与一般所理解的道德、风俗习惯等由文化进化形成的非正式制度存在根本的差别。它们之间的差别归纳在表4-3中，包括形成时间、社会道德含义、自我实施、主体地位、违反后果等方面的差别。这里需要强调的是其违反后果的异同。违反潜规则的后果是受到"合法的伤害"或被排除于"合法的恩惠"之外，但是由于潜规则本身是违反主流道德的，因此违反潜规则的行为常常得到社会公众的肯定，被贴上不同流合污的标签。相反，违反文化进化形成的非正式制度，就意味着违反了主流道德和主流文化，显然会受到社会公众的谴责。

表 4 - 3　　　　　　潜规则与文化进化形成的非正式制度比较

规则类型	形成时间	社会道德	自我实施	主体地位	违反后果
潜规则	正式规则一旦出台就会迅速形成	与社会主流道德相悖	间接借助于正式制度实施机制的力量	谈判力量不对称	受到"合法的伤害"或被排除于"合法的恩惠"之外，但被社会公众肯定
文化进化形成的非正式制度	经过漫长的历史演化而来	凝聚着社会道德的力量	能自我实施	没有特别的不对称	受到公众的谴责

第四节　潜规则的道德内涵

潜规则也是一种规则，与各种类型的制度或规则一样，是对人类行为的约束，它的功能和明规则似乎没有什么区别，但潜规则在运行方面与明规则又明显不同，这主要归因于其"潜"的特性。潜规则"潜"的特性决定了它约束的对象、约束作用的机制，而且也是其道德内涵的集中体现。

一、明规则的道德内涵

界定各成员行动的明规则，是一种代表（无论是实质上还是名义上的）集体利益和组织意志的规则。明规则是以最大化整体社会利益为目标，用博弈论的术语来说，明规则是为了在反复的囚徒困境博弈中促进合作或者在协调博弈中实现更高水平的稳定均衡而制定的规则。组织中运行的正式规则，无论是否都确实地维护和推动了大部分成员的利益，在名义上均无一例外地宣称它服务于大部分成员，这些正式规则都被贴上了正义的标签（尽管很多规则是非正义的），因此，它总是运行在阳光底下。文化进化形成的非正式规则（约束）是自发演化的结果，是人们在交往中有机地、自发地创生出来的，用博弈论的术语表述，则是在重复博弈中演化出来的能够自我维持的稳定均衡。文化进化形成的非正式制度一旦演化出来，没有人愿意背离，也不希望别人会背离，因为遵守这种均衡的策略相对于偏离策略能使自己的利益得到改进。

拉赫曼、哈耶克和史漫飞等从惩罚方式的角度区分了内在规则和外在规则。外在规则是依靠组织的强制力推行的规则，依靠国家的强制力推行的外在制度代表组织的整体利益和组织意志，显然是一种明规则；内在规则源于千百万人的互动，"只有当认可一项经验的人数超过一个临界点之后，该经验才会转变为一项内在制度"（柯武刚、史漫飞，2000：121）。"千百万人的互动"和人数的"临界点"，都意味着组织中绝大部分个体都认同并遵循这项规则，一个规则当被群体中大部分人认同时，便被赋予了道德的力量，它就被认为是"对"的或"正义"的规则，没有"潜"的必要，因而成为明规则。

文化演进形成的非正式制度具有明显的"明"特征。从博弈论的角度看，带有文化内涵的非正式制度是多人博弈的稳定均衡，而且是具有两个或两个以上稳定均衡的博弈中任意一个稳定均衡（萨格登，2008：50）。之所以是这种稳定均衡而不是另一种稳定均衡，完全是历史的偶然性和随机性造成，如果历史可以被重复，在同样的情况下，可能建立一个完全不同的非正式制度，今天存在的非正式制度完全可能以一种非常不同的方式得以演化（肖特，2003：115）。如道路靠右行是一个稳定均衡，靠左行也是一个稳定均衡，并不是靠右行比靠左行具有更大的优势，而是历史的偶然因素使靠右行成为一部分人接受的惯例。又如端午节包粽子是一习俗，而这种习俗的形成完全是一种历史的偶然，如果屈原投汩罗江自尽殉国不是五月初五而是其他任何一个日期，则这种习俗将会被改写。尽管带有文化内涵的非正式制度是历史的偶然因素形成的，但随着时间的推移成为人人都遵从的规范，构成行为的稳定均衡，对它的遵守既符合自身利益，也符合他人的期待。道德、传统这些非正式制度凝聚着大众的共识，"我们的正义感从追求自身利益的行为人之间重复的交往行为中演化而来……道德非常强调赞扬和谴责，又通过习得认为受到别人谴责的行为是错的。别人谴责那些行为并没有使得它们就变成错的，但有一股强大的力量影响我们，使我们去判断它们是错的"（萨格登，2008：219，228），因此，带有文化内涵的非正式制度往往蕴含对和错的价值判断，它构成社会秩序的一部分，对这些非正式制度的违背也将受到公众的谴责。

总之，明规则总是以保障群体成员的利益不受外来侵犯为其基本功能，保障利益相关的第三方的利益不受博弈双方博弈的损害。明规则即使在实质上违背了公平和正义的原则，它仍然在名义上代表着组织中大部分成员的意志，力图使短期利益和长远利益相结合，综合考虑社会的方方面面以实现经济社会的全面发展（或社会福利的最大化），代表着公平和正义。明规则总是不断地响应成员的需求，在其偏离公众意志的时候，明规则可以通过公开的方式加以讨论，并以公开的方式进行不断调整和完善。因此，明规则的"明"，除了公开之意外，还包括公正之意，即包含着光明正大的内涵。

二、公权力领域潜规则的道德内涵

潜规则作为一种规则切切实实地对人们的行为起着约束作用，然而这种约束作用与明规则相比，存在一个重要的差别，那就是：明规则的运行是公开的，而潜规则的运行是隐蔽的。潜规则的隐蔽性，并不在于其实施过程中违背了正式规则，而是其道德上的负面性。实际上，违反正式规则不是构成潜规则的必要条件。其原因如下：首先，潜规则常常是"合法地"产生的。正式规则在执行上都会给予执行人一定的自由裁量权，有的自由裁量权相当大，在不违背正式规则的前提下，执行人依然有很大的操作空间。其次，在社会生活的某些领域，正式规则是缺失的，维持社会正常运转的是规范、传统等非正式制度。在这些领域仍然可以看到潜规则的身影（如装修过程中屋主和装修工人之间的潜规则）。因此，违背正式规则不是构成潜规则的必要因素，而是可能的结果。

潜规则与明规则的区别，最重要的是体现在价值判断上。潜规则有时候并没有违背正式制度，但是几乎无一例外地违背了正式制度得以建立起来的公共精神或意志。正式制度是公众为处理公共事务而制定出来的，公意是这些正式制度得以建立的基础。正式制度不可能做到尽善尽美，时势的多变性也决定了其必然赋予代理人一定的自由裁量权。如果制度执行人在自由裁量权范围内处置公共资源，却偏离了公意，那么即使其行为表面上是合法的，也不敢公之于众，因为其违反了正式制度赖以建立的精神和意志。因此，潜规则在价值判断方面与主流社会道德相冲突是其区别于明规则的最基本的特征。

公权力领域的潜规则，尽管表面上看似乎是双方自愿交易的结果，是自发演化的均衡，但实际上其中隐藏着公权力的强制因素。强制因素镶嵌在交易双方的关联交易中，一旦潜规则不被遵守（违反潜规则的往往是处于公权力等级结构中的下级人员），在关联的博弈中掌握更多公权力的一方会在自由裁量权内通过"合法"的方式"教训"违反潜规则者，"合法的"威胁使"被潜规则者"不得不接受来自权力代理人的剥削，在交易过程中还要忍气吞声。因此，交易的关联性使潜规则表面上看是自愿契约的结果，是自发的均衡，但实质上是公权力代理人利用手中掌握的公权力"强制"推行的结果，其并不是真正自发演化的均衡，而是一个"伪均衡"。既然潜规则是一种强制的结果，它在道德价值上必然与文化进化形成的非正式制度存在差异。实际上，公权力领域中，潜规则的推行者不是违背了正式制度就是违反了其应承担的公共义务。公共义务是共同体中集体权力形成之时赋予代理人的，公共义务的行使是集体成员对权力代理人的共同期待，对这种期待的违反、对公共意志的违反显然背离了正义，背离了主流道德价值观。潜规则违背正式制度或背离公共角色所应承担的正式义务，其目的不是推进组织成员的整体福利，而是通过秘密的方式处置公共资源以增进潜规则双方（特别是集体权力代理人一方）的私利。公权力领域的潜规则是制度代理人出于私利而强加于权力所覆盖的人群中的交易，它的运用者通过"不合法的"（与正式制度相冲突）或"不正当的"（违背公共角色的正式义务）手段获得了利益或机会，却侵害或剥夺了其他不行使潜规则的利益相关者的潜在的利益或机会，它损害了公平竞争的法则，损害了制度运行的效率，破坏了社会公平正义的价值观，是非正义的规则。

三、私权领域的潜规则的道德内涵

前面在分析私权领域的潜规则时已经指出，自愿契约的原则仅具有"封闭的中立性"，公平正义的实现需要经得起"开放的中立性"的检验。"开放的中立性"不仅要求交易是出自买卖双方的自由意志，还要求交易本身必须满足契约外部的中立旁观者的评价标准。旁观者赖以评价的价值尺度，都是他所在的共同体中普遍认同的道德价值，而公平正义又是道德价值的核心内容。私权领域的潜规则常常是违反了中立旁观者价值尺度的交易，因此其在道德上是不光彩的。

非公权力领域的潜规则往往发生在正当利益与非正当利益之间的模糊地带。私人之间进行交易，双方的利益并非能够截然分开，有的利益处于模糊地带，既不能明确地归之于卖方，也不能明确地划入买方。交易双方对这一区间的利益的归属没有明确的划定，这一区间的利益的分配取决于双方对彼此的亲近程度，而亲近程度（I）是关系（R）、交易态度（A）和行动（B）的函数。

$$I = f(R, A, B)$$

其中：R 为关系的强弱。关系越亲近，人们在交易中越不计较得失。血缘、学缘、地缘等关系都可以增进人们之间的感情，从而促进交易双方相互让步。A 为态度。一个眼神、说话的语气、手势都折射出内心的喜好和厌恶，都会影响双方的感观进而影响双方的交易关系。B 为行为。相互赠送礼品、款待对方、陪伴等行为更是直接影响着双方的关系。

交易中，双方关系越亲近，越倾向于相互谦让。亲人之间的交易常常是不计成本和效益的，陌生人之间的交易却要精打细算。乡镇的菜市中，菜贩遇到熟人往往要打折销售，而对陌生人常常斤斤计较。在既不完全陌生也不十分熟悉的人之间（如朋友的熟人、邻居的亲戚的亲戚等）之间的交易要更复杂，模糊地带的利益要如何分割成为头痛的问题。一方为了获取更多的利益，就必须向另一方展现出友好的态度并付诸行动。这种博弈在复杂的交易中表现得特别明显，特别是一方的行为难以通过显明的方式进行衡量时，亲近程度对于模糊地带利益的分配就显得尤为重要。在交易中，掌握专业知识和技能的一方拥有较强的谈判能力，占据着交易的主动权，能决定模糊地带利益的归属。相反，交易中谈判能力较弱的一方就是专业知识和技能相对欠缺的一方，也是试图通过塑造亲近关系争取前者让利的一方。

如前述房子装修的案例中，是否款待装修队伍或者款待的次数是没有明确规定的，即使一顿饭也不招待也没有违反双方的合约，但这却影响着房主与装修队伍关系的亲近程度。这种亲近程度能够直接影响双方获取模糊利益的行为，其中对于难以通过显明的方式观察其交易行为的一方影响更大。屋主的交易行为仅仅是按协议的方式支付一定量的钱款，金钱的数量和成色的辨别不构成任何难题，因此，屋主的交易行为是容易观察到的；而装修队伍的交易行为却是复杂的，抹灰中水泥的比重、内外墙抹灰的厚度、地板铺浆的平整程度、瓷砖间缝隙大小、瓷砖的整齐程度等，这些工作涉及专业的知识和技能，一般外行人很难通过肉眼观察出来，而这些装修质量只有随着时日的推移才慢慢地外在地显露出来（在日后质量问题显露出来后，装修队伍也完全可以归咎于日常维护不当）。装修队将装修质量设定在"及格"或"良好"或"优秀"都是符合协议的，但在"及格"和"优秀"之间是一个灰色的利益地带，最终的质量标准设定在哪个点上则取决于屋主与装修队的亲近程度。装修队技能的专业性使其交易行为很难通过可观察的方式进行衡量，因此，屋主与装修队之间关系的亲近程度对装修队的影响尤其大。屋主是否招待装修队或者招待装修队的次数是直接决定双方亲近关系的重要因素。屋主为了获得更高的装修质量，往往会增加招待装修队的次数，而装修队也因此会"尽量"地提高装修质量，使之超过"及格"质量，达到"良好"甚至"优秀"。如果屋主对装修队伍缺乏热情，不问候也不款待，那装修队伍可能会将质量设定在"及格"上。这种不便言明的规则构成了屋主与装修队之间的潜规则。然而，毕竟这种潜规则是对灰色利益的分割，即使屋主不招待，装修队也有责任将装修质量提高到"及格"以上；而且，装修队在签订协议之后还承担着"尽量"提高装修质量的道德义务，即使没有任何款待，每个装修队都宣称自己是尽心尽力了，仅仅将质量定格在"及格"上是其无法说出口的，否则必然会受到屋主和旁观者的谴责。事实上，即使装修队没有"尽量"地提高装修质量也没有违反其原先签订的协议。因此，"款待装修队——装修队'尽量'提高装修质量"这一潜规则很难被表达出来。这一潜规则是对灰色利益的分割，其外在于显明的权利和义务之外，双方都没有充足的理由和勇气将这种分割规则写进正式协议之中。毕竟在事实上装修队承担着"尽量"的道德义务，如果只有在获得额外款待的情况下才付出"尽量"，必然是违背了主流道德价值观。

潜规则虽然没有损害到交易参与人之外的第三方的实质利益，但是交易结构外的其他人却扮演着中立的旁观者角色，中立的旁观者利用主流的道德标尺去衡量交易行为，一旦发现违反法规或社会主流价值的行为，便会加以谴责。私权领域之所以存在潜规则，是因为交易双方的行为违背了中立的旁观者所坚持的价值信念，换言之，私权领域的潜规则交易违背了社会的主流道德价值观，腐蚀了社会风气。无论是公权力领域还是私权领域，与主流社会道德相冲突是其区别于明规则的最基本的特征。正如吴思（2011：194）对潜规则的价值判断："这种在实际上得到遵从的规矩，背离了正义观念或正式制度的规定，侵犯了主流意识形态或正式制度所维护的利益。"

第五章

自由裁量权和潜规则的产生

潜规则是自由裁量权的买卖，将自由裁量权当作商品买卖说明自由裁量权本身是一种有价值的资源，自由裁量权本身不仅能够满足人的支配欲望，而且会为规则相对人带来利益或者造成损失。后者才是其被当作资源买卖的主要原因。

第一节　制度的自由裁量权

一、制度费用

交易费用是新制度经济学的核心概念。交易费用的内涵自其诞生之日起就处在不断深化和扩展中，科斯将交易费用界定为利用价格机制的成本，威廉姆森将交易费用细化为与交易相关的事先的交易费用和事后的交易费用，其中度量、界定和保护产权的支出被纳入事前交易费用之中。张五常（1994：137-165）认为，市场和公司只是两种不同的合约，公司取代市场只是一种合约替代另一种合约，选择哪种合约取决于合约的成本。在此基础上，张五常将交易费用拓展到人际关系的一切费用，主张用"制度费用"

（institution costs）来取代交易费用，认为交易费用是一系列制度费用，其中包括信息费用、谈判费用、起草和实施合约的费用、界定和实施产权的费用、监督管理的费用和改变制度安排的费用。交易费用转换为制度费用，对于解释自由裁量权乃至潜规则提供了理论的支撑。

人际关系的复杂性使得人们在行动上存在诸多不确定性，要降低不确定性，可以依靠制度（这里主要是指正式制度）的干预，也可以依靠道德协调，当然也可能会诉诸武力。现代社会人口众多，经济社会事务复杂，技术、知识与环境变化迅速，制度常常成为协调人际关系的首选。人们选择制度这种合约而不是道德、武力这些合约，是基于对这些合约的成本权衡的结果，换言之是"制度费用"比较的结果。对这些"制度费用"的考察包括两个方面：一方面是人们在特定制度框架内行动的不确定性的减除。制度作为指导人类行动的航标和协调人类行动的工具，能够降低行动的不确定性。另一方面，制度在降低行动不确定性的同时，也在增加"制度费用"，即制度设计和实施的成本。现实中许多制度的制定费用、实施费用、监督费用高昂到让人望而却步，随着制度的细化，制度的设计和执行成本也随之提高。

二、制度层级

制度或规则是有层级的。我们所知道的宪法，是一个国家的根本大法，规定了一个国家的政权性质和政治体制、经济制度，但是宪法并不直接约束我们的日常行动，人们日常的行为是由学校、公司、社区等组织的一些规章制度约束的，如校规、员工守则、村规民约等。从宪法到这些行动指南之间有一个很宽的地带，这个地带依据某些标准可以比较清晰地区分为若干层级。威廉姆森（2000）将制度划分四个层级（见图5-1）。第一个层级是嵌入，包括非正式制度、宗教、风俗习惯、传统。这一层级的制度是自发形成的，变化十分缓慢，需要上百年甚至上千年才能形成。第二个层级是制度环境，包括产权、司法、体制，这是经济主体行为所置身其中的政治体制和治理结构。如果说嵌入是人们交往中不自觉地形成的，那么制度环境则是人类有意识建构的。不同的制度环境会产生截然不同的行为，它是解释一国经济增长的重要变量，《国家为什么会失败》的作者阿西莫格鲁和罗宾逊在书中指出，包容型政治经济制度与攫取型政治经济制度是解释一国经济增长的关键因素。制度安排的变化也比较缓慢，变化频率为 10～100 年。然而，是什么因素决定了制度环境呢？这可能是复杂的多因素叠加的结果，包括历史文化、社会的权力结构、意识形态等。我们将在其他章节中对这一问题进行分析。第三个层级是制度安排，包括交易的契约安排及治理结构。如一个企业是通过市场购买的方式获得相应的配件还是自己成立部门去生产配件，抑或是通过将市场供应商并购进来成为自己一部分的方式来生产配件；公司治理、政府治理、交易治理的变化频率为 1～10 年。第四个层级是资源配置及激励结构，如对公司经营层是采取年薪制还是采取固定工资加绩效奖的方式，高校是采取终身聘用还是非升即走的方式引进人才？这些激励结构对经济主体产生最为直接的影响，大部分经济主体在短期内也只能通过调整激励结构来达到自己预期的目标。

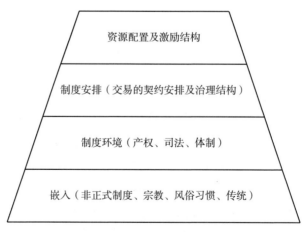

图 5-1　威廉姆森的制度层级

除了威廉姆森外，还有不少学者尝试对制度的层级进行分类。如奥斯特罗姆（2012：61-62）将规则的层次分为宪法的规则、集体选择的规则和操作的规则。每一层次的规则都受制于上一层次规则，并在上一层次的规则指导下对下一层次规则进行指导，每一层次规则的变更，是在较之更高层次上的一套"固定"规则中发生的。布坎南（1989：108-124）也曾对制度进行了划分，他将制度分为"文化进化形成的规则"和"制度"。前者是指文化进化已经形成的或产生的非本能行为的抽象规则，这些规则我们不能理解和不能（在结构上）明确加以构造，但始终作为对我们的行动能力的约束；后者是指我们可以选择的，对我们在文化进化形成的规则内的行为实行约束的各种制度。无论哪种划分，较高层级的制度都对较低层级的制度施加限制，每一层级的制度都受制于更高层级的制度。每一层级规则必须在上一层级所规定的空间内进行调整和改进，只有当现有的空间潜在的利好被利用殆尽时，人们才转而求助于对上一层级规则的调整。计划经济时期，企业在生产什么、如何生产、为谁生产等方面的自主权相当有限，即企业这一层级的制度安排是由一国的政治体制和经济体制这一制度环境决定了的，只有改变这一制度环境，企业的制度安排才发生改变。只有摒弃计划经济体制，企业的自主权才能增大，企业的能动作用才能发挥出来，效益也才能发挥出来。但是经过40多年的改革开放，社会利益格局开始固化，阻碍企业进一步发展的体制性障碍不断凸显，只有深化体制改革，破除体制弊端，才能进一步扩大企业的自主权，不断释放经济发展活力。

三、自由裁量权的生成

制度的目的之一就是减少行动的不确定性。理论上，制度越是细化，制度所规范的人们行为的不确定性就越小，当制度细化到人们日常生活的每一方面时，人们的行为都像机械操作一样有章可循，不会发生犹豫、猜疑、争吵和诉讼，机械流水线式的行为大大降低了以人际关系为特征的交易成本。但是，随着规则的细化，制度设计和实施的成本也随之增大。我们用图5-2予以说明。在图5-2中，TC_1表示基于行动不确定性的交易成本，TC_2表示制度设计和实施的交易成本，TC 表示总成本，是 TC_1 和 TC_2 的加总。由图 5–2 中不难看出，随着规则的细化，基于行动不确定性的交易成本单调下降，但是制度的执行成本单调上升，总成本曲线则是先下降后上升。由图中不难看出，最佳的规则安排，既不是费用 TC_1 的最低点，也不是 TC_2 的最低点，而是二者叠加的最低点，即存在最优的制度安排使 TC 达到最小的点。根据总成本最小原则，制度不是无限细化的，必定会留给制度执行人一定的自由裁量权，这为制度代理人相机抉择提供了空间，同时也为代理人的利益寻求提供了可能。正如霍布斯（2011：125）所说："我们可以看到，世界上没有一个国家能够定出足够的法规来规定人们的一切言论和行为，因为这是不可能办到的事情；因此，就得出一个必然的结论：在法律未规定的一切行为中，人们有自由去做自己的理性认为对自己最有利的事情。"正式规则缺漏的地方便是规则代理人自由裁量权发挥的领域，也是潜规则容易滋生的地方。

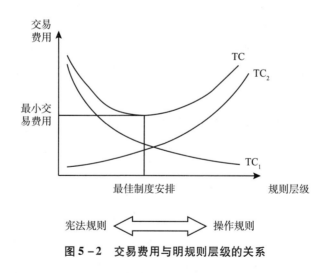

图 5–2　交易费用与明规则层级的关系

随着认识的深化、技术的提高和信息趋于完备，正式制度细化的费用是下降的，制度的执行成本、监督成本等费用也将呈下降的趋势。随着交易费用的下降，正式制度进一步细化到操作层面，填补制度的漏洞是可行的。如果正式制度代表社会主流意识形态和社会正义，正义的制度的战车开到社会的每一个角落，将铲除一切邪恶滋生的土壤。然而，环境的多变性、人类行为的不确定性和现代经济行为的复杂性，使更低层次规则的制定总是花费大量的成本，正式规则越是细化，其执行成本和监督成本将越高，因此，在对预期成本和收益进行权衡之后，结果是经济生活中存在着大量的"法律空白""产权空白""规则空白"。这些空白地带对于实现制度目标是十分必要的，正如 H. L. A. 哈特（2003：123 - 124）所言，试图不给官员留下特殊情况下的自由裁量权而让他们清晰地、具有预见性地排解社会矛盾，这是人类也是立法所不能摆脱的困境。

以上关于自由裁量权产生的分析，是建立在制度设计者大公无私的基础上的，即立法者是全心全意为人民服务的，他们追求真理，没有私利，他们对法律制度的设计只受制于社会成本与收益的权衡。但实际上，立法者并不都是无私的人，他们与普通人一样追求自己的利益，他们会相互联合形成利益集团并通过积极参与制度设计来扩大自己利益的版图。"权威，而非真理制定法律"（米特，2015：80）。当这些制度设计者与制度的执行者存在重叠时，或者当立法者本身就是他所设计的制度的利益相关者时，他就会在制度设计过程中预留一手，或者使制度偏袒自己及自己所在的团体，或者通过赋予制度执行者宽泛的自由裁量权，以使制度在执行中有较广泛的自由操作空间。正如凯斯·霍金斯（Hawkins, 1992：12）在《自由裁量权的运用》（*The Use of Discretion*）一书中指出："当然，有时立法者希望在有争议或复杂的公共政策问题上尽可能保持沉默；在这种情况下，授予法律官僚机构自由裁量权，使立法机构能够逃避或回避棘手的问题。"

第二节　自由裁量权的经济形式

一、自由裁量权的资源属性

柯武刚和史漫飞（2000：115）认为，制度可以分为指令性的（pre-scriptive）和禁令性的（proscriptive）两类，前者是指精确地指示人们应采取什么行动以实现特定的结果，后者是禁止某些难以接受的行为。奥斯特罗姆（2012：164－166）认为，除了"禁止""要求"外，制度还包括"允许"，诺思（2008：4）则认为制度约束作用包括禁止和允许两个方面。因此，关于人际关系的制度通常是包括"禁止""要求"和"允许"中的一项或一项以上的内容，只要它具备一项以上的特征，那么就具有制度的特性。制度存在着设计、执行、监督三个大的职能，每个大职能下面又可以细分为若干个小职能，承担这些职能的人员就构成了制度的代理人。制度的代理人是制度从典章形式转化为实效的中介。制度执行者的职责就是甄别各种具体情势进而选择不同的规则实施方案，因此，制度的实施者实际上掌握着是非判断的权力，是权力背后资源的直接控制者，这些资源既包括自然资源，也包括金钱、美色、机会、荣誉等人造资源。制度执行人的控制力表现在"禁止""要求"和"允许"上。这些权力是受到正式制度限制的，是有限的权力。控制力的大小取决于制度赋予执行者的自由裁量权的大小，控制力的大小用经济学的术语来表达就是定价权。自由裁量权越大，制度代理人对资源的控制力就越强，即其对资源的定价权就越大。

"禁止""要求"和"允许"中的任何一项，都意味着发号施令。发号施令通过下列各种方式影响他人："甲、对一个人的肉体直接行使有形的权力，例如监禁或处死；乙、以赏罚为诱导手段，例如雇用或解雇；丙、对于一个人的意见施加影响，也就是进行最广义的宣传。"（罗素，2014：26－27）对他人福利的影响是人的动机之一，拥有权力实际上也是人在社会中的终极追求。公权力领域的自由裁量权是政治权力在现代法治社会的表述，"政治力量是一个社会中最重要的主导力量"（方绍伟，2016：11），政治权力通过"禁止""要求"和"允许"塑造着社会的形态和人的行为特征。梁启超在1901年出版的《中国积弱溯源论》里讲："其成就之者在国民，而孕育之者仍在政府。"法国思想家卢梭（1712～1778年）在他的《忏悔录》里甚至无不极端地说："一切都从根本上与政治相联系；不管你怎样做，任何一国的人民都只能是他们政府的性质将他们造成的那样。"对人的影响和对社会的塑造是人处于社会中特有的动机，也是人的最高级的需求。

马斯洛将人的需求划分为五个层次：第一层次为生理需求；第二层次为安全需求；第三层次为社交需求；第四层次为尊重需求；第五层次为自我实现的需求。其中第四层次和第五层次的需求与权力有密切的关系。当一个人能够通过资源分配的权力影响他人的福利时，那么这个人就会成为他人关注、惦记、尊敬、畏惧和服从的对象，至少不敢轻视、冒犯、诋毁他。受他人的关注、惦记、尊敬能让人交口称赞，名垂青史。他人的畏惧会带来服从，从而让人感受到安全。正如马基雅维利（2013：80）所说："残酷与仁慈，被人畏惧比受人爱戴是安全得多的。因为关于人类，一般地可以这样说：他们是忘恩负义，容易变心的，是伪装者，冒牌货，是逃避危难追逐利益的……因为用金钱而不是依靠伟大与崇高的精神取得的友谊，是买来的，但不是牢靠的。在需要的时刻，它是不能够倚靠的……因为爱戴是靠忘恩负义这条纽带维系的；然而，由于人性是恶劣的，在任何时候，只要对自己有利，人们便把这条纽带一刀两断。可是畏惧，则由于害怕受到绝不会放弃的惩罚而保持着。"[①] 财富不能给一个人带来安全，因为它随时可以被权力剥夺，由权力带来的畏惧却给人彻底的安全感。因此，权力比财富具有更强的吸引力，一个人在获得财富自由后往往会向权力发起进攻，权力是人在社会中的终极追求，正如罗素（2014：4）所指出的："当适度的享受有了保证的时候，个人与社会所追求的是权力而不是财富：他们可以把追求财富作为追求权力的手段，他们也可以放弃财富的增加来确保权力的发展；但无论是前一种情形还是后一种情形，他们的基本动机都不是经济上的动机。"[②]

获得他人的尊敬和畏惧都会让一个人感受到自己是组织的中心和核心，从而在内心产生深深的满足感和成就感。别人的尊敬和畏惧又进一步有助于权力主体获得资源，因为别人的尊敬和爱戴往往意味着自发和自愿地向权力主体进行单向的资源转移，而畏惧则意味着别人被逼向权力主体进行单向的

---

① ［意］尼科洛．马基雅维里．君主论［M］．潘汉曲，译．北京：商务印书馆，2013：80.
② ［英］伯兰特．罗素．权力论［M］．吴友三，译．北京：商务印书馆，2014：4.

资源转移。无需成本或者仅以极小的成本就能获得大量的资源，将有助于权力主体成就一番事业，从而增强其成就感和满足感。这些成就感和满足感就是自我价值实现的重要表现。

二、资源价格的决定因素

以"禁止""要求"为特征的制度世界里，资源、权力、机会等并不能由公开的市场来决定，以强制力为后盾的制度实际上是对市场的替代。制度代理人所拥有的自由裁量权在经济形式上就表现为对资源价格的决定权。制度代理人作为资源控制者在自由裁量权范围内能够决定资源的配置与价格，充当着资源的供给方。资源被制度代理人控制（或垄断），制度代理人有动机而且有能力从自身利益出发设定资源的价格（这里所指的价格是广义的价格，即其不限于货币价格，还包括非货币化的以时间、空间、质量、身高、学历等为标准的资格、条件）。

制度代理人对资源的索价是制度自由裁量权本身和代理人知识与道德观念的函数，即：

$$P = f(Di, K, M, \cdots)$$

其中，Di 为正式制度的自由裁量权，K 为知识（是否掌握充分的信息），M 为道德观念（是否捍卫公平正义）。

制度代理人对资源索价幅度的大小取决于其自由裁量权的大小，自由裁量权越大，其索价的幅度可能就越大，自由裁量权越小，索价的幅度就越小。在自由裁量权范围内对资源的价格设定又受制度代理人的道德观念及知识等因素的影响。一个全知全能的代理人会迅速辨识制度的目标，甄别具体情势，以事实和证据为原则去找到制度实施的最佳均衡点；相反，一个心智不健全的人即使诚实且正直，也难以辨识事实真相进而公正地执法。道德观念是影响索价的另一个重要因素，唯利是图的资源控制者会根据其需要而大幅调整其索价，捍卫正义的资源控制者在自由裁量权增大的时候也不会坐地起价，而是一直秉持公意，以公众所期待的价格供给资源。所谓公众期待，是指公众根据公正原则对具体事例在法律和规章中的结果所做出的"应是怎样"的判断。在法律和道德原则指导下，公众对具体事例的结果是可以预测的，它构成了人们对法律和制度的稳定预期。这一"公意价格"凝聚着主流道德价值观和正义精神。

三、旁观者思想与公意价格

现代制度是为了增进共同体的利益而被设计或演化出来的，自由裁量权作为制度体系的一部分，赋予制度执行人审时度势维护公共利益的权力，公共利益是共同体（国家）内全体成员在一定社会基础之上形成的总体意志和要求的表达。公共意志是公共权力合法性的唯一源泉。卢梭（2011：70）指出，行政官个人具有三种意志：个别意志、团体意志和人民的意志，"在一个完善的立法体系里，个别意志或个人意志等于零，是不起任何作用的，政府本身的意志完全是从属的，因此，只有公意即主权者的意志始终占主导地位，是其他各种意志应当遵循的唯一标准。"公意承载着社会的公平正义，对公意的维护和服从，是制度代理人在自由裁量权内应该遵守的义务。正如洛克（2017：102）所说："有许多事情非法律所能规定，这些事情必须交由握有执行权的人自由裁量，由他根据公众福利和利益的要求来处理。"因此，自由裁量权本身并不意味着专横与任意，而是受着公共意志的指引和约束。公意价格常常是唯一的，规则代理人在自由裁量权内选择哪一个价格公众可能无法改变，但公众能普遍地感受到这一个价格是否是公正的（群众的眼睛是雪亮的），即制度应该如何落实，公众心中有一种普遍的期待。所谓公众期待，是指公众根据公正原则对具体事例在法律和规章中的结果所做出的"应是怎样"的判断。在法律和原则指导下，公众对具体事例的结果是可以预测的，它构成了人们对法律和制度的稳定预期。

现代社会公共意志常常通过社会舆论来辨识，社会舆论站在一种中立的旁观者视角去审视行为性质并判断是非曲直。中立的旁观者思想贯穿于斯密《道德情操论》全书的始终。斯密（2003：293）庄重而善良地认为，有某种更崇高的力量让我们能更客观地审视自己，情感是否合宜和正确，"都必须留待内心的这个人——这个设想出来的公正的旁观者，这个我们行为的伟大的法官和裁决者来决定"。制度代理人应跳出自我，以那个冷静中立的旁观者身份去审视自由裁量权的运用才是符合公意的。"如果我们不离开自己的位置，并以一定的距离来看待自己的情感和动机，就绝不可能对它们做出全面的评述，也绝不可能对它们做出任何判断。我们只有通过努力以他人的眼光来看待自己的情感和动机，或以他人可能持有的看法来看待它们，才能做到这一点。"（Smith，1975：110）中立的旁观者思想隐含着判断的开放性而非封闭性，即对自由裁量权行使是否符合公意的判断不应只由有限的群体或仅基于交易双方自愿而得出。经济学家阿马蒂亚·森（2013：125）在批判罗尔斯"无知之幕"下的一致安排仅具有"封闭的中立性"特征时指出，"任何可能出现的一致性都可以只是具有有限说明能力的部分排序……已达成的一致也并不是说某些提议具有唯一的公正性"。基于此，他提出开放中立的旁观者思想。开放中立的旁观者思想是指，对某一制度或行动合宜性的判断，不仅要通过交易双方或组织内部的一致同意，还要接受交易结构以外的第三方或组织外部的审视。只有摆脱了利益的羁绊，才能保证判断的公正。开放中立的理智思考的重要基础是有效权力及其间接产生的道德义务。有效权力产生的义务是指，如果某人具有在他看来能够减少世界不公的力量，那么他就有足够的社会理由去这样做（森，2013：1917）。不是基于互利视角而是着眼于因权力不对等而产生的单边义务，构成了中立的旁观者思考的基础。"大让小""强让弱"的公交车秩序就隐含着因权力不对等而产生的单边义务，对于拒绝向老、弱、病、残、孕让座的乘客，旁观者有权批评和纠正。"路见不平，拔刀相助"的江湖规则是开放中立旁观者思想在中国传统文化中的体现。小到一个裁决和一次行动，大到一项政策乃至一种体制，其合宜性不仅由组织内部的一致性导出，还应响应组织外部的关切。

在中立的旁观者看来，社会资源的配置必须遵循正义的原则，它意味着一部分资源不允许或者不宜被贴上价格的标签，有些资源即使允许交易，价格亦不能或不应该超越道德所允许的范畴，或者道德设定了资源在货币意义上的最高或最低价格，或者限定了用以与之交换的资源的内容和标准（如特定的能力或资质），甚至限定了交易的时空范围。旁观者思想不但左右着组织制度的形成和变迁，而且是评判一项制度正义与否的标准，同时，它也被视为一种抗衡于市场支配的保护力量。

人们依据意识形态、传统文化、社会道德所做出的对资源价值的判断构成了资源的公意价格，公意价格符合公众普遍的期待，它是一项正义的价格。尽管明规则赋予规则代理人一定的自由裁量权，自由裁量权在某种程度上等同于"任意"与"专横"，但是由于公意价格的存在，制度代理人除非无须考虑公众的意见，否则他在运用自由裁量权时其行为就得收敛很多。公意价格常常是唯一的，公众无法改变规则代理人在自由裁量权内选择哪一个价格，但能普遍地感受到这一个价格是否公正。"公意价格"凝聚着主流道德价值观和正义精神。当正式制度违背主流道德价值观而变得非正义时，制度赋予代理人的自由裁量权中可能并没有囊括那个公意价格，此时制度代理人在自由裁量权的运用中仍然有减小制度不正义的责任，减小而不是增加不正义是公众对制度代理人普遍的期待。为了便于分析，我们这里假定正式制度总是与主流道德价值观相统一，换言之，正式制度总是正义的，其所赋予执行人的自由裁量权包含着公意的价格，寻找并遵从这个公意价格是制度代理人的责任。

如果制度是正义的，制度的自由裁量权常常是围绕着公意价格展开的。将制度代理人的自由裁量权与公意价格结合起来，得到图 2-2。为了便于阅读，我们将图 2-2 复制过来作为图 5-3。图 5-3 中，经过 P^* 平行于横坐标的实线为资源的公意价格，它是由意识形态、传统文化、社会主流道德共同决定的资源价格。P_1 和 P_2 代表着资源在自由裁量权 Z_1 内的最低价和最高价。从图中可以看出，随着自由裁量权 Di 的扩大，资源控制者的价格操作空间也跟着扩大，它可能低于资源的公意价格（如 P_1），也可能高于资源的公意价格（如 P_2）。

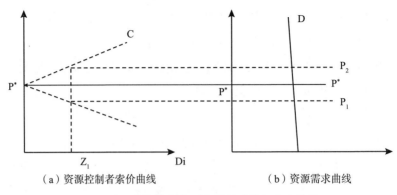

（a）资源控制者索价曲线   （b）资源需求曲线

图 5－3   资源控制者对资源的索价与公意价格

四、不同代理人对自由裁量权的索价

在影响制度代理人索价的因素中，自由裁量权本身是我们分析的对象，其存在已经隐含在我们的分析框架中，而且自由裁量权"存在"本身就足以赋予我们分析的基础，因此，没有必要再详细考察其大小对索价的影响，在后面关于潜规则盛行的章节中，我们再回到正式制度本身去考察自由裁量权和潜规则问题。至于代理人的知识结构，这是一个能力问题，即使制度被滥用或扭曲也并非代理人有意为之，而潜规则本身是一种在利益诱惑之下对自由裁量权有意的滥用和扭曲。因此，我们在分析潜规则的过程中，可以假定制度代理人的知识是既定的，或者代理人都接近全知全能，能够迅速地辨识到公共意志，找到制度实施的均衡点，只是现实受到利益的诱惑而没有去执行这个公意。潜规则本身在道德上就是消极的，潜规则之"潜"就在于规避主流道德的批判。因此，我们主要从代理人的道德操守去分析在自由裁量权限度内潜规则的产生。

当然，我们这里所指的道德，实际上也是成本与收益权衡结果的理性选择。人都有恻隐之心，都有为他人着想的本能，但同时人又追求自身的利益，人在追求自身利益的时候往往会损害到他人的利益。因此，人在很多场合会面临道德与利益的选择困境。当相比于看得见的利益，做出有道德的事情给予自己的效用更大时，人们就会显得有德行，权力代理人就会秉公执法。当相比于看得见的利益，有道德的选择带给自己的效用比较小时，人们就会选择那些看得见的利益，从而选择不道德的行为，在这种情况下公权力代理人就会滥用自由裁量权以增进自己的利益。自由裁量权是公与私的交汇点，遵照公意去使用自由裁量权就是秉公执法，以自己看得见的利益最大化的方式去滥用自由裁量权实施潜规则，那就是私的行为。因此，"自由裁量权就使得他们能够灵活对待当事人，特事特办，从而为徇私偏袒提供了可能，并模糊了公与私之间的界限"（哈勒、肖尔，2015：10）。

图5-4表示在相同自由裁量权下不同的制度执行人的索价范围。图5-4（a）表示当制度代理人是坚定的道德准则捍卫者时，无论自由裁量权有多大，其都会奉行公意价格；图5-4（b）表示当制度代理人唯利是图时，随着自由裁量权的增大，其索价区间大幅增加；图5-4（c）表示介于道德准则捍卫者和唯利是图者之间的一般状态，随着自由裁量权的增加，其索价范围也跟着增大，但其索价幅度远小于唯利是图者。值得指出的是，制度代理人是资源的控制者而并非资源的所有者，资源实际交易的价格与其个人利益关系并不大。资源价格低于或高于公意价格对制度委托人（或资源所有人）构成直接的影响，对代理人个人利益却不构成明显的影响。资源的价格同时也对资源需求者产生明显的影响，制度代理人能够通过调整资源的价格来影响资源购买者的福利，这也为其增进自身利益提供了操作的空间。

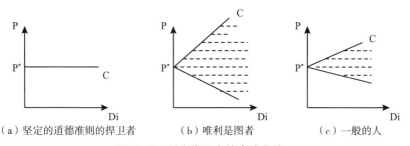

（a）坚定的道德准则的捍卫者　　（b）唯利是图者　　（c）一般的人

图5-4　制度代理人的索价曲线

注：横坐标代表资源控制者的自由裁量权 D_i(discretion)，纵坐标代表价格 P(price)；C 的上下区间代表资源控制者的索价范围（charge）；P^* 代表无自由裁量时资源的价格。

将制度代理人的索价曲线与资源的需求曲线结合起来就得到图 5 – 5。由图 5 – 5 可以看出，在既定的自由裁量权 Z_1 中，资源的均衡价格实际上就是资源控制者的索价曲线与需求曲线的交点。无论资源控制者索价多少，需求者几乎都没有抗拒的能力（因为那是以权力为后盾的"禁止"和"要求"），其能改变的只是资源购买量。在资源的价格弹性较小时，如资源是生活必需品或制度强制购买时，消费者也只能忍受制度代理人的"任意"索价。但是这种"任意"并不是无界限的漫天要价，而是在自由裁量权范围内的"任意"。均衡价格既可能是凝聚着主流道德价值观和正义精神的公意价格 P^*，也可能是低于这一公意价格的价格 P_1，当然也可能是高于公意价格的价格 P_2。

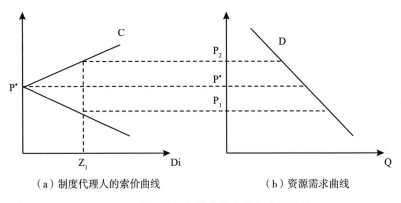

（a）制度代理人的索价曲线   （b）资源需求曲线

图 5 – 5   资源控制者的索价曲线与资源价格

第三节   自由裁量权的实践逻辑

在自由裁量权内，制度代理人对资源的索价是制度自由裁量权本身和代理人知识、道德观念的函数。这里已经隐含了自由裁量权的实施受到制度代理人知识、道德的影响。自由裁量权是如何实施的，这既取决于制度代理人自身所掌握的知识、信息，也取决于制度代理人在道德与利益面前的抉择。

文本逻辑、公意逻辑和利益逻辑是自由裁量权实践的三个主要逻辑。由于人的复杂性，这三种逻辑并非并行不悖的，而是相互博弈的过程。

一、自由裁量权实践的文本逻辑

自由裁量权的目标逻辑是指制度代理人以制度文本为依据，以促进文本高效率实施为目标，依据自身所拥有的知识、信息和客观证据，推进自由裁量权落地实施。自由裁量权实践的文本逻辑并不考虑制度本身的性质，不管制度本身是好的还是坏的，是良法还是恶法，制度代理人只关心文本目标的实现。在文本逻辑下，自由裁量权会以不同的方式去连接抽象制度与具体事实，根源在于制度执行人的差异性，而人所掌握的知识、信息的差异是导致制度执行人差异的重要原因。人的最大差异，除了体力或生理上的差别外，最大的差别便是知识、信息的差别。知识、信息构成一个人智力的来源，一个无所不知的人当然是一个极为聪明和智慧的人，当然也很可能是一个公正的人。在自由裁量权内，知识是指导制度实施的首要根据。自由裁量权存在的目的是让制度执行人能根据具体的情势去达到制度的目标，尽管自由裁量权常常被滥用，但这种滥用并不是在所有情况下都会发生，自由裁量权偏离公意也并非都是道德的问题，也可能是制度执行人的知识和信息问题，即制度代理人竭尽所能也无法找到"公意"，只能通过制度的文本表述去实施制度。

知识不仅影响着权力代理人找到制度目标的能力，而且也影响着权力代理人的道德，即知识和信息是道德的基础，知识的增进有助于提高一个人的德行。关于知识与道德的关系，古人已经有丰富的论述。老子认为道是宇宙万物的本源，而德则是人类对于道的表现和体验。他主张"无为而治"，认为治理国家应该顺应自然规律，使人民自然发展，才能形成良好的社会秩序。而要形成有序的社会，首先也得先"知道"，即首先要掌握自然规律。荀子认为人性本恶，需要通过教化和修养来纠正人性中的恶习。他强调知识和道德的统一，认为只有具备了正确的知识和价值观，才能形成良好的道德品质。孔子也尊尚智慧与智者。孔子认为，人有智愚之别，最聪明者为

"上知"，最愚笨者为"下愚"。"中人以上。可以语上也；中人以下，不可以语上也。"（《论语·雍也》）。《论语·子罕》中，孔子明确地将"知"列为第一优先，所谓"知者不惑，仁者不忧，勇者不惧"。孔子为何要垂青"知者"呢？一言以蔽之——"知者不惑"。知者的独特魅力就在于头脑清醒敏锐，能洞察世间百态，通达事理，举措得宜，不犯糊涂。孔子讲求"下学而上达"，希望通过"学"成就自身德行，与道相合。这都说明孔子将成就仁德视作"学"的最终目的。在孔子看来，求知向学是成德的必由之路。子夏言"博学而笃志，切问而近思，仁在其中矣"，这一学问思辨之方法的内在理路便在于以"知"为下学路径，以"仁"为上达目标，以"知"求"仁"。朱熹在他所著的《大学章句》中，把《大学》提出的"明明德""亲民""止于至善"三者称为"大学之纲领"，把"格物""致知""诚意""正心""修身""齐家""治国""平天下"八项称为"大学之条目"。"治国""平天下"是人一生的终极理想和最高目标，但是再宏大的目标也必须建立在"格物""致知"上，只有通过探究事物的本质和规律，才可以获得正确的知识和价值观，从而更好地践行道德和"治国""平天下"。

具体而言，知识在自由裁量权行使中的作用是通过以下四个方面发挥作用的。

一是能够明"察"。"察"即考察、审核。知识不仅是事物表象的信息，而且包括剥开现象对事物本质的认识。拥有知识的人会深知事物本质隐藏于表象之后，只有先对纷繁芜杂的表象进行一番细致而全面的考察之后，才能去伪存真。制度规范的对象是人，人与人之间的关系构成了"事"，要在具体的情势中落实制度，就必须仔细辨别具体情势。只有通过对人的深入考察和对事的全面了解，才能不偏不倚地去实施制度。而要察人辨事，就必须拥有充分的知识和信息，包括对行为本身的社会背景、事件发展的来龙去脉、各方利益关系、当事人的动机和目的、相关的法律条文、执法的目的、各种方式执行的后果、社会公众的期待……如果制度执行人都掌握这些方面的信息，那么他就接近一个全知全能的人，我们称其为智者，智者就像在零交易成本下的人一样，不费吹灰之力就能将找到公意并将制度实施下去。

二是"慎"行。如果说"明察"是洞悉外在认识对象的话，那么"慎行"则表现为对自己的言、行所持的审慎态度。在自由裁量权的实施中，基于所掌握的知识和信息，制度代理人不仅会慎重选择对象，既不"失人"也不"失言"（《论语·卫灵公》），还懂得适时"察言而观色"（《论语·颜渊》），不急躁、不隐瞒、不盲目。明察之后，有知识和智慧的代理人也不会强词夺理，"御人以口给"，因为这只会招人怨恨，"屡憎于人"（《论语·公冶长》）。所以作为裁判者的代理人不轻易言说，但一旦发表意见，则"言必有中"（《论语·先进》），言简意赅，中肯中的。在行动上，智者也会格外谨慎。

三是远"虑"。智者不仅懂得当下明察与谨言慎行，而且尤重放眼未来，心怀"远虑"。他们不像庸碌之辈那样鼠目寸光，急功近利。相反，智者懂得着眼整体，顾全大局，在不可得兼的情况下会果断舍弃小利。再者，智者能够见微知著，推近知远，事物发展初期根据显露出的某些零散、粗概的迹象推知其未来发展态势，先知"先觉"。

四是善"权"。这一点在自由裁量权的行使中非常重要。如果明察、慎行和远虑之智均表现为"知常"的话，那么，善权则为"知变"之智。既能明了和遵循事物的常规与准则，还能够根据时间、条件、环境的动态变化做出相应的合理调整，权衡轻重，与时偕行，"毋固"（《论语·子罕》），"无可无不可"（《论语·微子》）。如在正式制度隐晦不明、模棱两可的时候，智者能够辨别正式制度的本意以及各方当事人的动机和目的，根据行为发生的前因后果而做出合理的判断，确保制度的宗旨和目标得到不折不扣的执行。

追求智慧，成为智者，是人类亘古不变的理想。早在《书》《诗》中即有"哲""哲王""哲人""哲夫""哲妇""既明且哲""知人则哲""明作哲，聪作谋，睿作圣"等言辞，而"哲"即"明智"之义。可见，古人很早就已表露出摒弃愚昧、崇尚智慧的美好愿望。然而，知识的获得不是免费的。现实世界交易成本不可能为零，即使获取知识的途径便宜且免费，人接受知识的能力也是不同的。有的人天生肌体发达，而有的人天生心智不健全，由于受到各种因素的影响，制度代理人并不都是那些心智健全的人，在接受知识的能力方面存在着很大的差异，导致制度代理人所拥有的知识、信息、思辨能力是不同的。这些差异导致了自由裁量权在实践上的差异——有时候自由裁量权以符合公意的方式落实，有的时候则以偏离公意的方式落实，这无关道德。因为在这些情况下，制度代理人都是诚心诚意地为公众服务的，只是囿于他们自身的知识、信息和能力的不足而导致自由裁量权实践的差异。

自由裁量权实践的文本逻辑有利于促进制度代理人辨别制度的目标，高效率地实施制度，但是这并不意味着制度的实施是符合公意的。制度不能穷尽一切情形，而只能对某类行为做出宽泛的规定，文本逻辑容易导致制度代理人过于关注规章制度字面的陈述而忽略行为发生的具体情势，进而机械地执法。比如 2024 年 2 月媒体报道①，福建福州男子张某转卖邻居的芹菜赚了 14 元，因抽检不合格被市场监督管理局没收违法所得 14 元，处以罚款 5 万元。又因张某逾期不缴纳罚款，当地市场监督管理局决定对他加处 5 万元罚款，一共罚款 10 万元，并向闽侯县人民法院申请强制执行。在市场监督管理局看来，他们是依法行政和秉公执法，因为《食品安全法》里有明确规定，农药残留超标，货值不足一万元的，并处五万元以上十万元以下罚款，情节严重的，吊销许可证。对张某处以 5 万元罚款已经是网开一面"从轻处罚"了。然而，这样的处罚显然违反了人们对"过罚相当"的朴素认识，因此也违反了公平公正原则。又如，2024 年 3 月 21 日，湖北武汉一网友发视频反映，他双手明显残疾，3 月 18 日乘坐武汉地铁 2 号线时，因没带残疾证，被地铁工作人员拒绝无障碍通行。工作人员的执法就是典型的文本逻辑，因为按照武汉市轨道交通乘客守则相关规定，残疾人士免费乘车，需要持武汉通残盲卡或武汉通残免卡；武汉市残联也表示，残障人士进站乘车需要出示残疾证，就算明显残疾也需要，这是规定。规定是红线，碰

---

① 转卖芹菜赚 14 元被罚 10 万，"天价罚单"合理吗？［EB/OL］. https：//baijiahao. baidu. com/s？id =1792006470672865976&wfr = spider&for = pc.

不得，也不能变通，工作人员严格地执行了相关规定。但是这样并不代表这是符合公意的，相反，这一事件曝光后引发了民众强烈的不满，最后武汉地铁不得不出面道歉。

二、自由裁量权实践的公意逻辑

自由裁量权实践的公意逻辑是指制度代理人以自身的意识形态、价值、信念为基础，推进自由裁量权以符合公共意志的方式落地实施。自由裁量权实践的公意逻辑与文本逻辑的不同之处在于，公意逻辑是制度代理人基于自己的价值观和信念做出的自认为符合公众期待的抉择，而文本逻辑是制度代理人基于自己的知识和信息做出的使制度文本高效率实施的抉择。

公意逻辑与文本逻辑的最大区别在于制度执行人的目标不同。文本逻辑追求的是制度文本不偏不倚高效率地实施，而公意逻辑追求的是最大化公众利益。制度目标与社会利益之间的不一致是二者存在差距的前提。由于制度设计成本、实施成本的存在，正式制度在颁布的时候可能就存在缺陷，更重要的是，由于权力集团的干预和影响，制度往往偏袒那些权势集团。"诺思悖论"显示，国家有两种相互冲突的目标：一个目标是规定竞争和合作的基本规则，以便为统治者的所得租金最大化提供一个产权结构，即规定要素和产品市场的所有权结构。注意，这个目标是使统治者的利益最大化。另一个目标是在第一个目标的框架内，减少交易费用，以便促进社会产出的最大化，从而增加国家的税收（诺思，1992：29），也就是使社会利益最大化。国家的这两个目标经常是冲突的，在发生冲突时，统治者会优先保证自身的利益。如诺思所说，国家将会制定使统治者及其集团收入最大化的规则，并以此为前提，设定降低交易费用的规则。如果对统治者有利，更有效率的产权和制度安排就会产生。因此说，产权的性质，取决于统治集团对改变现有的产权安排所带来的收益的事前估计与监察和执行权利结构的改变所造成的成本的事前或事后估计之间的相互关系。只有统治集团的潜在收益大于潜在成本时，产权制度才会发生改变。如果潜在更有效率的产权和制度安排从内部或外部威胁到了统治者的生存和统治地位，那么这样的产权和制度就不可能被制定出来。统治者的生存和统治地位是最根本的利益，在此基础上最大化自己的收益。如果一项新的产权和制度安排对社会更有效率，但是统治者征税却存在困难，那么，统治者也不会支持这个有效率的制度安排。除了"诺思悖论"所阐述的制度非正义原因之外，还有制度的变迁"时滞"也会导致现存制度并不那么合情合理。特别是在新事物不断涌现的现代社会，法律制度的出台总是滞后于问题的出现。因此，在现实社会中会存在低效率和非正义的正式制度，这些制度如果不折不扣地实施将会损害社会整体利益或公众利益。在实践上过分强调按规则办事，也会被认为死板，不懂得灵活变通，不谙人情世故。

　　制度执行人的目标函数存在差异是制度以不同方式实施的条件。人的动机是复杂的，在自利的基础上也会有不同的利益指向。制度代理人的目标包括经济利益、社会荣誉、权力晋升等，围绕着制度的实施，我们将制度执行人分为三类，即制度卫护者、社会利益忠诚者以及个人利益追求者三种角色。每一种角色都可能与不同类型的制度匹配，于是便存在 6 种匹配（见表 5 - 1）。

表 5 - 1　　　　　　　　　　制度执行人与制度类型的匹配情形

	制度卫护者	社会利益忠诚者	个人利益追求者
正义的制度	制度目标＝社会利益，制度实施达到制度目标并符合公意	制度目标＝社会利益，制度实施符合公意并达到制度目标	制度目标＝社会利益，制度可能被扭曲偏离公意，难以实现制度目标
非正义的制度	制度目标≠社会利益，制度实施偏离公意但达到制度目标	制度目标≠社会利益，制度实施尽可能地符合公意但可能偏离制度目标	制度目标≠社会利益，制度实施既偏离公意又难以达到制度目标

　　制度正义时，无论是制度卫护者还是社会利益的忠诚者，在制度的实施过程中都能够促进制度目标和社会利益的实现。这是最理想的状况。但实践中制度的非正义是普遍的，当非正义的制度遇到制度卫护者时，制度被不折

不扣地实施并实现制度的目标，但是制度已经偏离了社会的利益或者违反了公意；当非正义的制度遇到社会利益忠诚者时，制度代理人会利用自由裁量权弥合制度与公意的差距，促进制度尽可能地以符合公意的方式实施。社会公意成为制度代理人实施自由裁量权的主要标准，而公意是对特定事务比较稳定的看法。自由裁量权实践的公意逻辑增加了人们对政策如何执行的稳定预期，而无论正式制度本身是否短暂而多变。正因为制度代理人是以公意为标准，而不是以制度目标为指南，所以制度实施很可能会偏离制度的目标。

　　自由裁量权实践的公意逻辑主要是针对社会利益忠诚者与非正义制度匹配的情形。在这种情形下，制度代理人遵循主流道德价值和信念，以公共利益为优先，促进制度公平、公正地实施。不论正式制度如何多变，制度代理人都一如既往地遵循主流道德的标准去推动制度实施。正如鲍姆加特纳（Baumgartner，1978：153－174）指出，将自由裁量权视为社会的产物而不是法律的结果，将赋予自由裁量权更多的预见性，因为社会规范是普遍和持久的，而法律是短暂的并且是易变的。

　　当然，制度代理人赖以做出判断的自身意识形态和道德、价值并不一定就是公众期待的道德和价值，这种不一致也常常存在，但在这里我们不考虑这种情形，而是假定制度代理人的道德和信念即是社会的主流道德和价值。然而，主流的道德和价值到底是什么呢？换言之，什么才是社会最大的利益呢？这一问题存在极大的争议。功利主义社会福利函数认为社会利益的最大化就是要确保社会大多数人的最大幸福，甚至为了社会利益的最大化目标可以牺牲掉少数人的幸福（比如著名的"电车难题"）；市场精英主义者从社会利益的最大化和权利保护出发，主张最大化最幸运者的福利。市场精英主义认为市场精英是社会的幸运者，社会财富主要是由这些幸运的人创造的，他们反对政府的再分配政策，认为这样会有损市场精英财富创造的积极性。罗尔斯主义社会福利函数则主张要最大化最不幸运者的福利，应首先赋予人们各项平等自由权（如受教育权利、最低社会保障权等），允许不公平不公正现象存在的限度是，只有在社会与经济不平等能够为最贫困、最底层的人带来利益时，才会被许可。这些关于社会福利的主张都有系统的理论作为支撑，并各有一批拥趸。虽然都致力于社会利益，但它们在政策主张上明显存在冲突，制度代理人在自由裁量权内面对这些不同的政策主张，面临着抉择的困难。

尽管可能面临着选择的困难，制度代理人在自由裁量权内总是能辨别出公意，其依据便是自己的"良心"。所谓良心，就是人们心中的理和义。孟子从"故凡同类者，举相似也，何独至于人而疑之"（《孟子·告子上》）得出人有相同的仁义本性：口之于味也，有同耆焉；耳之于声也，有同听焉；目之于色也，有同美焉。至于心，独无所同然乎？心之所同然者何也？谓理也，义也。孟子由人在感官方面的感受有普遍性，推导出人心之悦理义亦有普遍性。孟子的目的是证明人类的相似性决定其有共同的特性。既然人心"同然"，那么推己及人就构成了践行心中义理的具体途径。推己及人的道德准则包含了"去做……"（一种积极自由）准则和"免于……"（一种消极自由）准则，前者以后者为界限，即"去做"的事情不能是自己想"免于"的事情。"老吾老，以及人之老；幼吾幼，以及人之幼"（《孟子·梁惠王上》）是"去做……"的具体表现。"己所不欲，勿施于人"（《论语·卫灵公》）是对"免于……"的高度概括。

"推己及人"就是将心比心、换位思考，它讲求实事求是，追求正义真理，拒绝损人利己的行为，"科学的基本规则——真实和客观——本质上是一个道德原则，它反对任何形式的自利。客观的先决条件是正直、能力和谦虚"（周其仁，2013：25）。将心比心、换位思考构成自由裁量权实践的公意逻辑的通俗表达。在实践中，自由裁量权实践的公意逻辑的例子广泛存在。如过去一些地方将农村危房改造补助的政策与计划生育政策挂钩，规定原则上违反计划生育政策的农户不能获得危房改造补贴。农村危房改造补助是为了改善农村居民的住房条件而设立的政府补助项目，扶贫的目的明显。将扶贫政策与计划生育政策挂钩明显不当。本来农户就因为超生而陷入更加贫困的境地，现在政策反而是屏蔽了这部分特别贫困的农户，这样的政策显然违反了中央政府扶贫的初衷。但是由于政策规定是"原则上"，制度执行人仍然是可以考虑"原则之外"的情形的。在公意逻辑下，村委会主任在报告中可以利用自己的自由裁量权将某个农户家庭描绘得如何贫穷，父母如何老实本分，子女在学校读书如何努力和优秀，等等，进而争取将农户纳入"原则之外"从而获得危房资金补助。在文本逻辑下，不管农户家庭具体情况如何，都会被这个原则屏蔽。在即将要讨论的利益逻辑下，如果村委会主任与某农户关系不甚好，即使农户家庭再贫困，父母再老实本分，子女再用功和优秀，最终都会一律被纳入"原则上"的范畴。

再比如，2015年的科研管理体制改革允许科研人员从科研经费中设立间接经费之前，科研项目经费被视为科研活动的成本，各级科研管理部门都明确禁止科研经费用于科研人员的绩效发放和福利支出。人文社科类科研项目的开展是思想、观点、知识、价值体系的创造和应用，是科研人员前期人力资本投入的结果，在科研过程中实际发生的成本是极少的。如果严格执行经费管理政策，将导致经费花不出去，还严重挫伤了科研人员的积极性。实践中科研人员常常通过技术上的操作将科研经费应用于其他渠道，从某种程度上看是经费挪用、转移甚至套取现象。对于这类行为，科研管理部门既可以将其认定为违法犯罪行为，也可以视为经费使用不规范问题。实践中，科研管理部门往往会考虑到人文社科类科研项目的特性、成果级别、科研声誉等各方面的因素大事化小小事化了。2015年的科研管理体制改革允许科研人员在科研经费中设立间接经费，在间接经费中可以列支绩效，经费使用的问题才有所缓解。

三、自由裁量权实践的利益逻辑

自由裁量权实践的利益逻辑是指制度代理人以增进自身利益为目标，推进自由裁量权以符合自身利益的方式落地实施。前面已经指出，无论是公意逻辑还是文本逻辑，都是制度代理人自利的结果，只不过是他们利益偏好的不同。文本逻辑下制度代理人更偏好于社会地位、荣誉、权力等，他们通过达成制度文本的目标来实现自己的利益；公意逻辑下制度代理人亦偏好地位、荣誉、权力，但同时也追求良心的安宁，他们通过使公众利益最大化来实现自己的利益；利益逻辑下，制度代理人尤其偏好经济利益，通过将自由裁量权转换成私人的资源并加以买卖来增进自己的利益（见表5-2）。制度代理人增进自身利益的方式是将自由裁量权视为私人资源进行交易，通过交易的方式来落实制度，不过这个交易是自由裁量权内的依附性交易，它依附于自由裁量权的公开执行这个主体交易。

表 5-2　　　　　三种实践逻辑下制度代理人的目标和赖以行动的基础

	目标	基础
文本逻辑	制度文本目标的实现	知识、信息、技术
公意逻辑	公众利益最大化	意识形态、道德、价值
利益逻辑	个人利益最大化	个人成本—收益的算计

制度是人类社会为资源、权力、机会和利益的分配而形成的各种规则的总和，制度的执行者是资源、权力、机会、利益的直接控制者。自由裁量权是制度执行者按照给定的约束条件处置资源的权力，自由裁量权的运用过程实质上是制度分析中的交易过程。其交易的各要件见表5-3。其中，制度执行者是资源的卖方，制度规范的对象则为资源的买方，约束条件构成了资源的价格。"处置"（其内涵丰富，包括奖惩、授予、转让等）构成了买卖的过程。

表 5-3　　　　　　　　　自由裁量权的实施过程

交易的要件	交易的内容
卖方	制度执行者
买方	制度规范对象
资源	物品、权力、机会、利益等
价格	货币、时间、空间、质量、身高、学历等约束条件

自由裁量权是公开制度的一个存在，因此，自由裁量权的运用过程

（即资源的交易过程）也是合法的和可以公开的。在一个正义的社会里，资源的成交价格是由制度代理人在审慎辨别特定情势之后所做的符合制度委托人（或公众）利益的价格。制度代理人是一个不存在自身利益的超然于规则的人。在利益逻辑下，制度执行者通常会利用自由裁量权增进自身利益，其手段就是利用资源的定价权来影响资源购买者的福利，后者为在资源买卖中获得的"合法的优待"或避免"合法的伤害"而向制度执行者支付资源交易价格之外的补偿。这就是自由裁量权被当作资源买卖的过程，这种买卖必定是被正式的法律制度禁止，没有哪一个国家和社会公开地允许权力的买卖，因此，这种买卖必定处于隐蔽状态，构成我们所分析的潜规则。在自由裁量权的实施过程中，资源交易的价格分为两部分：第一部分是可公开的资源转让的价格，即主交易过程；第二部分是支付给制度代理人的补偿，即依附性交易。额外补偿依附于可公开的资源交易上，是交易上的交易，但并不是所有的自由裁量权的行使都附带着补偿，只有在利益逻辑下才会有这个额外的补偿。

在自由裁量权运用过程中，制度代理人的三种实践逻辑并不是单一地被使用，而是并存且相互制约。制度代理人对个人利益的追求也可能会受到良心的折磨，也可能受到知识的束缚，对社会利益的追求也会受到个人利益的诱惑和知识的束缚。假定知识是既定的，那么制度代理人对个人利益的追求就主要受到道德的束缚。可以构建一个博弈矩阵来说明合法的资源买卖关系背后的补偿（见表5-4）。矩阵的行表示制度代理人的两种特性：一是没有操守（根据自身利益最大化去行动）；二是有操守（道德和公意的坚定捍卫者）。矩阵的列表示资源购买者的意图或面临的选择：一是以低于公意价格的价格 P_1 获得资源；二是以公意价格 P^* 获得资源；三是以高于公意价格的价格 P_2 获得资源。尽管有三种可能价格，但理性的资源购买者不会主动支付高于公意价格的价格 P_2，因此，资源购买者有两种出价策略：一是以低于公意价格的价格 P_1 获得被制度代理人所控制的资源；二是以公意价格 P^* 获得被制度代理人所控制的资源。无疑，当购买者遇到刚正不阿（有操守）的制度代理人时，无论其意图如何，资源最终成交的价格均为公意价格。当购买者遇到唯利是图（没有操守）的制度代理人时，后者会用自由裁量权来增进自身利益——向资源购买者索取额外的支付。当资源购买者想以低于公意价格的价格 P_1 获得资源时，他必须向资源控制者支付补偿。当资源购买者为了避免资源控制者索要高于公意价格的价格时，他也必须向资源控制者支付额外补偿，如果资源购买者想以公意价格获得资源又不进行额外支付，则其面临的价格很可能是 P_2。

表5-4　　　　　　　自由裁量权下资源交易的价格及额外补偿的矩阵

		资源购买者的意图或面临的选择		
		低于公意价格 P_1（获得合法优待）	公意价格 P^*（避免合法伤害）	高于公意价格 P_2
制度代理人的特性	没有操守	P_1 + 补偿	P^* + 补偿	P_2
	有操守	公意价格	公意价格	公意价格

可以用图形将这一支付补偿表现出来。图5-6展示的是当资源购买者的意图是获得"合法的优待"时的补偿情形。由于制度代理人拥有资源的定价权，资源购买者从中嗅到了商机，认为可以以低于公意价格的价格达成交易，于是主动地向资源控制者支付数量为 R 的补偿。资源控制者获得这一补偿后，将其控制的资源以 P_1 的价格交付。这样资源购买者实际上是以 $P_3 = P_1 + R$ 的价格获得了资源，此时，$P_3 < P^*$，即支付补偿后成交的价格仍然低于公意价格，补偿的额度小于公意价格与其意图支付的价格之差（$R < P^* - P_1$）。

当资源购买者的意图是避免"合法的伤害"时（即避免资源控制者公开地施加 P_2 的价格），他会主动地向后者支付 R 的补偿（见图5-7）。补偿后资源购买者实际上是以 $P_3 = P^* + R$ 的价格获得了资源，此时，$P_3 < P_2$，即支付补偿后避免了被施加 P_2 的最高索价。补偿额度小于制度代理人最高的可能索价与公意价格之差（$R < P_2 - P^*$）。

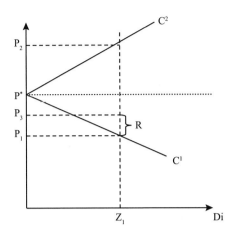

图 5−6　资源购买者为获得"合法的优待"而支付补偿

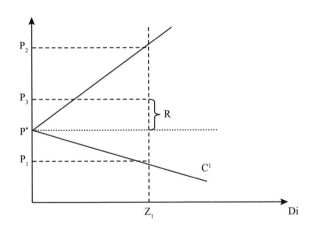

图 5−7　资源购买者为避免"合法的伤害"而支付补偿

P_1 和 P_2 只是为了分析的便利而设定的某个自由裁量权下的两个边界价格，实际上 P_1 到 P^* 之间以及 P^* 到 P_2 之间都有个很宽的地带，资源购买者也可能是为了实现期间的某个价格而向资源控制者支付补偿，其补偿 R 的大小常常根据 P_1、P^* 和 P_2 之间的差距而调整。

尽管正式规则赋予规则代理人的自由裁量权很大，正式规则所赖以建立起来的精神却是唯一的，其所遵循的意志是公共意志或普遍的公意，其宗旨

无一不是（至少在名义上是）维护和增进共同体的整体利益。制度执行人
须秉持公意行事，任何偏离这一精神的对规则的解读和运用都是对共同体其
他成员利益的侵犯。因此，只要规则执行人偏离了公意，哪怕属于其自由裁
量权内的事务，其行为仍具有非正义的性质。在自利逻辑下，制度代理人利
用自由裁量权谋取私利，即使免于正式制度的惩罚，也难逃共同体其他成员
的谴责和社会舆论的审判，因此，那些违背公意的行为便转入隐蔽的状态，
当这种行为成为一种规则时，就构成了我们所分析的潜规则。

　　现实社会中不乏对自由裁量权控制者补偿的案例。病人向医生主动地支
付红包，可能是为了获得更优先和优质的治疗（低于公意的价格），也可能
是为了避免医生的故意怠惰与刁难（医生最大可能的索价）；生产商为获得
采购权而向政府采购人员行贿，其意图是以低于公意价格的价格获得采购
权；古时下级官吏向上级官员或同僚奉送的炭敬、冰敬及三节两寿礼仪，既
是源于下级官吏想在未来以低于公意价格的价格获得潜在的被控制的资源
（如某个官位），也可能是想在未来以公意价格获得潜在的被控制的资源而
不被阻扰。

四、自由裁量权交易的后果

　　社会制度中对自由裁量权的容忍不仅出于一种无奈，而且出于一种对
"个体化正义"的希求。自由裁量的权力不仅促进法律实施的人性化，从而
减轻和软化法律的严酷性，而且也能将制度的正义延伸到广泛的具体情势
中。自由裁量权在社会经济秩序中的必要性在司法领域已经有大量的研究。
然而，当自由裁量权被贴上价格的标签出售时，将会对经济秩序产生严重的
影响。

　　社会经济秩序是依靠正式规则和非正式规则共同维持的，尽管正式规则
仅仅是社会约束的一小部分，但却是关键的部分。当传统的乡土社会逐步瓦
解，单纯而自然的熟人社会走向利益关系日益复杂化的现代社会时，礼仪、
道德在陌生人社会很难支撑起复杂的现代经济社会关系。庞杂的正式规则成

为经济社会关系的调节器，它为组织和社会成员的权益保障和争议裁决提供了最终的解答，尽管它常常不在现场，却时时地起作用，构成了人们行动的稳定预期。当自由裁量权作为一种资源被制度代理人交易时，而且当这种交易成为实施自由裁量权的通行方式时，"潜规则"就产生了。"潜规则"是公权力执行人为了增进自身利益而故意对明规则进行曲解、过滤和变通的结果。在制度代理人的曲解、过滤和变通中，明规则（主要是那些正式规则）早已经失去了原来的本意。正式规则让位于亲疏、社会关系、金钱、权力甚至暴力等非正式秩序，而后者很难在现代经济社会中构成人们稳定的预期。公权力领域自由裁量权的交易与腐败相关，腐败已经成为社会的沉疴毒瘤，它腐蚀着人们对正义的追求和对正式制度的信念。总之，自由裁量权的交易消解了正式制度的效用，削弱了正式制度的权威，其衍生的潜规则造成公开制度的名实分立，社会多元规则的并存，导致社会秩序的混乱。

制度是为了增进共同体的利益和维护社会公平正义而被设计或演化出来的，由于执行成本的存在，制度无法足够细化以应对各种情势，自由裁量权赋予制度执行人在错综复杂的情势下发挥聪明才智审时度势维护公平正义的权力。卢梭（2011）指出，行政官个人具有三种意志：个别意志、团体意志和人民的意志，"在一个完善的立法体系里，个别意志或个人意志等于零，是不起任何作用的，政府本身的意志完全是从属的，因此，只有公意即主权者的意志始终占主导地位，是其他各种意志应当遵循的唯一标准"。公意承载着社会的公平正义，在自由裁量权内，对公意的维护和服从，是代理人应该遵守的法定的义务。正如洛克（2017：102）所说："有许多事情非法律所能规定，这些事情必须交由握有执行权的人自由裁量，由他根据公众福利和利益的要求来处理。"公共福利和利益的增进与维护，不仅依赖明确的规则，还依赖社会公众所共同持有的道德标准的约束。实际上，自由裁量权本身并不意味着专横与任意，而是受到先例、语言、道德、规范等非正式制度的共同影响。这些非正式约束构成社会秩序的重要组成部分，这些非正式约束为自由裁量权的运用指明了方向和路径，这个路径（方法）常常是唯一的，制度代理人的职责就是辨识并无条件地捍卫那个唯一的公意，而不是有条件地执行公意甚至故意歪曲公意。在资源的交易中，有些价格尽管仍处于正式制度的框架内并披上"合法"的外衣，但实际上已经背离了公意。当制度执行人为增进自身利益而有目的地偏离公意价格时，就损害了支撑自由裁量权实施的那些非正式制度，打击了组织成员和社会民众对传统、公共道德的信念，冲击着社会的经济秩序。

第六章

潜规则盛行的制度根源

自由裁量权是制度的一个必然存在，连接了抽象和具体情势，弥补了规则之治的局限，增加了社会的有序性，但也会被滥用和扭曲而衍生出潜规则和腐败现象。自由裁量权像一块沃土，沃土之上是开出正义之花还是结出腐败之果，这就要考察自由裁量权的母体——制度及制度所赖以生成和演化的文化与传统。本书认为，潜规则的盛行离不开与之相对应的明规则。潜规则与明规则是一对对立又统一的矛盾，明规则的缺陷制造了潜规则，潜规则以明规则的存在为基础，潜规则的存在让明规则自审乃至自我完善。

第一节 正式制度的性质与潜规则的盛行

自由裁量权为潜规则的产生提供了可能，但自由裁量权是不可避免的，即使是法治程度高的社会，自由裁量权也广泛存在。不能指望通过消灭自由裁量权来消灭潜规则，同样，也不能仅仅通过分析自由裁量权本身来找到潜规则盛行的原因。自由裁量权所依附的制度本身才是潜规则盛行的根源。正是正式制度本身的特性才使自由裁量权被广泛地当作商品进行交易，因此分析潜规则的盛行就必须深入分析正式制度的性质。

一、自由裁量权本身的问题

前面已经指出，制度代理人对资源的索价是制度自由裁量权本身和代理人知识与道德观念的函数，即 $P = f(Di, K, M, \cdots)$。其中，自由裁量权决定了制度代理人对资源索价的幅度，自由裁量权越大，索价的区间就越大。在无微不至的正式制度下，制度代理人就没有可以操作的空间，而在宽泛的自由裁量权下，制度代理人就可以上下其手随心所欲。并不是说自由裁量权大就必然产生潜规则，因为自由裁量权如何运用还要受到知识、道德等的制约。古代社会法治欠缺，但也不乏包拯、海瑞这样的清官。但是自利是人类的深层动机，不管是公职人员还是私营企业主，在面对可以增进自身福利的机会时，一般都会选择增进自身利益。自由裁量权过大的通俗表述就是权力过大。阿克顿（1834～1902 年）勋爵的名言"权力导致腐败，绝对权力导致绝对腐败"已经世人皆知。任何一种权力，只要它不受制约，最终就必然地倾向于腐败、残暴和不义。

自由裁量权虽然不同于人治，但又与人治有共同之处。自由裁量权是现代法治社会特有的概念，在公共领域内，它是指公权力代理人在法律法规规定的幅度、范围内有一定选择余地的处置权力。而"人治"是依靠公权力代理人个人的贤明来治理国家和管理公共事务的方式与理论主张。自由裁量权行使的前提是法律授权，并且不能超过法律规定的合法限度。自由裁量权有助于连接抽象的法律和具体的事实，更有效地实现实质正义；而人治无法可依，是一种依靠个人智慧和主观意愿的治理方式，缺乏稳定的法律和制度基础。在实际应用中，自由裁量权需要规范和限制，防止权力滥用；而"人治"则需要法律和制度的约束，防止个人主观性和权力滥用。自由裁量权是一种有制约的"人治"，法律制度赋予制度代理人的自由裁量权越大，就相当于这种"人治"的空间就越大。法治优于人治已经成为普遍性共识。现代国家也是法治国家，但是人治的传统、文化在某些领域和社会仍然主导着公共事务的治理，不过其发挥作用是在法律制度框架内，而这些法律制度框架赋予了其似乎不受约束的自由裁量权，在这个近乎不受约束的自由裁量权内，制度代理人得以"专横"地行使其权力。

自秦以来，我国古代逐渐形成了天下大权集于中央、中央大权集于皇帝、中央集权与君主专制紧密结合的政治制度，最高统治者从决策到行使立法、行政、司法等权力，都具有独断性和随意性。政治上从上到下，以强化君主专制为核心，形成了长期的"人治"传统。王亚南（2013：33）将秦朝到清朝的政治称为官僚政治，在西方社会，官僚政治是由封建社会转向资本主义社会之过渡阶段的产物，是专制政体的一种配合物或补充物。在中国的传统文化中，"人治"被广泛提倡。例如，儒家思想中的"仁"和"礼"等概念，强调个人的道德修养和人际关系的重要性，这也为人治提供了思想基础。"人治"的传统主导了中国古代漫长的历史，并深刻地影响着中国当代的政治体制和社会治理体制。

当前社会涌现的大量的潜规则现象，就有相当一部分是在缺乏正式制度的情况下产生的。国内对潜规则盛行的研究也都将原因指向正式制度自由裁量权过大或者没有正式制度（意味着赋予权力代理人无限大的自由裁量权）的问题。如郑奕认为，潜规则产生于正式规则与社会状况不完全契合时，具体表现在三个方面：一是旧的正式规则没有被根除、新规则没有完全契合社会发展的时候，潜规则会作为一种替补方式产生于人们的行为之中；二是正式规则不完善时潜规则会作为补充而产生；三是正式规则随意性大、过于灵活的时候，潜规则会作为对正式规则的注解而产生（郑奕，2009）。

现实有不少自由裁量权过大的例子。例如，尽管中央三番五次出台文件禁止公款吃喝，但"几百个文件管不住大吃大喝"，其直接原因就在于几百个文件不可能详细到囊括各种假公济私的类型，政策没有明确、具体地指出什么样的宴请是符合公务要求的，这些文件都留给权力执行人较大的选择空间和较大的操作余地，于是上有政策下有对策，公款消费的花样不断翻新，依附于正常开支中，难辨"公"与"私"，然而，毕竟这些大吃大喝的行为明显违背了公意，制度执行人必定不敢公之于众。

我国自改革开放以来，一直致力于推进法治建设，取得了显著的成效。党的十八大以来，以习近平同志为核心的党中央领导推动法治中国建设迈出坚实步伐，中国共产党运用法治方式领导和治理国家的能力显著增强。党的二十大开启了全面建设社会主义现代化国家、全面推进中华民族伟大复兴的新征程，法治中国建设掀开了新篇章。党的二十大报告对"坚持全面依法治国，推进法治中国建设"做出专章论述、专门部署。全面依法治国是国家治理的一场深刻革命，关系党执政兴国，关系人民幸福安康，关系党和国家长治久安。党的二十大报告把全面依法治国摆到新时代党和国家工作全局更突出的位置并做出了一系列部署，充分体现了党中央对法治建设的高度重视，对在法治轨道上全面建设社会主义现代化国家，对全面实现中华民族伟大复兴，具有重大意义。

权力制约是法治国家的基本特征，依法治国的核心在于依法制权，规范权力正确行使。权力运行一旦偏离法治轨道，就会出现"乱作为""不作为"现象而损害公共利益。在我国地方法治建设中，制度建设、制度落实和公民法律信仰等方面取得较大进展，但在制约权力运行方面仍然存在诸多问题，阻碍了法治社会建设。主要表现在：一是制度"笼子"约束权力效应尚未充分显现，还不同程度地存在权力运行缺乏法制约束、权力设计不合理、权力清单不明晰等问题；二是权力运行过程还不够透明，一些领域仍然存在暗箱操作和"潜规则"问题；三是制度落实效果差，不少制度执行力不强，落实不到位；四是监督合力不强，尽管各级纪委监督职能不断强化，效果显现，但来自社会的监督仍较为薄弱，各类监督合力未达到最大化。制约权力就是要把权力关进制度的笼子里。习近平总书记在十八届中央纪委二次全会上指出："要加强对权力运行的制约和监督，把权力关进制度的笼子里，形成不敢腐的惩戒机制、不能腐的防范机制、不易腐的保障机制。""把权力关进制度的笼子里"这一重要论述，形象地表达了丰富的内涵，为构建科学有效的权力运行体系、规范权力运行、有效防治腐败和推动廉洁政治建设指明了方向、提供了遵循。

二、制度的正义性问题与潜规则

（一）制度的正义与制度的有效性

这里所指的制度正义的性质，主要是潜规则所赖以产生的正式制度正义与否。简单而言，正式制度到底是什么样的制度，是"好"的制度还是"坏"的制度，将直接决定人们对制度的认同。正式制度，无论如何非正义，只要当权者有足够的决心，总能推行下去，但推行的成本比正义的规则要高得多。对法律和规章的公正一致的管理，不管它们的实质原则是什么，都可以把它们称为形式的正义。形式正义是那种支持和保障合法期望的法律规范本身的一个方面，法律规范作为社会的总体纪律，无论性质如何，总能保证人们拥有合理的预期，"社会纪律可以在不管一个国家能达到多大程度的政治民主构架内实行，最终没有什么比缺乏社会纪律对民主更为危险了"（缪尔达尔，1991：191）。即使在法律和规章不正义的情况下，前后一致地实行它们也还是要比反复无常好一些。"甚至可以这样说，要使法治生效，应当有一个常常毫不例外的适用的规则，这一点比这个规则的内容更为重要。只要同样的规则能够普遍实现，至于这个规则的内容如何倒还是次要的。"（哈耶克，1997：101）但是，法律被平等地实施并不足以保证实质正义，这一准则有赖于社会基本结构与之相适应的原则。正式制度可能在被平等地实施着的同时还包含着非正义，一个奴隶制或一个准许最专横的种族歧视存在的社会，也可能被平等一致地管理着。一种与公众的普遍价值观相抵触的正式制度必然存在对规则的普遍破坏，一种顺天意、应民心的正式规则必然得到很好的执行和自觉的卫护。因此，"形式正义要求的力量或遵守制度的程度，其力量显然有赖于制度的实质性正义和改造它们的可能性"（罗尔斯，1988：59）。

实质性正义和形式的正义事实上倾向于结为一体，因此，至少那些很不正义的正式规则是不可能被公正一致地管理的，至少这种情况很罕见。"据说，那些拥护不正义的安排并从中得到好处的人们，那些轻蔑地否认别人的权利与自由的人们，对在特殊情形中妨碍到他们利益的法律规范是会毫无顾忌地破坏的。制度一般难于避免的含糊性及其给不同解释留下的广泛余地，会在制定决策时鼓励一种任意性，只有对正义的忠诚才能够减少这种任意性。"（罗尔斯，1988：60）然而，自利是人类行为最强大的动机，只要寻找到能增进自身利益的机会，人们就会趋之若鹜。道德需求也是一条斜率为负的曲线，当诱惑足够大时，道德就成为牺牲品。一个留有自由裁量权的制度像宝藏一样吸引着人们，引诱着制度的执行人任意解读规则。

什么样的正式制度是正义的？这是极难回答的问题。自由是人类共同追求的价值。"在严格个人化的意义上，每个人的理想处境都是自己拥有完全的行动自由，且他人的行为受到禁止，而要服务于他自己的欲望。"（布坎南，2012：116 - 117）这种人人都要做世界主人的社会无异于乌托邦式的遐想，但它蕴含的自由原则却极具价值：不受干涉的人际交互所产生的结果，可能而且也通常比那些明显的政治干预所带来的结果更为优越。"应当按如下范围判定一种情境的'好'：个人在此间可以获取任何他想获取的东西，不论这个东西是什么，而仅仅受互相同意原则的限制。"（布坎南，2012：3）判定规则好与坏的标准，不是规则本身所具有的某种内在特征，而是自愿原则。可以肯定的是，趋于全体成员一致同意的原则而建立起来的正式制度增加了规则的正义性。正式制度的非正义表明，正式制度并非在全体一致同意的原则下被制定出来，甚至也不是在多数原则下被制定出来，而是仅由共同体中的少部分人——权势集团——制定，或者慢慢地演变为有利于有权势的集团。这种正式制度必然有利于少部分人而不利于大部分人。

潜规则总是与权力代理人（或制度代理人）密不可分，对制度非正义与潜规则关系的探讨必须围绕制度代理人展开。我们可以将共同体成员分成两部分：一部分是共同体中集体权力的代理人；另一部分是非权力代理人。当正式制度的非正义与权力代理人有关时，其非正义可能表现为：第一，正式制度赋予权力代理人过大的权力，此时可能会引发公众公开要求变革，也可能导致权力代理人利用自己的权力谋取私利；第二，正式制度对权力代理人构成剥削，此时可能会引起权力代理人的抵制，其抵制的方式既包括公开要求变革，也包括利用自己的执法地位推行潜规则扭转自己在正式制度中的不利地位。当正式制度的非正义与权力代理人无关，只在非权力代理人群体中制造不公平时，其必然在公众中引起不满和反抗。这种反抗可以表现为：第一，通过损害他人利益来达到自己利益的一般违法犯罪，这是对正义的二次损害；第二，推动制度变革或革命；第三，与制度执行者合谋来改变自己的不利情形，进而衍生潜规则。正式制度的非正义类型见图6-1。笔者将详细分析正式制度非正义的这两种类型。

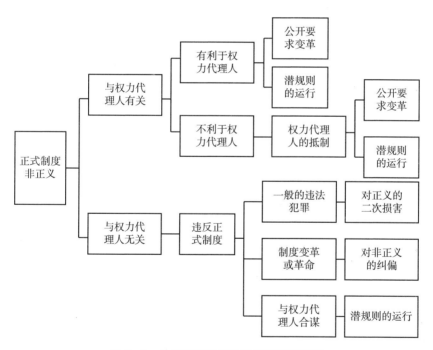

图6-1　正式制度非正义的类型与潜规则

（二）非正义之一：正式制度赋予权力代理人过大权力时

有利于共同体权力代理人而不利于共同体其他成员的正式制度，通常是正式制度赋予共同体权力代理人过多的公共资源，代理人在判断是非曲直上拥有过大的自由裁量权，它很可能会导致权力代理人执法的随意性。缪尔达尔提出了"软政权"的概念，其根本含义是，即使制定了法律，它们也不被遵守、不易实施。在"软政权"中，制度、法律、规范、指令、条例等都是软约束，都可以讨价还价，即可以执行也可以不执行：有好处时可以执行，没有好处时可以不执行；有"关系"时可以执行，没有"关系"时可以不执行。这种"软政权"与我们分析的潜规则极具相似性。在缪尔达尔看来，"软政权"形成的主要原因是权力集中在上等阶层手中，他们能够提供平等的法律和政策措施，但是当这些平等的法律和政策损害到他们自身利益时，居于至高无上地位的他们又会阻挠法律和政策的实施（缪尔达尔，1991：196）。共同体权力过于集中，公共资源被不公平地占有，权力代理人在公共资源的配置上拥有过大的自由裁量权，为"软政权"的出现提供了条件。

潜规则在中国古代的盛行，也与中国古代专制主义的中央集权制度密切相关。中国古代自秦王朝以来实行的是中央集权制度，中央集权和官员代理构成了中国古代政治的基本结构。汉以来，中央集权逐步加强，到明清时期，皇帝的专制达到顶峰（钱穆，2012：167－173）。特别是清朝皇帝，奉天承运，集决策权、审批权、立法权、司法权、监督权和最高裁判权于一身。但古代中国疆域辽阔，人口众多，如果事无巨细都要皇帝亲自过问，既不合理，也不可能。"自大一统以后，疆土广远，而交通难，人民众多，而接触难。天子、相臣与亿兆民庶，成疏隔之势，每有政令，不易速达"，因此，皇权的行使必须依靠官员代理，而"地方监司守令之贤否，朝廷常不易督察。偶有英君贤相，能慎选疆吏，精于考课，则吏治可观，民获安辑。然此等君相，不可常有。故政治败坏者其常，而修明者其暂也"（熊十力，2011：68）。

皇权的委托代理制度存在严重缺陷。委托代理理论的中心任务是研究在利益相互冲突和信息不对称的情况下委托人如何设计出一个最优契约来激励代理人为委托人的利益行动。中央集权体制下官员代理面临着两个严重的问题：一是委托人和代理人的利益严重不一致；二是委托人和代理人之间的信息严重不对称。皇帝和官员之间的利益不一致表现在具体的代理活动中，两者在效用目标方面有着明显的冲突。人民富足、社会安宁有序、国家长治久安是皇帝及其继承者追求的目标。与人民利益的共容使皇帝不会考虑采取掠夺性的行为，因为他要承担由于他的掠夺性行为而带来的社会损失的份额，共容利益会促使皇帝打击盗贼，为人民提供公共物品（奥尔森，2005：5-20）。但官员入仕则是出于自身利益的考虑，他们力图最大化自己的效用，"千里做官，只为财；往来洛阳，是为权"。皇帝的产业不是官员的产业，王朝的兴亡与他们没有直接的关系，他们也不会为所谓的"帝国的根本利益"牺牲自己的利益，而且官员的流动性强，视任地为旅店，导致他们与任地内的利益共容程度低，任地内人民的富足、社会的长治久安与他们自身利益没有明显直接的关系。各级官僚的代理权限几乎是没有边界的，官员的治理称为牧民，就是将当地百姓当作牛羊一样治理和管理。官员有大量的渠道去增进自身的利益。官僚代理集团对私利的不懈追求，导致他们总是顽强地偏离儒家的理想和规定，偏离所谓的王道和天道。"最高统治者无力约束这种庞大的私下追求，弱小分散的小农阶级又无力抵抗各级权势集团整体或个体的巧取豪夺，于是就有了潜规则体系对儒家宣扬的均衡体系的替代。"（吴思，2010：262-263）

皇帝和官员之间的信息严重不对称。中国幅员辽阔，皇帝也只能依赖其他官吏获取地方官吏的治理信息，负责考察考核地方官吏的官吏分为两种：一是地方官吏的上一层级，如明代的省、府（州）、县，上一层级对下一层级有考核考察的权力；二是中央直接任命监察官员，如明代在中央设都察院，监察中央官僚系统的廉政管理，在地方设按察使司掌一省之监察，按察使司听命于刑部、都察院。但无论哪种方式，监管者都是皇权的代理人，以代理人监管考察代理人，代理人直接治下的人民被排斥于监管体系之外。这种开放式的代理关系缺乏强有力的相互制衡机制，监管者完全有可能被受监管者赎买，或者代理人之间相互串通。结果是上情不能下传，下情不能上达，对上级的要求断章取义，按需宣传，按需落实。

皇权委托代理的必然结果是非法治。非法治的社会并非无法可依，全凭地方官员的主观喜好治理，而是缺乏公众广泛参与的"社会契约"。真正意义上的法治，必须是全民约法，而在皇权代理中，民众被排斥于"法"的制定之外，成为"法"所治理的对象。皇权委托代理下，即使有正式规则，也因为监管和制衡的缺乏而不能自我实施，即使有王道和天道，也因为其模糊性和解释权归皇帝和官僚集团而不能起到多大的约束作用。实际上两千多年的官僚政治强调的是道德治国、伦理治国，然而道德、伦理在"经济人"面前也是一条斜率为负的向下倾斜的曲线，随着违背道德、伦理的收益增加，道德、伦理这道防线越来越无法起到对官员的约束作用。正如王亚南（2010：33）所言："在中国，一般的社会秩序，不是靠法来维持，而是靠宗法、靠纲常、靠下层对上层的绝对服从；于是，'人治'与'礼治'便被宣扬来代替'法治'。这显然是中央集权和官僚政治实行的结果，但同时却又成为官僚政治得以扩大其作用、加强其活动范围的原因。"

在中央集权和权力代理的政治体系中，各级官吏在配置公共资源时可以设定标准，评价优劣，决定胜负，但标准的设定和结果的评判不再符合共同体设定的效率或公平原则，而是以代理人自身利益最大化为准绳。上级官吏左右着下级官吏的政绩、任免、升降，上级轻而易举地就能给下级带来好处或造成伤害，下级却很难利用手中的权力给上级带来什么实惠。权力代理人对权力的排他性行使，成为悬挂在下级人员和普通百姓头上的"达摩克利斯之剑"。下级人员具有趋利避害的倾向，他可以通过向上级"纳贡"而避免"合法伤害"或获得"合法优待"。代理人只要拥有皇帝赋予的权力，哪怕他在帝国的权力系统中只不过是一个最不起眼的蕞尔小吏，在行使职权时其权力却几乎无限大。代理人心态、权力的自由裁量权无限大、道德的约束乏力使得潜规则得以大行其道。

（三）非正义之二：正式制度构成对权力代理人的剥削时

权力代理人作为正式制度的实施者和正式制度设计的重要力量，理论上总能获得正式制度的恩惠，因此，不利于权力代理人的正式制度在历史上较为少见，但并不意味着不存在。正式制度事实上构成对权力代理人的"剥削"时，正式制度的实施者通常会利用自身在执法中的优势地位，向治下民众推行潜规则以弥补自身在正式制度中受压迫的地位，权力代理人作为正式制度的执行者，具备推行潜规则的能力。明代官员的正式待遇过低，迫使官员不得不利用自己的权力制造潜规则以改善自身境况。吴思在《潜规则》一书中提到，明朝官员正式工资是历史上最低的，如县太爷每个月领到的薪俸实际价值相当于今天的 1130 元，并且没有什么社会福利。海瑞是一个肯定不贪污不受贿，也不接受任何"灰色收入"的清官。这位清官在浙江淳安当知县的时候，穷得要靠自己种菜自给，当然更舍不得吃肉，连母亲过生日时买二斤肉的消息都被当作一条大新闻广为传播。后来海瑞官至吏部侍郎，去世之后连丧葬费都凑不齐。正式制度对官员的残酷，就像将老百姓逼上梁山一样会逼官为盗（吴思，2011：40 - 51）。为了养家糊口，手握重权的官员被迫走上了以权谋私的道路，尽管朱元璋对官员以权谋私行为进行了极其严酷的打击，但是潜规则还是泛滥起来。现代社会医患之间的红包现象被认为是一种潜规则，这一现象并非中国特有，苏联解体后也不同程度地出现这种现象，美国肯塔基大学人类学教授米歇尔·瑞弗金—菲施专门探讨了苏联解体后俄罗斯医疗保健体系中的腐败现象，发现医生和病人之间收受红包成为一种普遍的现象。医生们认为，政府没能为公共医疗提供必要的资源（即未能履行其基本义务），这是"腐败"的基础，也为他们绕过法律而接受私下酬金提供了正当理由（哈勒、肖尔，2015：85）。他们觉得自己被迫在两个令人不满的情况中做出选择，这两者都破坏了他们在这个新的道德经济中的尊敬感与认同感：一方面，他们可以私下收取医疗费，同时觉得自己的工作受到了尊敬，但这么做，就得违反法律，冒着被人揭发"腐败"的风险。而另一方面，他们可以拒绝接受酬金，享受遵纪守法带来的安全感，不过这样可能就没有机会收获象征性的地位以及物质利益。在这个市场社会的新型道德经济中，医生与病人发现，他们几乎不可能同时做到既遵守法律规则又体验个人与职业公正感。当普通人被剥夺了正式参与决策及公共政策的权利时，他们就会试图通过私下行为来应对权利形式的改变，建立互利的交往。潜规则现象是现实和理性的力量对不合理的正式制度的反应，是非正义的正式制度的副产品。但这并不意味着潜规则是正义的，它只能说明潜规则产生有其合理的理由，无论是基于什么样的原因而产生的潜规则，都是对公平的违背、对正义的侵害。

（四）非正义之三：正式制度在非权力代理人群体中制造不公

正式制度在非权力代理人群体中制造不公，是指正式制度明显地倾向于保护某个集团或群体而损害另一个集团或群体。共同体权力代理人仅仅扮演着规则的执行者，在正式制度中是利益中性的——既不是正式制度的受益者，也不是正式制度的受害者。利益团体的存在往往导致这类非正义制度的产生，他们利用自己雄厚的资金和政治影响力介入正式制度的制定，而弱势群体缺乏自身利益的代言人和游说能力，在正式制度中处于被剥削、受压迫的地位。这种情况在社会中颇为多见，如多民族国家中的民族歧视和宗教歧视问题。又如笔者在攻读博士学位期间所在学校在发放入学奖学金政策方面，存在一定的"偏颇"（在一部分人看来）。当时博士生分为两类：一类是分数达到录取线而正常录取的博士生；另一类是英语分数差几分而被破格录取的博士生。前一类能够正常获得入学奖学金1万元，后一类则不仅没有资格获得这1万元奖学金，还得支付1万元破格录取费。这就是正式制度在两个群体之间制造的"不公平"。

非正义的正式制度即使得到执行，其在运行中也会培养出自己的反抗力量。理性和正义的呼声在日益壮大，受压迫的群体改变自身处境的努力也会一步步地动摇正式制度的根基。当正式制度在非权力代理人群体中造成不公时，为改变自身处境的一般的违法犯罪行为并不被认为是潜规则行为（如弱势群体冒险偷窃抢劫）。一般的违法犯罪行为通过直接损害他人的利益来增加自己利益的做法在每个社会中都不被容忍。而那些以公开方式对抗正式制度的行为也不是潜规则，一些公开的反抗会演变为反抗行动或战争，获得成功的反抗可能被认为是正义的行动（如革命），不成功的反抗则可能被贴上暴动的标签。以公开的方式协商谈判共同推进制度的完善是体制所鼓励的制度变迁方式，如破格录取的博士生通过集体谈判改变不合理的奖学金制度，这种行为更不被视为潜规则，它是正当的和合理的。正如罗素（2014：204）所说："没有叛逆，人类就会停滞不前，不公正的现象也将得不到纠正。所以不服从当局的人，在一定的情况下，是有正当作用的，只要他不服从的动机是为了社会而不是为了个人。"

然而，对正式制度的反抗并非都是高举旗帜、喊着激昂的口号进行，特别是在统治者将这种制度视为自己生存的根本并不惜一切代价地维护它时。这种情况下，个体违法犯罪以及革命的预期成本可能是巨大的，直接打破刚性制度的行为最容易被察觉，进而受到统治者或利益团体的阻止和惩罚，因此，受到不公平对待的社会群体的反抗形式就可能是隐蔽的。正如迪特尔·哈勒等指出的："当普通人仍旧被剥夺了正式参与决策及公共政策的权利时，他们就会试图通过私下行为来应对权利形式的改变。"（哈勒、肖尔，2015：87）隐蔽地对抗正式制度的行为可能是符合主流价值观的，此时这种反抗行为无论采取什么形式都不应被视为潜规则。当反抗正式制度的行为违背了社会主流价值观时，特别是当人们通过收买权力代理人以改变自身处境时的行为才有可能被视为潜规则。

正式制度的执法者也是共同体权力的代理人，无论正式制度如何死板，代理人在权力的行使上也拥有一定的自由裁量权。处于弱势地位的群体或个体为了获得执法者"合法的恩惠"或者"法外开恩"而对后者行使潜规则，如农村集体修路农田被占用过多的家庭通过贿赂村委成员而改变不利的局面。代理人乐于在合法的范围内使自身的处境变得更好，代理人在比较违背正式制度受惩罚的风险和贿赂之后更愿意选择接受行使潜规则者的贿赂。尽管弱势的个体对潜规则的需求更为迫切，潜规则运行的主动权仍掌握在权力代理人手上，尽管权力代理人在权力的范围内同时拥有"合法的恩惠权"和"合法的伤害权"，也不能指望其运用"合法的恩惠权"是出于权力代理人的开明与良知。人们无论是在市场领域还是在集体选择的领域，都是追求效用最大化，一个有代表性的或典型的人，在从一个活动领域走向另一个活动领域时，并不因此转换他的心理和道德齿轮（布坎南、塔洛克，2000：19–24）。处于弱势地位的个体在正式制度非正义时实施潜规则改善了自身处境，而权力代理人在"被动地"推行潜规则后也获得了更高的收益，二者的串通可能构成了对正义的二次损害，但这种损害却是肇始于正式制度的非正义，只有推动正式制度向正义的方向迈进，才能减少潜规则的运行。

三、"委托人"问题与潜规则

如果说制度的执行是制度代理人的事，那么制度的性质便主要涉及制度委托人了。这里的委托人是比较抽象的人或群体，委托人既可能是公意的载体——人民，也可能是正式制度的设计者和制定者，当然也可能是正式制度执行者在权力等级结构中的上级。委托人是否是"好人"取决于他面临的竞争环境，如果委托人也有竞争者，则潜在的竞争者可能威胁到委托人的利益。委托人为巩固自身的地位，可以通过赋予代理人较大的自由裁量权来换取其支持。潜规则不但不会成为委托人努力去铲除的病菌，反而会成为委托人或明或暗地获得支持的交换筹码。中国古代皇帝为了稳固帝位，也常常将功臣封侯封王或使其担任州牧，通过赋予这些代理人极大的自由裁量权并或明或暗地纵容其以自由裁量权谋利来换取他们的支持。

制度委托人（制度设计者）利益所在导致"设计性的缺陷"。在制度设计中，最理想的状态是制度制定者的利益超然于制度，即利益中立。正如卢梭（2011：44-46）在《社会契约论》中指出的，为了发现最好的规则，"就需要有一个能通达人类的种种感情而自己又不受任何一种感情影响的最高的智慧。它虽与我们的天性没有任何关系，但它又深深了解我们的天性；它的幸福与我们无关，但它又十分关心我们的幸福……主管法律的人也不应当去管人，否则，他的法律就会受他的感情的影响，因而就不可避免地将使他个人的观点败坏他的事业的神圣性"。然而，基本上不存在利益超然于规则的人，而且现实状况往往是共同体中具有深切利害关系的少部分人垄断着规则制定的大权，规则的执行者同时又是规则的制定者，或者规则的执行者总是规则制定的重要力量，他们左右着规则的制定。正如诺思（2008：22）所说："如果说经济体系能通过创立相对有效率的制度来获致交易收益，那也只是因为在某些特定环境中，拥有改变制度之谈判力量的人为了达到其私人目的，而生成或演化出来的一些具有社会效率的制度结果。"规则制定者的自私使制度总是朝着有利于他们利益的方向行进，制度的执行者总是试图给予自己足够大的自由裁量权，他们通过对规则制定的介入来实现他们的愿望，他们的愿望一旦得逞，在执行制度时他们就拥有极大的自主权。正式规则这种"设计性的缺陷"导致众多的集体事务缺乏硬性的正式规定，完全凭着制度执行人（权力代理人）自身的价值观、利益、爱好来处理，这些正式规则的空白地带便是潜规则产生的土壤。

制度委托人也可能设计了完美的制度，但在执行机制方面体现其利益。基于公众的情绪或民主的压力，有时候制度委托人在制度设计的环节大义凛然，设计了完美的正式制度，但是当触及自身利益时却又预留一手，或者在实施环节阻挠正式制度的彻底贯彻实施。正如缪尔达尔（1991：195）所说："法律和政策措施是作为实现平等的理想……这些理想为受过教育的上等阶层所普遍接受，其中的知识和政治精英是这些理想的先行者。然而，当到了实际制定法律和政策规定，并且进一步采取措施来实施的时候，他们通常奉行的便是更为狭隘的个人私利了。"

在关于腐败的研究文献中，将由委托人的狭隘利益导致的制度扭曲称为政治腐败，由代理人的狭隘利益导致的制度扭曲称为官僚腐败（Lambsdorff，2007：83-95）。由制度委托人故意设计有缺陷的规则意味着自私型的政权，关于自私型政权又有两种观点：第一种观点是"掠夺型政府"的存在。按照诺思（2008：29）的国家理论，国家的首要目标是"规定竞争和合作的基本规则，以便为统治者的所得租金最大化提供一个产权结构"，即政府的目标就是最大限度地增加自己的收入，或最大限度地增加以统治者为代表的团体或阶级的垄断租金。第二种观点认为政府本身不具有独立的利益，政府运作的低效率和正式制度的缺失是由于政权被利益团体所把持，制度和规章是为利益团体创造权力寻租机会而被制定出来。

亚当·斯密在他那个年代就已经发现，政治行为或政府行为并不是"中立"的，不受利益主体左右的政策是不存在的。每种政策或立法的背后都有其特殊的利益主体或阶层，如学徒法、固定工资法严重地偏向于雇主这一群体，限制烟草种植有利于烟农，禁止羊毛进口有利于羊毛业，长子继承权有利于地主阶层，禁止开辟新葡萄园则有利于葡萄园主等。从斯密的分析中我们可以看出，政府的各种政策、立法乃至制度，并不是政府站在"中立"的立场做出的，它们往往是政府在各种利益主体的压力下形成的。历史上不同制度、政策及立法都是不同利益集团利益博弈直至达到均衡的结果。

制度的设计性缺陷，无论在古代还是在当代，都不胜枚举。吴思（2011：4-6）在《潜规则》中列举了《二刻拍案惊奇》（卷二十）的例子。一个武进县富户的妻和妾闹矛盾导致妻子怄气而死，邻人趁机起贪意，唆使其妻弟以人死得不明不白为由将富户告到官府，知县恰好是个贪官，早知富户家财殷实，想敲诈一笔，于是状子告来后，不由分说，将富户监在狱中。首先，这状子是可准可不准的；其次，准了之后拿来问讯，对富户的申辩也是可听可不听的。在这两个具有合法选择空间的关口，知县全选择了最具有伤害性的行动："立时准状""不由分说"，而且他这样做完全是在他的权限范围内，谁也不能说他这样做是违背了正式规则。但是其行为的出发点却是想从中敲诈富户以谋利。正因如此，其本意自然不能公之于众。不得已，富户只得托人将妻弟请来，让他各方打点为富户说好话，县太爷满意后，行使了他的"合法恩惠权"，释放了富户。然而妻弟嫌自己赚得不够，却又去强讨之前打点出去的给县太爷老乡的银子，县太爷听说后勃然大怒，再次运用了他的"合法伤害权"，出牌重新问案，并且以"私和人命"的罪状捎上富户妻弟，富户妻弟只好出逃，最终导致富户家破人亡。

第二节　正式制度的实施机制与潜规则盛行

一、制度效果和实施机制

正式制度中的文化演进的非正式规则是自发演化的结果，是博弈参与者在博弈过程中的稳定均衡，因此，非正式规则不需要第三方强制实施。而正式规则则不同，它存在的目的除了促使一个低水平的稳定均衡向更高水平的稳定均衡推进外，还要解决囚徒困境的问题，即促进博弈参与人在重复博弈中走向合作。然而参与人总有偏离合作而选择占优策略的动机，要保证各方的合作必然需要第三方的强制实施，否则重复博弈中的合作将不能维持，因此，规则的实施机制是与正式制度相伴随的。然而众多文献在论述正式制度和非正式制度时，都隐含着实施机制完备性这一假定，对实施机制进行探讨的文献也相对较少，这本身与制度经济学中有限理性与机会主义倾向的假定是矛盾的。实际上实施机制与正式规则、非正式规则一起，"决定了一项竞赛的整体特征"（诺思，2008：5）。当实施机制存在问题时，制度的作用就会被消解，实施结果就会背离制度设计的初衷。"如果一种机制为了达到某种社会目标被设计出来却无法自我实施，那就需要附加一种额外的实施机制……然而，这种情况恰恰给机制设计者制造了一种困境。为了使实施机制行之有效，一方面，实施者必须被给予适当的激励，使其忠于职守；另一方面，实施机制的运行消耗社会资源，从而相应减少直接为社会目标作贡献所需的资源。其结果，最初的社会目标的实现程度将不得不大打折扣。"（青木昌彦，2001：8）如果我们坚持新制度经济学的假定——有限理性，那么就必须承认实施机制是不完善的。

实施机制是指正式制度的执行机构（主要指政府）对正式制度实施的力度和执行的后盾力量。正式规则的实施机制或强或弱，取决于正式机构的实施意愿（实施力度）和实施能力（后盾力量）。正式机构的实施意愿越强烈，实施能力越大，则实施机制越健全，反之就越不健全。正式规则的实施效果（其赖以建立的精神和正式规则本身是否得到不折不扣的执行和贯彻）直接地取决于实施机制的完善与否，一项正式规则无论多么不正义，只要执行机构不惜代价地强力推行总会得到贯彻。如果用 Q 表示正式规则的实施效果，即规则如此设定后的有效率的成果或达到的帕累托最优的状态，如产量、社会福利等，则在既定时期，也就是既定的良好正式规则水平 f 和既定的非正式制度 i 中，要达到理想的正式规则效果 Q 就取决于实施机制 b。

$$Q = Q(f, i, b)$$

则有：

$$\frac{\partial Q}{\partial b} \geqslant 0 \tag{6.1}$$

同时有：

$$\frac{\partial^2 Q}{\partial b^2} \leqslant 0 \tag{6.2}$$

上述函数表明，正式规则的实施效果 Q 是正式制度性质 f、非正式制度水平 i、实施机制 b 的函数。良好的制度效果有赖于制度本身的正义性、制度所赖以建立的社会文化以及实施机制。式（6.1）表明制度性质 f 与非正式制度 i 既定时，加强实施机制 b 能使制度效果 Q 提高。式（6.2）是指，若式（6.1）成立则表明正式规则效果 Q 虽然随着实施机制 b 的完善而上升，但这种上升的幅度是递减的，即实施机制对正式规则效果的促进作用是边际递减的。其原理可能在于，随着实施机制的增强，那些被轻易察觉的偏离合作的机会主义行为受到抑制，而有些机会主义行为更具隐蔽性和复杂性，要察觉并辨别它们就需要投入较之前更多的监督和强制，因此，等量的监督和强制所实现的效果是递减的。

实施机制的作用受制于制度实施主体对实施制度的意愿和实施能力。制度总有一个实施主体，实施主体的意愿并不等于制度设计者的意愿。制度设计常常是集体决策的过程，集体决策的初衷常常是最大化集体的利益，但制度实施主体的利益并不必然等同于集体利益。这其中是一种委托代理关系。委托代理理论表明，由于委托人和代理人的目标函数不一致、信息不对称容易产生"委托代理问题"。目标函数的不一致以及错综复杂的社会关系使实施机构不可能是完全利益中立的，即难以确保实施机构是一个利益无关的纯粹的第三方。既当运动员又当裁判的现象在任何一个社会都存在，在中央集权的政治体制下尤其严重，执法机构和执法人员袒护违法官员的事例比比皆是，因此，执行机构在规则执行意愿上并不必然是强烈的，有时候对违法行为和其他逾越规则内在精神的行为睁一只眼闭一只眼是符合执行人利益的。

实施能力主要表现在机制建设的费用投入上，实施机制发挥作用是需要成本的，如警员的投入、刑侦技术的开发、监狱的建设、监督的费用等，随着实施机制的加强，其成本也增加，而且成本呈边际递增的趋势。公平和正义是需要代价的，一个社会要想降低违法犯罪行为是可能的，但要完全杜绝违法犯罪行为则无异于乌托邦式的幻想。这也表明应该是适度的实施机制而不是一个不惜一切代价的实施机制，实施机制总会存在或大或小的缺憾，这也为违法犯罪等机会主义行为的产生提供了空间。

二、实施机制缺陷与潜规则的盛行

实施机制是指制度的执行、遵守和监督之间相互联系、相互作用的关系，它的目标是使制度高效地发挥出作用。具体来说，实施机制是落实制度的具体方式和方法，是将制度转化为现实行动的中间环节。实施机制的好坏直接影响制度的有效性和执行效果，因此，建立健全科学合理的实施机制至关重要。在制度的实施过程中，需要建立有效的监督机制，确保制度的执行得到有效监督，及时发现和纠正制度执行中存在的问题。同时，还需要建立相应的奖惩机制，对违反制度的行为进行惩罚，对执行制度表现良好的个人或组织进行奖励，从而激励人们自觉遵守制度。此外，制度的实施还需要各级领导的高度重视和有力推进，需要加强制度宣传和教育培训工作，提高人们对制度的认知和理解，增强人们的制度意识和规矩意识。同时，还需要加强制度执行的组织保障和资源保障，确保制度执行得到充分的人力、物力和财力支持。由此可见，实施机制是制度落实的具体方式、方法，包括监督措施、纠错方法、奖惩措施、宣传和培训、组织保障、资源保障等。正式制度的颁布仅仅是制度目标的起点，能否最终实现制度目标在很大程度上取决于正式制度的实施机制。

实施机制的不完善意味着有些机会主义行为将逃避惩罚。实施机制越不完善，滋生的机会主义行为就越多，一个完全不起作用的实施机制将使正式规则成为一纸空文，微小的规则之外的利益也会引诱人们逾越规则。潜规则是那些不敢或不愿公开的却在特定人群中实际起着约束作用的行为法则，其"不敢"或"不愿"公开的原因，在于正式制度执行人欲依靠自己对资源的控制权而向买方勒索，或者买方欲以低于正式制度所设定的资源价格获得被控制的资源而向资源控制者行贿，无论哪种情况，都意味着这种交易行为是对正式制度或正式制度赖以建立的精神的破坏。交易双方之所以倾向于违反正式规则及其精神，乃是因为正式制度外隐藏着丰厚的收益，交易双方（尤其是规则的执行人）之所以敢于冒着被惩罚的风险而违背正式规则，是因为正式规则的实施机制没有强大到对其违法行为起到威慑作用的程度。

不少人将潜规则的盛行归咎于正式制度的失效，所谓的正式制度失效主要是指其实施机制本身的缺陷无法确保正式制度的实施。正如前面所说，无论制度的性质如何，只要不惜一切代价地去实施，那么它总是能够被推行的。制度失效是实施机构实施的意愿不够强烈和能力不足的结果。潘祥辉（2009）就认为，正式制度的失效导致了潜规则的盛行，缺乏博弈机制是潜规则盛行的深层原因，充分博弈的制度（博弈的过程即民主决策的过程）是制度可实施的必要条件。陈畅（2007）指出，潜规则是一种"制度失效"的现象。在初始时是有效设计的正式制度，由于"有法不依"和"逆制度选择"等行为异化了正式制度的实施机制，以致弱化了正式制度功效，产生了"制度失效"的问题。

因为正式制度的实施机制缺乏或者软弱导致潜规则产生的例子不胜枚举。吴思（2011：28–38）在《潜规则》中就举了驿站号草的例子。驿站养马的草料开支和驿站维护费用是较大的开支，处理不当会引发社会问题。鉴于此，清代皇帝特别重视驿站问题，《大清会典》规定，驿站的财政费用由当地州县政府从征收的田赋正额和地丁银子中拨付，并向百姓购买草料。正式制度不可谓不公平，然而一些地方在实际操作中却完全变了样。在山西代州，财政拨款并没有支付给提供草料的当地百姓，而是强行向百姓摊派草料，不但如此，百姓还遭遇了两重盘剥：一是称草料的秤不准，"经常七八十斤号草上秤而秤不起花"；二是老百姓还必须向驿站的驿书和家人交纳秤的使用费，不然他们就不肯收草料和不肯给秤。百姓怨声载道，最终造成百姓向山西巡抚拦轿告状。在这个例子中,《大清会典》已经明确地禁止向百姓无偿征收草料,即正式制度是清晰和严明的,但执行《大清会典》的基层官吏既是正式制度的执行者又是仲裁者,对规则的执行基本上依靠基层官吏的良心和道德,然而自利的动机如此强大,以致规则执行人在道德与利益的天平上总是倾向于违反规则追逐利益。正是由于正式规则缺乏有效的实施机制,才使正式制度《大清会典》中关于驿站驿书的规定被完全搁置,潜规则得以大行其道。

中国古代在对贪官污吏的惩处方面,缺的不是正式规则,而是正式规则的实施机制。明朝除《大明律》外,还包括《大诰》《大诰续编》《大诰三编》等一系列法律条文,这些法律典籍、文件中,除了若干治民的条例外,大部分是有关吏治的措施;在这些吏治措施中,它们又偏重于惩治官吏的失职、渎职以及打击官吏经济犯罪两大方面。如《大明律》将受贿行为分为枉法与不枉法两种,两者处罚轻重有明显区别。受贿枉法吏达一百二十贯处绞刑,官达八十贯处绞刑,如受贿不枉法达一百二十贯者不论是官是吏均杖一百,流放三千里。尽管法律如此严苛,但终明一代特别是明朝的中期和晚期依然腐败盛行,潜规则无处不在,其原因正在于正式制度缺乏完善的实施机制,特别是在洪武之后这些法令虽然没有废除,仍然以正式制度的形式存在,但各级官吏早已经将这些严厉的治吏条款搁置一边,悉数融入潜规则这个大熔炉中,以致在海瑞主张恢复朱元璋时期的酷刑时遭到了几乎一致的反对。早些年,一些地方大吃大喝屡禁不止,“几百个文件管不住大吃大喝”,其原因除了几百个文件没有涵盖所有潜在的吃喝途径外,还在于对于被揭露的吃喝行为处罚过轻,如仅仅涉及通报批评、警告之类无关痛痒的处分。

正式规则的缜密性与实施机制的健全性直接决定着潜规则的产生与盛衰,正是正式规则遗留的空白赋予了规则代理人自由操作的空间。缺乏道德操守的代理人以利益为标准运用自由裁量权增进自身利益。当正式规则的执行机制软弱时,规则的代理人甚至可以明目张胆地违反正式规则而不惧惩罚。实际上,大部分潜规则的产生都可以追溯到正式规则的自由裁量权过大或者正式规则的实施机制不健全,从这种意义上说,潜规则既依附于正式规则又逾越正式规则。尽管在依靠传统、惯例而运行的社会生活领域也可能存在潜规则，但那些领域的潜规则并没有像存在正式规则的时候那样盛行和泛滥。传统、惯例等非正式制度天然地具有一致认同性和自觉维护的特征，这些非正式制度在阻挡潜规则蔓延方面起着重要的作用。

三、潜规则与制度执行机制错位现象

通常一项制度出台总是配套着实施机制，即制度与实施机制是一一对应的。比如在教育领域，公平的教育制度、非正式制度和实施机制共同构成教育公平制度体系，其中，正式制度是核心，非正式制度是辅助，实施机制是关键。实施机制包括教育法律有关违法责任的追究制度，教育中的考试制度、评估（如评优、评先等）制度、督导制度、惩戒制度等。当然，这些实施机制在实际执行中也存在着次级的实施机制，比如惩戒制度包括针对不同情形的违法行为施以不同程度的处罚，对不同情形和不同程度的判断也需要具体的操作程序来支撑。《中华人民共和国刑法》第二百八十四条规定：在法律规定的国家考试中，组织作弊的，处三年以下有期徒刑或者拘役，并处或者单处罚金；情节严重的，处三年以上七年以下有期徒刑，并处罚金。这一条款中，对情节严重性的判断则要有特定的程序和机制去认定，即实施机制仍需要下一层级的实施机制去落实和执行。

实施机制是制度落实的具体方式、方法，包括监督措施、纠错方法、奖惩措施、宣传和培训、组织保障、资源保障等。这些实施机制的每一项都会对制度实施效果产生重要的影响，其中奖惩措施是实施机制中最关键的环节，通过合理的奖惩措施，可以有效地激励和约束组织成员的行为，促进制度的落地实施。奖励措施可以激发组织成员的积极性和创造力，提高他们执行制度的自觉性和主动性。例如，对于在工作中表现突出的个人或团队，可以通过给予物质奖励、荣誉奖励、晋升机会等方式进行激励，这样能够激发其他成员的竞争意识和工作热情。同时，惩罚措施也是必要的。对于违反制度规定的成员，应当根据具体情况进行相应的惩罚，如警告、罚款、降职

等。惩罚措施可以起到警示作用，提醒其他成员不要违反制度规定，从而维护制度的权威性和严肃性。

规则的出台与实施机制的发布往往是同步的，并常常反映在同一个制度文本中。一项政策的出台，都会伴随着相应的监督方法、奖惩措施、组织保障、宣传教育等实施机制，不过，这些实施机制常常是为了确保制度在法律的框架内得到执行。关键的奖惩措施也是针对违反制度本身而设计的，或者有明确的奖惩指向。比如《中华人民共和国环境影响评价法》第二十二条规定："审批部门应当自收到环境影响报告书之日起六十日内，收到环境影响报告表之日起三十日内，分别作出审批决定并书面通知建设单位。"第二十八条针对审批部门未在规定的期限内做出审批决定进行了约束，即"属于审批部门工作人员失职、渎职，对依法不应批准的建设项目环境影响报告书、环境影响报告表予以批准的，依照本法第三十四条的规定追究其法律责任"。

潜规则在制度实施过程中并没有违反该制度本身，它是制度代理人在自由裁量权内的抉择，这种抉择是合乎制度的。因此，该项制度中所载明的奖惩措施就不能直接地用来应对潜规则。对潜规则的惩罚只能求助于其他制度，这个其他制度常常是针对所有违反制度的情形，而不是特定针对某项违反制度的行为而设计的。这种情形便是潜规则与制度执行机制错位现象，简单地说就是制度的执行机制往往不是直接针对潜规则行为的，针对潜规则的惩罚机制存在于其他更具总体性和普遍性的规定中。以更简单的例子来说明，一项规则要求相对人 A 持有效证件到政府某部门办理某事，否则对相对人处以 1000 元罚款。这个惩罚很明确，就是针对 A 没有持有效证件去办理的情形。但是针对"有效证件"的解读又取决于政府部门的办事人员，学生证、教师资格证、工作证到底是不是有效证件，完全由办事人员决定。这类制度一般是不会附加这样的条款：假如办事人员只有在收到一包香烟后才对持学生证的人予以放行将处以一定的处罚，而是普遍性地规定，办事人员利用职务之便，索取、非法收受相对人财物或者牟取其他不正当利益的，将处以怎样怎样的处罚。这样的总体性规定不仅有效地针对办事人员在办理该事务时收一包香烟这样的行为，也针对收受除香烟以外的其他贿赂的行为，同样也针对除"持有效证件到政府某部门办理某事"外的办事人员的其他职务行为。正如《中华人民共和国环境影响评价法》第三十四条不针对具体哪项条款而规定的那样："生态环境主管部门或者其他部门的工作人员徇私舞弊，滥用职权，玩忽职守，违法批准建设项目环境影响评价文件的，依法给予行政处分；构成犯罪的，依法追究刑事责任。"再如，《中华人民共和国执业医师法》第三十九条规定："未经批准擅自开办医疗机构行医或者非医师行医的，由县级以上人民政府卫生行政部门予以取缔，没收其违法所得及其药品、器械，并处十万元以下的罚款；对医师吊销其执业证书；给患者造成损害的，依法承担赔偿责任；构成犯罪的，依法追究刑事责任。"该条款的处罚指向事项是明确的，就是针对"未经批准擅自开办医疗机构行医或者非医师行医"的行为。而实际上，在县级以上人民政府卫生行政部门批准与不批准之间，拥有相当大的自由裁量权，但批准与不批准，却对医疗机构产生重大的影响。卫生行政部门工作人员有可能在批准过程中推行潜规则，要求医疗机构"进贡"以换取顺利批准，但法规中也没有办法具体规定：如果医疗机构将兼职的有资质的人员视为该机构人员，卫生行政部门工作人员在收取好处后给予放行的行为将要受到怎样的处罚，而是比较笼统地对一切情形中收受财物的行为加以规定。《中华人民共和国执业医师法》第二十七条就这样规定，"医师不得利用职务之便，索取、非法收受患者财物或者牟取其他不正当利益"；第三十七条规定，"医师在执业活动中，违反本法规定，有下列行为之一的，由县级以上人民政府卫生行政部门给予警告或者责令暂停六个月以上一年以下执业活动；情节严重的，吊销其执业证书；构成犯罪的，依法追究刑事责任：……（十）利用职务之便，索取、非法收受患者财物或者牟取其他不正当利益的"。

潜规则与制度执行机制错位使公权力代理人并没有将自己在具体某项执法行动中的潜规则行为直接与相应的惩罚措施联系起来，这使权力代理人有一种错觉，即普遍性的、总体性的惩罚规定似乎并不是针对某种具体情形下的违反公意行为，自己可以在这个不引人注目的领域继续推行潜规则。加上对"索取、非法收受患者财物"认定的模糊性，权力代理人通常会对轻微的勒索行为抱着侥幸之心，而实际上这些轻微的勒索就构成了潜规则的主要内容，违反公意的潜规则就隐藏在每个具体情势中。由于制度在实施过程中具体情形的多样性，针对每种情形下违反公意的行为出台一个惩罚性措施也是不现实的，针对所有情形下违反公意的行为出台一个总的惩罚措施具有经济上的合理性。

第三节　非正式制度的约束强度与潜规则盛行

一、非正式制度与制度实施效果

自由裁量权的存在是潜规则得以滋生的重要原因，然而，自由裁量权是公开制度的一个合理存在，而且自由裁量权本身并不意味着专横与任意，它的运用受到先例、语言、道德、规范等非正式制度的共同影响。很明显，通常认为自由灵活运用的自由裁量权在很大程度上受到规则的指导和约束，这些规则并不必然是法律明确赋予的，而是内嵌于社会和组织的非正式约束。正如霍金斯（Keith Hawkins，1992：12，80）所指出的："他们的社会化和过去接受的培训抑制了决策者对自由裁量权的行使。毕竟，决策者不是生活或工作在真空中，他们不可避免地是他们所处环境的产物，这个环境在一定程度上是一个共同的社会规范的环境。其中一些社会规范将直接运用于解决实质性问题，另一些社会规范则为待解决的问题提供了思路和方法。"自由裁量权是潜规则产生的土壤，然而土壤上并不必然生长潜规则，有的人在自由裁量权范围内仍然能够秉持公意，为集体的利益、为最大多数人的福利而努力；有的人在自由裁量权范围内扭曲了规则精神，做出有利于自身而损害大众利益的行为。自由裁量权像一块沃土，沃土之上是开出正义之花还是结出潜规则之果，既取决于正式制度的实施机制，也取决于文化传统、意识形态、社会规范、主流道德价值观等非正式制度对人们行为约束的强度。正如唐莹莹和陈星（2005）指出的那样："潜伏在法律规则体系之下的潜规则，不仅是官场局内人士的心理默契，更重要的是它自古至今就是代代相传的中国人在进行利益算计与索求时带有取向性的官场内外的约定的行为选择。它运行于中国传统的由血缘、地缘、学缘、业缘构成的人情网络之中，成为以利益调节与分配为核心的特殊交往方式，最终成为权力腐败和规则、制度消解失灵的重要文化诱因。"

如果用 Q 表示正式制度的效果，则在既定的良好正式规则水平 f、既定的实施机制 b 中，能否达到理想的效果 Q 就取决于非正式制度 φ，即 Q = Q(f，φ，b)，同时 $\frac{\partial Q}{\partial \Phi} \geq 0$，即正式制度效果是非正式制度水平的增函数。也就是说非正式制度水平越高，正式制度效果越好。

对正式制度的遵守以及对正式制度赖以建立的精神的维护都严重依赖非正式制度的建设。非正式制度依靠人们内心自发的认同而得到实施，尽管不存在外部的强制推动，但其在规范社会成员之间的互动上起着重要的作用，人们的大部分日常行为依靠非正式制度去规范，正式制度的设计也只有建立在非正式制度的基础上才会得到尊重和有效实施。正如诺思（2008：51）所言："在当代西方世界，我们认为：是正式的法律与产权为生活和经济提供了秩序。然而正式规则，即便是在那些最发达的经济中，也只是形塑选择的约束的很小一部分（尽管非常重要）。只要略加思索，我们就会发现非正式约束的普遍存在。在我们与他人的日常互动中，不论是家庭内部，还是在外部的社会交往中，还是在事业活动中，支配结构的绝大部分是由行事准则（codes of conduct）、行为规范（norms of behavior）以及惯例（conventions）来界定的。正式规则虽然是非正式约束的基础，但在日常互动中，它们却极少是形成选择的明确而直接的来源。"

非正式制度的约束是构成人们自发服从正式制度的必不可少的因素，现代政府所建立起的结构复杂的规则体系要得到有效执行，其赖以建立的精神就必须得到民众普遍认同。正如韦伯所说，满足于将其政体建立在单一的强权暴力基础上的统治者，即便有也是很少见的；所有的统治者，都试图在民众中培育一种其统治是合法的信念（斯科特，2010：61）。如果没有形成自发性的服从，政府靠强制在任何时候最多只能执行全部法律规范的3%～7%（柯武刚和史漫飞，2000：167）。非正式制度的有效运行不但可以纠正正式制度的设计缺陷，而且能够弥补正式制度遗留下的空白。如果非正式制度得到坚定而一贯的公认，且必要时得到坚决的卫护，它们就构成了该社会的制度支柱，并由此提高了社会有序的可能性。

二、非正式制度约束强度与潜规则盛行

非正式制度的强度是指非正式制度与正式制度的协调性和获得公认与卫护的程度。非正式制度和正式制度都是社会规范体系的重要组成部分，它们在社会治理中共同发挥着作用。非正式制度与正式制度的协调性是指两者之间在规则、价值观和行为准则等方面的相互补充、相互促进和一致性。协调性的要求源于二者在社会治理中的互动性。一方面，正式制度的制定和实施需要考虑到非正式制度的影响，以避免制度之间的冲突和矛盾；另一方面，非正式制度也需要与正式制度相协调，以更好地发挥其规范和约束作用。如果非正式制度和正式制度之间存在不协调或冲突，就会导致社会混乱、矛盾和不稳定。这种协调性对于社会的发展和稳定至关重要，一个协调一致的制度体系能够减少社会摩擦和冲突，有助于促进社会合作和互信，提高社会治理的效率和效果，更好地促进社会的发展和进步。

非正式制度是否得到公众普遍的认同和遵守是衡量其强弱的重要标准。非正式制度的存在和实施依赖于社会舆论、文化传统和道德观念等的支撑，因此，其被公众接受和遵守的程度越高，其影响力就越大，实施效果也越好。在许多情况下，非正式制度在社会中得到广泛的认同和遵守，因为它们反映了人们在长期社会交往中形成的共同价值观和行为准则，是人们在长期交往中自发演化的稳定均衡。例如，诚实守信、尊重他人、勤劳节俭等基本的道德观念是普遍存在的，这些非正式制度对于维护社会秩序、促进社会合

作起着重要的作用。然而，非正式制度并不是在所有情况下都能得到广泛的认同和遵守。非正式制度是随着社会的发展而演变的，技术的革新、制度的变迁、观念的变化都会引起非正式制度的变化。特别是现代社会，人们利益多元化，信息来源多样化，每人都在特定的社会环境中成长起来并形成特定的利益偏好，他们所接受的教育和信息都会影响着各自的认知，进而对某些非正式制度形成不同的认识。因此，由于文化差异、利益冲突、教育水平等因素的影响，一些非正式制度可能难以得到普遍认同和遵守。比如春节走亲戚、回娘家，是亲戚间联络感情、互相慰问的一种亲情交流，是中国人祖祖辈辈传承下来的习俗。但是，今天相当多的年轻人对这一习俗并不看重甚至相当抵触，他们热衷于与自己的同龄人三五成群地扎堆聚会，或者只想待在家里玩游戏、刷短视频。技术改变了人们的生活方式，也使习俗等非正式制度缓慢地发生迁移。为了加强非正式制度稳定社会秩序的作用，需要提高其被公众普遍认同和遵守的程度。这可以通过宣传教育、文化交流、立法等方式来实现。

非正式制度在弥补正式制度漏洞方面具有重要作用。正式制度通常只提供基本的规则和框架，但无法面面俱到地规范和约束所有的行为与情况。非正式制度则可以填补这些漏洞，为人们的行为提供额外的规范和指导。自由裁量权内的行为也并不是任意的，而是受到非正式制度的约束，非正式制度要求自由裁量权应该以有利于实现公共利益的方式实施。非正式制度还可以通过提供额外的激励机制和约束机制来弥补正式制度的漏洞。一些非正式的道德准则和行为规范可以促使人们自觉遵守正式制度，减少违法违规行为的发生。同时，非正式制度也可以提供社会舆论和信任机制等额外的约束机制，促使人们自觉遵守行为准则，维护社会秩序。在一个强有力的非正式制度下，即使正式制度的"漏洞"再大，实施机制再不完善，人们也不会以权谋私、投机取巧和徇私枉法。在这一情况下所有人都没有投机思想，都能严格自律和言而有信，所有的交往或契约问题仅"被缩小为一个仅仅是承诺，即言而有信的问题"（威廉姆森，2002：50）。相反，一个脆弱的非正式制度意味着一个信仰缺失、道德底线崩溃的社会，人与人之间严重不信任，投机现象盛行，个体为实现自身利益全然不顾及他人的利益，维系社会秩序的职责完全依赖正式制度。然而世界上从来没有什么完美的制度，任何制度的边缘地带，都会漏洞频出，成为投机取巧者的突破口，在没有有效的非正式制度防护的情况下，正式制度就会形同虚设。

非正式制度对正式制度进行巩固和填补的案例古今中外不胜枚举，我们仅举明朝清官海瑞判案一例。明朝初年所推行的农村政策及一整套措施，其最显著的后果是，在全国的广大农村中遏制了法制的成长发育，而以抽象的道德取代了法律。上自官僚下至村民，其判断是非的标准是"善"和"恶"，而不是"合法"或"非法"（黄仁宇，2007：135）。尽管在官场上滋生了大量的潜规则，但也有少部分人能恪守传统道德价值观，海瑞就是在这种非法治的社会下按照善、恶的道德标准处理诉讼案件（黄仁宇，2007：125）：

凡讼之可疑者，与其屈其兄，宁屈其弟；与其屈叔伯，宁屈其侄；与其屈贫民，宁屈富民；与其屈愚直，宁屈刁顽。事在争产业，与其屈小民，宁屈乡宦，以救弊也。事在争言貌，与其屈乡宦，宁屈小民，以存体也。

在法制缺失的情况下，作为制度代理人的海瑞奉行主流道德价值观的信条，并以此作为判案标准。这些道德价值观和信条填补了基层政权在司法制度上不健全的缺陷，其所奉行的标准及行为经得起当时社会公众的拷问。

一个完全没有正式制度的社会在现代是极少见的，即使这样的社会存在，规范人们交往的要么是丛林法则，要么是淳朴敦厚的传统乡村社会所赖以维系的为人们口口相传的惯例和习俗。在丛林法则的社会中没有规则，更无所谓潜规则，人们不知道什么是虚荣、尊敬、重视和轻视，他们不知道什么是"你的"，什么是"我的"，也不知道正义为何物，他们认为暴力只不过造成了一些容易复原的伤害，强盗与抢劫都是光明正大的；在传统的习俗社会中，人们遵守的是在长期博弈中演化出来的稳定均衡策略。这些稳定均衡策略是在现有的认知水平和理性下群体能实现整体的和长远利益的最佳策略。惯例和习俗内嵌在人们的内心深处，对它的遵守形成道德的一部分，约束着群体中的大部分人。正如青木昌彦（2001：81）所言："如果产权规则来自习俗并与之相一致，那它们将在人们心目中产生相应的道德判断。只要违反了规则，不管是习俗的还是成文的，都会在人们心目中自动产生消极的道德情感，如内疚感、羞耻感或焦虑感。"但是，群体中所有的个体对整体和长远利益概念的认识可能并不完全一致，一个群体中总有那么极少数个体罔顾群体利益甚至置自身长远利益于不顾，特别是当外界环境发生变化时，一些新的机会被创造并被某些人捕捉到，在利益与传统道德面前，个体可能会抛开传统的道德而追求利益。然而，除非社会主流道德价值观发生变化，否则其行为一旦被发现，将受到社会其他成员的谴责。行为人为了逃避谴责，只好隐藏自己的行为。当那些违反主流道德的行为构成交易双方的约束时便构成了潜规则。在这种完全依靠道德和惯例运行的社会，交易双方违反道德追求经济利益，制造潜规则，归根到底是道德约束的软化，无法抗衡交往行为中的机会主义。

第七章

潜规则盛行的权力和文化根源

第一节　权力—制度非均衡与潜规则

一、制度的根源—权力

制度（主要是指正式制度）作为一种游戏规则是现代经济社会的重要特征。制度是关于人们可以做什么、不可以做什么的规定，即确定了社会关系中人的权利和义务。现代社会人们很容易发现，自己所获得的权利和所应承担的义务来自国家或政府所颁布的法律、规章和文件，这些法律规章确定的经济主体的权利和义务常常是社会科学（尤其是经济学）分析的逻辑起点。然而，这些正式的法律文件又是如何产生的？或者，这些权利和义务为什么是这样分配而不是哪样分配？更进一步，这些已经被正式制度所确立下来的权利和义务是否能够理所当然地得到贯彻执行？这些问题在主流经济学中极少涉及。对这些问题的解答，实际上也是解释以下两个关键的现实问题的过程：第一，为什么在一些国家中运行良好的制度和政策在另一些国家却乏善可陈（如秘鲁的索托在《资本的秘密》中所谈论的资本主义钟罩问题）；第二，为什么不同的政策和制度在解决不同社会背景下相似问题时同等有效（如中国和西方国家不同的政治制度都促进了经济增长）。要解释这些问题，我们必须借助于新政治经济学关于政治权力与经济关系的观点。

自然状态是权利和秩序的逻辑起源。洛克的《政府论》、布坎南的《自由的界限》以及诺齐克的《无政府、国家与乌托邦》等都展现了自然状态是财产权利、秩序的逻辑起源这一思想。自然状态下，人们不知道什么是虚荣、尊敬、重视和轻视，他们不知道什么是"你的"，什么是"我的"，也不知道正义为何物，暴力与欺诈是两种主要的美德，肉体和心智的力量是唯一的正义。一个人得到一件东西，在他能保住的时期内就是他的。"这样来说，每一个人在这种情况下对每一种事物都具有权利，甚至对彼此的身体也是这样。所以，在每一个人对每一事物具有自然权利的情况继续存在时，无论这个人如何强悍或聪明，都不可能获得保障，完全活完通常大自然允许人们生活的时间。因此，下面的话就成了理性的戒条或者是一般法则：每个人只要有获得和平的希望，就应当力求和平；在无法得到和平时，他可以寻求并利用战争的一切有利条件和助力求得和平。"（霍布斯，2011：75 - 76）霍布斯的这条法则包含着一个基本自然律——寻求和平、信守和平。但是，寻求和平的方式是要采取霍布斯所主张的将权力集中于一个强大的"利维坦"并由之分配权利与义务的方式，还是像布坎南所主张的那样，通过分散的方式在人与人之间签订协议确立权利和义务的方式？从国家的形成来看，国家并不能自动地一步到位地产生，而更像是分散的个人契约不断扩大的结果。

人与人从冲突走向协议的过程既是权力的原因，又是权力的结果。走向协议中的人们在潜在暴力方面并不是完全平等的，一些人拥有强健的体魄和智力，另一些人则孱弱和迟钝。前者在自然状态的反复冲突中总是居于支配地位，后者常常被强者打败和剥夺。这种弱肉强食的自然状态构成了原初的自然均衡。自然均衡中基于暴力基础上的权利和义务构成原初分配，"原初分配产生于交互中人与人之间实力的碰撞，是'自然分配'"（布坎南，2012：5）。谈判与协议的目的就是要以稳定的方式将这种自然均衡确定下来，避免反复的争夺，从而免除了双方在防卫上的投资并将节省下来的投资应用于扩大生产、增进双方共同的福利。立宪的本质就是将原初的自然分配通过正式协议的方式予以确认，这些协议从现代社会的视角去审视可能是不平等的，"人们是以他们在某种自然状态下的本来面目进场协商，这也就意味着他们之间可能有显著的差异"（布坎南，2012：36）。奴隶制时代，一部分人成为奴隶主，另一部分人沦为奴隶，这是通过暴力战争的方式逐步形成的，如古希腊斯巴达人征服了希洛人，后者被迫沦为斯巴达人的奴隶，确立起了斯巴达的奴隶制度——希洛制度。立宪后确立下来的社会秩序尽管存在着严重的不平等，但却是一种稳定的均衡——制度结构与权力分布相一致的均衡。

从走出无政府状态的第一步跨越中产生的权利的具体分配，与在此之前自然状态下的诸多个人对财货的相对控制力以及相对的行为自由有直接的联系。契约、产权、法律的确立继承了这种自然状态下的秩序，国家通过强制执行协定了的权利和自愿协商而达成的契约，免除了人与人之间在相互防卫上的投资，表面上的和平实际上掩盖着自然状态下的不平等。现代社会本身就是一个权力系统，这个系统由众多的利益共同体组成，每一个利益共同体都在为生存去竞争有限的社会资源。每个共同体拥有大小不等的权力，权力表现为暴力的拥有量、对资源的控制能力、对决策的主导能力、对他人的支配能力。随着社会的演化，现代社会建立起了一套井然有序的制度系统，这些制度凝聚了更多的道德考量，国家不再仅仅承担保护契约的职能，还履行生产正义的职能。国家为社会成员提供普遍平等的权利，对弱者进行扶持，对病残者进行关爱，但是制度归根到底仍然是权力角逐的结果，它们是各种行动者为了实现他们的目的而进行的政治努力的产物。一个社会有怎样的权力结构就会有怎样的制度结构，即"制度化的成功与作为结果的制度所呈现的形式，取决于各种支持、反对或试图极力影响它的行动者的相对权力"（斯科特，2010：104）。在奴隶社会，奴隶主对奴隶的合法性剥夺建立在战争与暴力的基础上，封建社会地主对佃农的剥削制度有暴力与财力的支撑，资本主义社会资本家对工人的压榨根源于双方不对等的权力分布。历史长河中这种截然分明的阶级社会就是一部权力群体的压迫和弱者反抗的血与泪的历史。

权力的分布是制度性质和形态的根源。制度一旦确立下来便成为权势组织和个人获取利益的"正当"手段。那些与权势组织或个人的权力不相称的制度，或者当权势组织或个人无法通过法律文件获得与其权力相称的利益时，正式制度就可能被权势组织或个人扭曲和破坏，但其所花的代价要大一些。权力组织或个人通过合法的途径获得利益比通过非法的途径获得利益要更具合理性，这些组织和个人遇到的障碍也更少。因此，权力组织和个人都力求用自己的权力去影响制度的设计，力图将自己的意图光明正大地体现在正式制度体系上。

二、"权力—制度"非均衡及其后果

（一）法理权力和事实权力

权力表现为一种影响能力，或者一种转嫁成本的能力。权力包括政治权力、经济权力、社会权力等。政治权力是指掌握政治资源的权力，国家元首、政府官员等是政治权力的持有人；经济权力是指掌握经济资源的权力，企业家、金融家等掌握着巨大的经济权力；社会权力是指掌握社会资源的权力，知名人士、社会活动家等拥有比普通人大得多的社会权力。这些权力并不是彼此独立的，而是相互影响的。比如，拥有经济权力的人很容易通过经济资源获得政治资源，而拥有政治权力的人往往能够通过政治途径实现自己的经济目的进而扩展自己的经济权力。在这些权力中，只有政治权力有暴力支持，暴力是一切权力的核心。

政治权力既可以是法理上的权力，也可以在事实上的权力。法理上的政治权力是指由社会政治制度所赋予的权力。法理上的政治制度决定了政治领域行动者的制约和激励因素，它常常是正式的，但它并不是一个组织实际拥有的权力。事实上的政治权力不是仅仅取决于经济能力，或者取决于它们是否包括"社会精英",还取决于他们的组织能力、领导能力和调动能力,以及他们通过正式或非正式的网络识别和奖励合适的人的技能(Khan,2017)。阿西莫格鲁和罗宾逊(Acemoglu and Robinson,2008)认为,事实上的政治权力大小取决于一些团体解决集体行动问题的能力以及该集团可用的经济资源的能力。在阿西莫格鲁和罗宾逊的框架中,法理上的政治权力取决于法理上的政治制度,而事实上的政治权力取决于集体行动能力以及在此基础上形成的资源的初始分配,法理上的政治权力和事实上的政治权力共同决定了一个国家的经济制度和下一期的政治制度;经济制度和事实上的权力结构关系决定了经济绩效和下期集体行动能力和资源配置(见图7-1)。

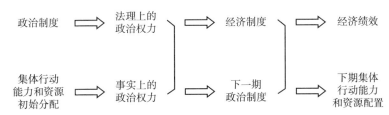

图7-1 阿西莫格鲁和罗宾逊关于政治经济制度的演变

事实权力在权力结构和制度安排中是一个重要的变量。在现存的正式制度下,当拥有事实权力的组织团体或个人可能无法通过正式制度获得与他们权力相称的利益时,这些权力组织就可能会利用非法的手段将自己的意图强加于社会并试图改变社会正式规则(如抗议、武装反抗等),进而影响着社会正式规则的实际执行效果。拥有强大控制力的组织或个人因为可以部署更多资源来影响政府或其他组织,或者给竞争对手制造更高的成本,在面对外界的压力时,它们可以承受更多痛苦,直到其他人放弃。所以强大的组织能够在竞赛中超越竞争对手,可以存续很长的时间,而其他组织更有可能退出或妥协。

(二)权力均衡

权力分布具有相对稳定性,因为权力组织和个人会通过法律文件等正式制度的方式巩固自己的权力。但是，制度和权力分布和均衡常常是脆弱的，在知识经济时代，技术革新不断，社会环境瞬息万变，市场形势也是变幻莫测，组织的和个人对资源的控制力以及市场交易中的谈判地位也随之变动，甚至一个偶然的机会也可能会改变社会组织的权力格局。许多具体的因素可能导致这种权力变动。例如，可能出现新的经济精英挑战经济制度中现有的权力，民众需求的变化也可能促进新的力量阶层的诞生，被排除在目前政治机构之外的公民也有可能起来反抗争夺权力。在这些变迁中，一些原来强大的组织或个人可能会衰落，而一些弱小的组织或个人则会崛起。权力的此消彼长，从长期来看必然伴随着制度的变迁，面对新势力的崛起，精英阶层可能会被迫以更大程度的政治多元化来回应。但是，制度作为一种固定下来的法律文件具有相对稳定性，并不能与权力同步变迁，这造成了权力与制度的脱节，政治安排的非均衡格局就出现了。

政治均衡是指一组与事实权力分布相符的政治和经济制度。政治均衡决定了社会的制度安排和经济制度的运作方式。由于政治权力的分配决定了经济和政治制度的演变，掌握政权的政治精英永远有动力维持赋予他们政治权力的政治制度和他们赖以获得资源的经济制度。同时，资源的初始分配使精英们能够维护和进一步提高其事实上的政治权力，并以此推动有利于其利益的经济和政治体制，再现政治权力的差异（Acemoglu，Johnson and Robinson，2005）。因此，政治均衡并非各个组织团体之间权力的均衡，也不是指政治制度和经济制度的公平正义，而是制度与权力分布相一致的状况。政治非均衡意味着正式制度已经无法反映现有的权力格局，那些正式制度甚至成为这些新兴权力精英追求自身利益的障碍。他们急于移除或修订这些"不平等"的制度以体现他们的利益，但是这些制度常常在名义上代表公意，因此不能公开地推翻，或者由于变迁时滞而仍暂时保留。但是，制度和政策虽然没有被阻止或推翻，其实施和效力已经受到强大组织活动的严重影响。事实证明这一点非常重要，特别是在发展中国家。在发达国家，受到特定制度和政策不利影响的强大组织可能会施加压力使政府重新审视并修订这些规则。然而，在发展中国家，权力组织的回应可能包括对制度的扭曲和腐败，这些扭曲和腐败是通过非正式地修改制度和政策的实施来实现的。任何社会，正式制度要得到有效实施，就必须响应或反映社会组织的权力格局，经济社会的改革也只有在正视权力格局的情况下才能有效推行。阿西莫格鲁和罗宾逊（Acemoglu and Robinson，2008）指出，一些发展中国家实行的改革最终以失败告终，改革失败不是因为改革的性质，而是因为如果要改革取得成功，政治均衡将不得不改变。如果它们没有触及潜在的政治平衡，制定或实施具体的制度改革可能对经济制度或绩效的总体结构影响不大。

（三）权力群体作用的路径

权力组织争夺与自身权力相称的利益的途径有两个：一是正式制度；二是非正式制度。这两种途径在发达的资本主义国家和发展中国家各有侧重。发达的资本主义国家大都存在大量分散的、有效率的经济组织，强大组织的利益来源呈现多样化特征，对利益的获取常常是通过公开的和普遍性的正式制度来实现，因此，它们对保护产权和法治建设有强烈的需求。当它们自身实力发生改变时，这些强大的发达国家的社会组织通常也是通过修改、变革正式制度来使之符合自身权力的相对地位。正式制度在实施过程中也会发生偏差，但这并不是普遍现象，正式制度在实施方面存在困难更多的是由于治理机构自身的问题造成的，通过强化实施机制就可以纠正。与发达资本主义国家不同，大部分发展中国家经济组织不发达，权力群体利益来源单一，为了争夺和控制这些经济来源，权力群体展开竞争。那些强大的权力群体常常是经济效率较差但与政治权力建立起了强大的庇护关系的群体。借助于权力的庇护，他们在政治、经济上获得大量利益，产权保护和法治的推进反而对他们构成威胁，因此，发展中国家那些强大的社会组织常常撇开正式制度去行动，有时甚至是公开地扭曲正式制度的变革。这通常是发展中国家权力组织运作的唯一方式，因为发展中国家的正式规则的制定总要考虑公平正义，至少看起来都支持在经济效率方面优胜劣汰，强大的社会组织很难通过正式的规则将资源引导到其组织内，非正式制度或某些潜规则成为其赖以生存和壮大的重要依托。强大的组织对正式制度的扭曲是伴随着社会大范围的执法疲软出现的，社会中有权力的个人也常常会绕开法律法规，通过政治关系、金钱关系、亲情关系等非正式网络达到其个人目的。

社会权力分布结构是制度形成和变化的关键因素但不是唯一的因素。正式制度不是设计出来的，就是在演化进程中被典章化的。制度的形成和特定变化是政府代理人和其他组织行动的直接结果，这些政府代理人和组织代表特定的选民，他们的决策会受其自身意识形态、社会压力和偶然因素的影响。在民主需求和内外压力下，制度总是透明的，因此，至少看起来符合公共利益的。其结果是被设计出来的制度和政策并不总与社会组织权力结构分布相一致。但是这些制度常常在名义上代表公意，因此不能公开地推翻，其结果是表面上遵守正式制度，却在实施上想方设法扭曲和破坏制度。这种结果与缪尔达尔"软政权"的概念不谋而合（缪尔达尔，1991：191，196）。即，发展中国家中的制度、法律、规范、指令、条例等都是一种软约束，都可以讨价还价，即可以执行也可以不执行；有好处时可以执行，没有好处时可以不执行；有"关系"时可以执行，没有"关系"时可以不执行。在缪尔达尔看来，软政权的主要原因是权力集中在上等阶层手中，他们迫于社会的压力提供了法理上平等的法律和政策措施，但是当法律和政策在实施过程中损害他们利益时又阻挠法律和政策的实施。

（四）权力非均衡与潜规则

当政治非均衡出现时，在普遍的法治尚未确立的国家，强大的组织往往通过扭曲正式制度和政策的实施来获取租金。这往往是这些组织运作的唯一方式，因为通常不可能制定正式规则为强大的组织提供有针对性的福利。正式规则必须透明，并且至少看起来符合公共利益。因此，强大的组织很难通过正式的规则将资源引导到其组织内。以银行贷款为例，发达国家的强大公司常常通过游说的方式改变规则，让他们以优惠的条件获得信贷，以资助他们的投资。而在发展中国家或者法治尚未普遍确立的社会，生产能力较低但具有强大非正式网络的强大组织或个人更倾向于扭曲正式规则以获得他们本来没有正式权利获得的贷款，于是可以看到金融领域中存在着大量的灰色交易现象。当然在发达国家也存在这种违法现象，但总体来看并不普遍。这可以解释在一些发展中国家中为什么正式制度的条文与实践之间存在着重大偏差，为什么一些正式制度难以实施以及在实施中被扭曲变形，以及为什么存在那么多公然违反规则的腐败行为。

强大的群体对制度变革的抵制形式包括抗议、在实施上阳奉阴违、退出投资、罢工甚至直接的暴力冲突。权力群体的抵制活动会导致两种结果：一是制度和政策的部分实施；二是政治冲突。制度的部分实施可能会使权力组织面临一定程度的利益损失，但也可能使权力组织从制度中获得部分利益。制度的部分实施很好地解释了为什么相同的制度在不同的社会中会产生完全不同的结果这一问题。汗（Khan, 2010）认为，产权、产业政策等这些正式制度的实施程度不仅可以直观检视各国的政治秩序，而且可以解释各国发展经验的重大差异。政治冲突是执政联盟与其他各政治派系之间直接、公开的对抗，这种对抗构成了社会转型成本。转型成本是在制度变革过程中冲突各方通过罢工、示威、暴力等"政治"行为造成的费用。权力群体的抵制行为所产生的这两种结果，即制度的部分实施和政治冲突，是发展中国家比较普遍的和长期的社会特征。在这些国家，很多理论上高效的正式制度总是得不到推行，制度变革总是伴随着抵制。制度颁布后，权力组织的抵制行动可能会一直持续下去，直到该制度被撤销，或者直到权力结构发生变化使其与制度确立的利益相一致，但这个过程是漫长的，在这个过程中，政治秩序陷入一种不是制度名实分立就是冲突频仍的混乱状态。权力群体的抵制行为所产生的这两种结果，是发展中国家比较普遍的和长期的社会特征。

潜规则是法律法规名实分离的表现，是围绕着权力而展开的交易现象。中国的现代化进程已经走了几十年。中国的政治制度与西方的党争民主制不同，中国共产党的组织利益与社会福利基本上是一致的，正是共容性的特点，中国共产党能够为经济社会的发展而努力，使经济增长和法治建设具备内生的激励机制。正是在中国共产党领导下，中国的民主法治建设取得了很大的进步，法律法规反映了广大民众的呼声，正式制度体现了更多的公平和正义。但是，中国共产党的执政施政也是通过科层制的委托代理结构实现的。在这个科层制的结构中，制度代理人更多的是受到自上而下的约束与监督，媒体、民众等自下而上的约束和监督的力量仍处于发育中。在这种条件下，各个制度代理人既拥有自己的利益又拥有较大的权力，他们有足够的能力影响制度实施过程，也有较强的动机通过扭曲制度的实施来获取个人利益。

我国的市场化改革已经取得了巨大的进步，价格机制逐渐成为资源配置的决定性因素。但是，市场化改革是一个漫长的过程，不可能一步到位。尽管取消了计划经济时代对经济资源和价格的大部分管控，但是政府仍然掌控着相当一部分资源（政府投资、国有企业、财力、采购、准入制度等），获得这些资源将对企业的发展和个人的利益产生重要的影响。在官员缺乏自下而上的监督和法治尚不健全的社会条件下，相对于普通人，政府官员的权力过大是不争的事实。上位制度的代理人处于权力结构的顶端，下位制度代理人处于权力结构的底层，大多数的人处于权力的边缘地带。同时，权力行使者的身份具有双重性：一方面是公共利益的代表；另一方面其又有个人利益的诉求。制度在实施过程中，权力代理人本身就是资源交易的重要参与人，也是强势的交易方，其有能力通过扭曲制度的实施来增进自身的利益。权力行使者利用权力对个人利益最大化的过分追求就会逐渐消解正式规则的边界（于光君，2006）。

潜规则，无论是侵略型的潜规则还是防御型的潜规则，都给制度代理人带来了利益。交易中利益的分配与其权力的分布是一致的。在防御型潜规则中，权力代理人主动地向资源购买方索要补偿，体现的是其在制度执行中的强势地位；在侵略型潜规则中，资源买方欲以低于公意价格的价格获得被控制的资源而向制度代理人支付补偿，这是经济权力扭曲制度的表现。法律法规等正式制度，在实施中被有财力、控制力、影响力、组织力等的组织和个人扭曲，造成了社会制度在执行上的偏差，这是法治社会必须正视和解决的问题。解决制度与权力非均衡的思路，并不是要修改和调整正式制度以满足权力组织和个人的利益，这样会引发社会更广泛的公平正义问题，而是要通过引入与之抗衡的力量来压缩、约束这些强势组织和个人的权力，通过增加公众、媒体等自下而上的力量来达到约束强势组织和个人的目的。

三、中国社会的权力逻辑

（一）中国传统社会对权力的崇拜

正因为权力能使人关注、惦记、尊敬、畏惧、服从，所以才成为人们争夺的对象。由于政治权力以暴力为后盾，是权力的主要构成，所以获取政治权力就成为普通人的终极目标。人类几千年的文明史，从本质上讲，就是一部争权夺利的历史。争夺权力有的靠近金钱，有的靠暴力（政治权力），如果说西方资本主义社会是金钱万能，那么中国传统社会则是权力万能。中国传统社会的特点是"行政权力支配社会"，政治地位高于一切，政治权力高于一切，政治力量可以向一切社会生活领域扩张。古代中国史就是王朝如何不断更替，帝王将相怎样安邦治国、争权夺利的历史，具有浓厚的"宫廷政治学"的色彩。即便是近现代历史，也基本上是围绕着夺取和巩固国家权力而展开的。这就犹如近人梁启超指出的，中国古史往往是"昔人谓《左传》为'相斫书'，岂惟《左传》，若二十四史，真可谓地球上空前绝后之一的'相斫书'也"（《梁启超文选·中国之旧史学》）。旅美学者方绍伟（2016：11）指出，史学家对中国历史的记述，不管是编年史、断代史还是通史，往往都是以帝王将相为中心。这种情况不是偶然，这不是因为要忽视其他人物的历史作用，而是因为帝王将相离政权最近，政权对社会的综合影响又比其他任何力量的综合影响更加深远。民间对历史的影响主要体现在智慧方面，政权对历史的影响则因为它对资源的大规模垄断和运用而体现在所有方面。

中国主流传统文化也在有意无意地将获取权力当作人生的理想和终极目标。朱熹在他所著的《大学章句》中，把"格物""致知""诚意""正心""修身""齐家""治国""平天下"八项称为"大学之条目"。"治国""平天下"是人一生的终极理想和最高目标，而这个目标也只有掌握了权力才能实现。"书中自有黄金屋，书中自有颜如玉"就是以"学而优则仕"为前提的。历史告诉我们，拥有了权力确实使一个人的政治地位、经济状况、社会影响力都大增。权力可以让一个人一夜暴富，也可以让他一夜赤贫，"三年清知府，十万雪花银"的谚语也生动了描述了权力给人带来的巨大好处。

现代社会，随着人口的增加和经济发展，政治权力仍然是经济社会生活的决定性力量。在中国，中国共产党是执政党，党政军民学，东西南北中，党是领导一切的，这是中国市场经济的政治底色。执政党的初心和使命以及对企业的深度介入，使政治权力在经济社会生活中发挥统领作用。政治权力对经济社会生活的深度介入进一步助长了人们对权力的向往和追求。

(二) 作为一种生活方式的权力

在主流文化的宣传和浸染下，以及在权力带来巨大利益的客观事实的影响下，获取权力或者与权力建立联系成为普通人增进自身利益的重要途径，也成为中国人的普遍生活方式。权力在经济社会各方面发挥着一锤定音的作用，甚至法律法规在实践上也常常不得不让位于权力。虽然私有制在中国起源很早，然而中国社会并没有真正确立起"私有财产神圣不可侵犯"的概念，普天之下，莫非王土，率土之滨，莫非王臣。天下的一切，都是皇帝的，都是当官的。在古代中国，如果想经商致富，就必须与权力结合起来，寻找权力的保护。所以中国人没有不依靠政治权力而能成为巨富的。子贡、范蠡、段干木、白圭等著名的商人之所以成功，其实主要是因为他们有政治权力。胡雪岩是怎么成功的呢？一句话，官商勾结，在官场上找到了过硬的靠山。因此，他被称为"红顶商人"。权力对经济社会生活的控制和影响使得事实上不存在公域与私域的区别，一切私人领域都具有政治性质，都是政治领域。没有任何一个国家像古代中国这样在几千年的历史中，政治权力一直在社会生活中发挥着支配一切、主宰一切的巨大威力。每一个人的谋生手段、人生道路，每一个人的生活方式、物质文化和精神文化的享受等都深受政治权力的影响。

对权力的信仰和崇拜促成了权力的泛化。也就是说，权力已经越出"公共权力"或政治权力的范围，成为某种人人想操持、可操持的力量。权力不再限于政治领域和国家行政范围，而是包括了经济社会生活中的支配力和影响力，即那种能够支配人财物的力量，这种力量通常使处于权力上游的人对处于权力下游的人具有单向的绝对影响。构成这种关系的双方都可以说是处于某种权力关系之中，如政府官员之于普通百姓、教师之于学生、警察之于罪犯、导演之于演员，医生之于患者，甚至门卫之于来访者。有的权力关系是稳定的、长期的，有的权力关系是短暂的、即时的。不论是长期的权力还是短暂的权力，一旦获得就控制着有价值的资源，这些资源能够影响没有权力的人或者那些在权力下游的人。没有权力的人或者那些在权力下游的人会通过各种方法靠近权力大的人以获取后者的特殊关照。在法治不健全的地方和社会，人们获取资源不是依靠法律和规章，而是依靠权力的特殊庇护。有价值的资源在不同社会的主要来源是不同的。在法制健全的发达国家，获得资源主要基于正式制度所产生的经济收入，而发展中国家的资源分配在很大程度上依赖非生产部门与权力的关系。汗（Khan，2010）指出，发展中国家的政治具有"庇护关系"的特征，权力组织和个人往往通过与政府官员结成的恩庇—侍从关系（patron-client）网络获得权力。而且，随着时间的推移，这种恩庇—侍从关系日益稳固。曼瑟·奥尔森的《国家的兴衰——经济增长、滞胀和社会僵化》这一著作的主题就是，一个社会政治稳定的时间越长，就越可能发展起造成更低经济效率的强大特殊利益集团，这些利益集团壮大自身实力的途径就是与权力结成同盟（奥尔森，2007）。国内关于"政企合谋"的学术文献也从侧面证实了企业与地方政府官员合谋对于企业效益提升的重要性，同时也说明了这种官商联结的行为对经济和环境的危害性（聂辉华、李金波，2007；龙硕、胡军，2014；李斌、张晓冬，2018）。

对普通人而言，与权力建立关系成为获取资源的重要方式。然而，现代社会法治观念已经深入人心，只有通过正式的法律和制度获取财富才能得到社会公开的承认和支持。依靠权力的庇护获取资源必然违反了法治精神和现存法律制度，因此，"庇护关系"必然是非公开地运作，成为潜规则在公权力领域盛行的载体。

(三) 权力崇拜是文化还是制度的结果

中国社会对权力的崇拜有着久远的历史，不少人将其归入文化的范畴。从广义上理解，文化包括物质、精神的生产能力和创造的物质、精神财富的总和，当然也包括制度。但这里从狭义上去理解文化，文化是精神生产能力和精神产品，是意识形态。文化具有稳定性。制度可以一瞬间设计和推行，但文化的黏性导致人们的行为仍然保留原有的方式，导致制度可能无法施行。从这一点上看，对权力的崇拜在中国社会根深蒂固，并非短期内就能根除。它通过书籍、影视以及交口相传的故事而一代一代地传承下来影响着普通人。可以说，普通的中国人在阅读历史和观看古代题材的影视作品时，都对其中权谋和攻伐津津乐道，恨不得自己就是那个主角，而没有几个人对于古代法治的缺失深表痛惜和遗憾。权力的观念如此深入骨髓无疑已经形成文化的符号。

然而，将对权力的崇拜完全归咎于文化显然忽略了制度在其中发挥的作用。对权力的崇拜实际上是权力不受约束的结果，是法律制度缺失的产物。正是由于法治的缺失才使权力如此之大，才造成了有权力就拥有资源的客观事实。当然，文化的形成有制度的原因，文化属于主观范畴，制度属于物质范畴，客观存在决定了人们的心理特征和意识形态。但是权力的崇拜如此持久，除了文化稳定性的原因外，更多的是正式制度持久地放任权力恣意妄为。中国的古代史，在很大程度上就是一部"人治"的历史，一部法治缺失的历史。改革开放以来，我国法治建设取得了长足的进步，党和政府都十分重视法治社会的建设。党的二十大报告明确提出，到 2035 年，基本实现国家治理体系和治理能力现代化，全过程人民民主制度更加健全，基本建成法治国家、法治政府、法治社会。经过多年的努力，我国当前也建立起了较为完备的法律制度框架，但是，权力过大、监督弱化的现象还比较突出。假如权力受到法律有力的约束，公权力代理人的自由裁量权受到公众严密的监督，人们就难以通过权力去寻租、去获得不正当的利益。只要把权力关进制度的笼子里，而且笼子的钥匙掌握在社会公众手中，那么，权力崇拜的现象将会在短时间内得到消除。

第二节　文化传统与潜规则盛行

文化是一个综合的概念，广义的文化指人类在社会实践过程中所获得的物质、精神的生产能力和创造的物质、精神财富的总和，狭义的文化是指精神生产能力和精神产品，包括一切社会意识形式：自然科学、技术科学、社会意识形态，有时又专指教育、科学、艺术等方面的知识与设施。笔者在本书中是从狭义角度去分析文化传统与潜规则盛行的关系。狭义的文化不包括政治体制、组织结构和行为方式，但却对社会政治体制、组织结构和行为方式产生重要影响。正如 M. E. 斯皮罗所说："文化显然是行为的一种重要的……决定因素，但是，文化本身并不包含行为。而且，尽管文化……包括涉及社会结构、社会组织、社会行为等等的命题，但是，文化本身并不包含社会结构、社会组织和社会行为。"（斯皮罗，1999：35）因此，潜规则作为一种行为本身并不构成文化，有的文献分析潜规则文化，其含义应该是潜规则背后的文化因素。

一、主流文化与亚文化

潜规则表面上看是明规则（尤其是正式制度）的缺陷造成的，这意味着潜规则仅仅是一种制度的现象，只要调整正式规则，潜规则就会烟消云散。缪尔达尔指出："腐败作为一种这些国家的生活模式，包含了在何地、何时和怎样取得个人利益方面习俗上的差异。"（缪尔达尔，1991：206）潜规则在一个地区或一个社会的盛行，其背后必然有其文化和传统上原因。明规则的缺陷是潜规则产生的土壤，或许隐藏在我们社会背后的习以为常的行为方式等就是潜规则得以不断繁衍的季风。

前面已经指出，潜规则行为在道德上是消极的、负面的，与主流社会道德相冲突是潜规则最基本的特征，主流道德是主流文化所凝聚的价值观，因此，潜规则是与主流文化冲突的现象。笔者在这一部分将要指出，潜规则的盛行与文化传统密不可分。这里并不存在矛盾，因为潜规则赖以产生的文化传统和潜规则与之冲突的主流文化并非同一种文化。文化有主流文化和非主流文化（亚文化）之分，主流文化（又称官方文化）是一个社会、一个时代受到倡导的、被广泛接受和认同的文化观念和价值体系。亚文化指在主文化或综合文化的背景下，属于某一区域或某个集体所特有的观念和生活方式，如吐槽文化、嘻哈文化、粉丝文化、女权文化、孤独文化等。

在我国历史上，主流文化是以儒家文化为代表的政治文化和伦理文化，这种文化强调修身齐家治国平天下，并以此为目标，要求人们忠孝节义、格物致知，以求政治上治理有序、伦理上含情脉脉、行为上循规蹈矩（李彬，2020）。作为大传统文化的代表，儒家政治文化和伦理文化构成了明面的、主流的、被公开认可和接受的文化系统。然而，主流文化崇尚无为，主张绝欲。儒家为积极无为，道家为消极无为，老庄为极端无为，道家更认为一切物质文明皆为罪恶（唐庆增，2010：20）。如《庄子·天地》中说，一位抱着瓦器灌溉菜地的老农，斥责孔子学生子贡向他建议采用新的灌溉机械，其言曰："吾闻之吾师，有机械者必有机事，有机事者必有机心。机心存于胸中，则纯白不备。纯白不备，则神生不定。神生不定者，道之所不载也。吾非不知，羞而不为也。"历史上主流传统文化十分重视为政勤谨，生活"务在节俭"，反对骄、奢、淫、逸。"礼，与其奢也，宁俭"（《论语》）；静以修身，俭以养德（诸葛亮《诫子书》）。"由俭入奢易，由奢入俭难"（司马光《训俭示康》），宋明理学更主张"存天理灭人欲"。主流文化对人性和欲望的抑制直接地转化为统治者对工商二业的贬低与打压。对人性、欲望的否定可能对于追求"治国""平天下"和"天道"的士大夫或知识分子而言是合适的，但是对于普通大众来说则是不切实际的。古代社会，在大部分时候，大部分普通人都在为基本的生存而奔忙，让他们弃绝个人欲望去追求天理，显然不现实。生存成为普通人最大的目标，积累财富则是几乎所有人的现实选择和行动的指南。主流文化过于"好高骛远"或"高大上"，催生了一大批以利益为中心的具有现实主义色彩的亚文化现象。

以利益为中心的生存哲学、利益文化与"存天理灭人欲"的主流文化存在一定的冲突。不过，并不是所有的亚文化都是与主流文化相冲突的。根据与主流文化的关系，亚文化可以分为三种类型：一是包含着与主文化相通的价值与观念，即与主流文化相辅相成的亚文化，如志愿者文化、环保文化、运动文化等；二是与主流文化彼此独立的亚文化，它们拥有自己的独特的价值与观念。比如主流文化里，扫墓是在清明节，但有的地方扫墓是放在春节；三是与主流文化相冲突的亚文化，如黑社会文化、游民文化、江湖文化。这里所分析的潜规则赖以产生的文化——"人生欢乐富贵几何"的享乐观、"有钱能使鬼推磨"的金钱观等、人情关系观、实用主义等既与主流文化有紧密的关系，又在某些方面与主流文化相冲突。但是在这里，笔者不可能对潜规则背后所有的文化元素一一进行考察，而是仅仅关注人情关系与实用主义两大传统文化对潜规则盛行的影响。笔者认为，通过对这两个方面文化的分析，我们足以了解潜规则盛行背后复杂的历史因素，也足以说明文化传统巨大的历史惰性。

二、"关系社会"与潜规则

（一）"关系社会"的特征

对血缘关系的依赖是文化的重要内容。血缘关系是基于生物学的亲属关系，并通过文化、社会和宗教等多个层面得以强化。血缘关系不仅是生物学上的连接，还承载了情感、义务、权力和地位的象征。血缘关系是个别的、特殊的关系，当它向社会扩展并超越血缘纽带时就形成了"关系社会"。中国人在行为方式上表现出很强的"关系"特征，"关系社会"是指这样一种社会，在这种社会中，人们更多地依赖个人的社会关系而不是遵循权利义务原则或依靠明确的制度去达到行为的目的。

"关系社会"是传统农耕社会的定居生活模式的产物，而定居生活以儒家的宗族、宗法、纲常、礼俗为支撑。农耕社会的定居生活模式最明显的特征就是人们对土地的依赖，土地不能移动与周而复始的农业生产活动，导致人们祖祖辈辈都在同一个地方生活。人们便倾向于聚居一地，互相守望，若不是因战争和自然灾害所迫极少发生人口流动。定居生活模式的结果在社会学意义上便是熟人社会的形成。亲属和老乡成为一个人一生交往的全部对象，而礼尚往来则是连接这些关系的基本方式，以此维持着生产、生活的秩序。熟人社会十分注重"亲疏"，所谓"亲疏"就是费孝通在《乡土中国》中所指出的以血缘关系为纽带的"差序格局"。即每个人都"以己为中心，像石子一般投入水中，和别人所联系成的社会关系不像团体中的分子一般大家立在一个平面上的，而是像水的波纹一样，一圈圈推出去，愈推愈远，也愈推愈薄"，这样一来，每个人都有一个以自己为中心的圈子，同时又从属于以优于自己的人为中心的圈子（费孝通，2008：28-30）。人们交往的范围、利益的传送、利他行为等总是以血缘关系为纽带，先近后远，先亲后疏，血缘的亲疏、交情的深浅也就决定了事情的处理方式。由血缘关系建立起来的利益集体像一个大城堡，在城堡内，大家是自家人，彼此就应该相互关照，各尽所能，各取所需，互相提携，不分彼此，而城堡外属于外面的世界，对城外的世界人们采取冷漠、一致对抗的态度。林语堂在其著作《中国人》里生动地描述了中国社会的人情王国的特征："中国是一个个人主义的民族，他们心系各自的家庭而不知有社会，此种只顾效忠家族的心理实即为扩大的自私心理……一个家族，加以朋友，构成铜墙铁壁的堡垒，在其内部为最高的结合体，且彼此互助，对于外界，则取冷待的消极抵抗的态度。其结局，由于自然的发展，家族成为一座堡垒，在它的外面，一切的一切，都是合法的可掠夺物……在这个组织里，各人尽其力而取所需……大官僚掠夺国家的财产以私肥自己的家族……营利舞弊，敲诈钱财，对于公众是一种恶行，对于家族是一种美德。"（林语堂，2001：184-188）

关系的要件，是在人情交易规则、相互委托行动上互相认同——你是我的关系，我是你的关系，然后开启运作，走人情、办事情。关系的亲疏有三个档次，即"关系特铁""关系一般"和"没有关系"，这是人们通常表述关系亲疏的三个等级。根据三种关系，形成了中国人办事按关系的亲疏采取不同的行为方式的模式。关系越亲密，相互委托办事越有义务感、责任心，做事越卖力、效率越高。关系圈内大家彼此照应，荣辱与共，中国古代"一人得道，鸡犬升天""树倒猢狲散""一荣俱荣，一损俱损"等说法就是关系圈的真实写照。反之，关系越疏远，办起事情来积极性越低，越不卖力，推三阻四，效果难有保证。

（二）关系的形成和拓展

中国人只有在特定的关系网中才能找到归属感、安全感和相互依赖感，这种对关系的执着使普通人无论是在传统的乡土社会，还是远离乡土，都不自觉地将自己纳入某个关系网络中。关系网络的扩展与人口规模有着紧密的关系。随着人口的增加，人地矛盾逐渐暴发，大量游民的出现既颠覆了长期的定居生活模式，也对儒家宗族、宗法、礼俗文化构成了严重的挑战。在公元1500年前后，我国耕地接近饱和，局部人口过剩导致游民比例不断攀升，至1800年全国人口接近饱和，游民向全国蔓延，数量经常占总人口半数以上，严重动摇了以定居生活模式为基础的儒教政治秩序和意识形态。公元1800年以后的整个19世纪，儒教制度受到较大的削弱。人口频繁迁徙，生存和发展的压力要求突破家族血缘，建立开放的人际关系。结义提供了一种修正的泛家族主义方案，把外人变成兄弟，从而在不改变家族制度条件的条件下，只做小的调整，便能增进社会活力。在中国出现大量游民现象是明代以后的事情，结义也是明代以后的全民性需求。但结义仍不足以扩展家族关系，一种更广泛的虚拟家族关系在血缘关系的基础上逐步形成。以血缘为纽带的家族将人们维系在一起，当人们参加家族之外的其他社会活动时，便自觉或不自觉地将家族的这种关系模式和处事方式带入家族以外的其他组织或团体中，形成了所谓的"泛家族主义"（金爱慧、赵连章，2010）。所谓泛家族主义，就是非血缘性的家族主义，不讲血缘，只讲家族制度，凡事用家族比照或外推（于阳，2016：35）。这就意味着即使没有血缘关系维系，只要有其他的情感纽带，依然可以形成彼此之间不分你我、互相关照的亲密和信任关系。

父子关系是一个元规则，一切社会关系均以父子关系类推而来，这样天下就变成一个等级森严的大家庭。皇帝称"天子"，地方官称"父母官"，长辈朋友称"叔叔阿姨"，邻居称"大伯、二婶"，师生间"一日为师，终身为父"……天下没有外人，人人一家。这是经典儒学的泛家族主义结构。到明中叶，移民和流动人口增多，虚拟家族观念大有用武之地。不用改变制度，只要改变角色概念，把非血缘对象当作血缘角色，制度便能维持不变。随着移民社会扩大，文化重心就从家族主义过渡到泛家族主义。出于家族胜于家族的关系文化应运而生，适时地扩展了国人交往的范围，大幅度增进了社会交换。换言之，国人不依靠西方式的契约和法律，而依靠旧式人际关系的反复传递，作为一种权宜之计，以达到个人扩展交往的目的。

然而，关系是有限度的。关系在自然的传递下是逐步递减的，即纯粹基于人情关怀，关系越传越弱，辗转多次后跟没委托一样，几乎办不成事。不可能转托一百人后还能办事。无论如何长袖善舞，都需承认关系是有限的，长袖之长，终有鞭长莫及之时。没有金钱的传递，称为自然传递。怎样才能不让关系在自然传递中衰减？一是通过努力或引荐，变间接关系为直接关系。二是利益驱动。通常是送礼物、红包。假设委托不够亲近的人办事，担心其动力不够，那就需要送礼，送礼在一定程度上抵消了关系转托的衰减。送礼的分量既看要办事情的难度，也看事情对自己的价值。送礼请托成为社会中比较普遍的现象。

（三）"关系社会"与现代法治制度的冲突

本来说，以血缘关系、地缘关系和熟悉关系为纽带而存在的群体，在社会生活中有其整合社会、维系人际间感情、保持社会稳定与协调的积极意义。一个否定血缘关系、地缘关系和熟悉关系的社会，亦即六亲不认的社会，才是真正可怕的消极社会。然而熟人社会的关系原则应有其合理的边界，当人们从狭小的乡土社会走向现代化的陌生人社会时，当处理的事务由日常生活领域转向专业化领域时，它应当让位于权利义务的团体原则。正如中国人民大学社会学理论与方法研究中心教授刘少杰（2006）所言，"熟人社会中的血缘关系、地缘关系和熟人关系的存在是合理的，它起源于未分化的农业社会，持续于不可分化的日常生活世界，但是在专业化领域或组织化领域中应当受到限制，否则以分化为前提的专业活动和组织效率将受到非专业和非组织的亲情制度的冲击，专业目标和组织效率都难以实现"。"熟人社会的消极性不在于它的存在，而在于它同那些专业化领域和组织化领域之间的界限不清，在于它的亲情原则越出日常生活领域去冲击和抵消专业化领域和组织化领域的原则或制度。"随着人们的社会经济活动范围由狭小的家庭、社区逐步扩大到组织、地区、国家乃至全球，人们之间经济活动的交换范围相应地由熟人为主的模式演进为以非熟人为主的模式，"关系社会"中盛行的以关系为特征的特殊主义必然被陌生人社会专业领域中以权利义务为特征的普遍主义所取代。在普遍主义文化环境中，一个专业化组织在组建过程中引入的非正式关系较少，对建立正式关系、制度和规则的需要更强。因此，陌生人社会在运行过程中也较少地依赖非正式关系，较多地依赖正式关系、正式制度或明规则。我们普通人也不难发现，越是小城市，关系越重要，没有关系很难办成事，找关系办事也成为人们的共识。而在大城市，关系并不那么重要，对大部分人来说，在这个周围都是陌生人的环境里，谁也不会拥有比别人更强的关系，人们更倾向于用正式法律制度去处理关系。

"关系社会"与现代法治制度之间的矛盾日趋尖锐。关系社会里，亲密即是动力，甚至是压力——人情的压力，情面的压力（于阳，2016：96 - 97）。如果圈内有人升官或发财了，却不照应圈内的其他人，就被认为是六亲不认，会被贴上不通达人情世故的标签，进而会被圈内的人集体排斥，最终结果可能是得不偿失。对待关系圈外的人，则采取排斥、冷漠的态度，能给予的便利也不愿意给予。"关系"在专业领域倾向于通过撇开法律、制度、规则，依靠关系疏通、"走后门"来处理事务。在政治、商业以及教育、医疗等领域，讲交情、攀关系的现象随处可见，即使满足明规则所要求的条件，仍然希望通过熟人进一步疏通。如患者到医院看病，明明完全可以通过正常渠道排队挂号就诊，却还是希望有熟人在这个医院工作并引导其就诊；人们到政府部门办事，明明完全具备办证所需要的资格和材料，却仍然希望通过熟人打声"招呼"；发生车辆剐蹭，明明可以通过交警即时处理却仍然各自打电话寻找熟人"摆平"。在满足明规则所需要的条件下尚且希望通过熟人关系达到目标，更不用说那些达不到明规则标准的情形了。欲以低于明规则所设定的资源价格获得资源的心术不正之人，他们更是将关系原则发挥到淋漓尽致，彼此不熟悉也会创造条件熟悉，通过关系的引荐，或通过利益输送增强彼此的关系，构成利益共同体。因此，有学者明确地指出，中国社会特有的"人际网络"与"裙带关系"使媒介制度的演化过程中充满了潜规则（潘祥辉，2009）。

不难发现，不少研究也从文化层面寻找腐败的根源，而且比较细致地刻画了"腐败文化"投射于现实生活中的种种表现，这些"腐败文化"基本上都与人情关系相关，如曾起郁等（2019）认为，"腐败亚文化"在新时期表现为人情文化的泛化和庸俗化、变相逢迎手段的隐匿化和科技化、不作为的"软腐败"现象凸显、官僚主义和形式主义顽疾难除等。魏小来（2021）认为，"潜规则"原本是弥补正式规则对规范社会行为不足而提出的中性概念，随着"人情关系"的异化，"潜规则"逐渐由中性词语转为倾向性表达，"人情关系"异化造就"潜规则"盛行。

尽管潜规则并不都建立在"关系"上，但是熟人关系无疑为潜规则运行提供了更多的渠道。大量的潜规则正是依附于"关系"而大行其道。人情经济与官员权力结合，产生了一个潜规则公式——"人情通道"。行贿与受贿被轻描淡写为商人与官员私人间的人情往来，如朋友义气的表达、相互帮忙的酬谢、商人支付官员子女留学费用、麻将桌上故意输钱、春节给孩子的压岁钱、老人家祝寿贺礼……这些所谓的"人情往来"无不夹杂着功利的目的——为现在或潜在的交易保驾护航。而这些被"人情关系"所挟持的官员，在潜在的权钱交易中就少了一分抗拒的决心，或者是在金钱的攻势下对资源购买者大开后门。关系社会与公权力领域的潜规则不能画等号，没有逻辑上的必然关系，但潜规则往往是以私人关系为主要运作工具。关系社会是腐败现象背后主要的操作通道和载体，尤其是数额巨大的贿赂交易基本发生在关系社会的圈子以内，公权力领域的潜规则作为腐败的一种形式，正是借助于"人情关系"才得以四处蔓延。

三、实用主义文化与潜规则

实用主义是中国传统文化的一大特征。实用主义哲学认为，实用性、可操作性和可行性是衡量一个观点、政策和理论的标准。实用主义推崇行动而不看重主义，推崇经验而不看重原则，观念的价值在于它们的实际效果，理论的正确在于验证。李泽厚在《中国古代思想史论》一书中提出，"实用理性"是中国传统文化的基本精神。事实似乎正是如此。儒家文化是中国传统文化的主流，也是先秦时期重要的思想流派之一。儒家的经典著作《论语》对实用的探求是儒家文化的主要关注点。孔子曰："务民之义，敬鬼神而远之，可谓知矣"（《论语·雍也》）。"未能事人，焉能事鬼？""未知生，焉知死？"（《论语·先进》）。又曰："诵《诗》三百，授之以政，不达；使于四方，不能专对；虽多，亦奚以为？"（《论语·子路》）。墨子尤其强调实用价值，如"使天下兼相爱，交相利"，提出"先质而后文"，反对"以文害用"的见解；荀子力主"知之不若行之"。先秦的实用主义哲学，奠定了中华民族实用主义的传统。汉则有王充著《论衡》揭扬"疾虚妄"和"见用实事"的经验论。唐代大儒韩愈用儒学的功利主义作为辟佛的武器。宋明理学虽建构了超然的形而上的"理"，但无论程朱还是陆王，皆反复强调实践、力行、践履等道德经验主义；明清实学的基本趋势为经世致用，反对理学"清谈""务虚"，提倡"欲挽虚窃，必重实学"和"实学救世"。中国传统文化中重实用而轻理论的倾向可见一斑。在实用主义哲学的指导下，应用型知识在全部知识体系中占据着绝对支配地位（白莲，2006），促使古代中国在农学、医学、天文学、数学四大学科上取得了辉煌的成就，科学上的四大发明直到今天仍被世人称颂。

实用主义重己、重利、重效果的价值取向在创造科学辉煌的同时，也产生了一定的负面效应。在实用主义指导下，看得见的功利被当作唯一的目标，价值天平上所有的砝码均为功利。人们往往从表面上的物质好坏来做出判断，而不顾道德，成王败寇。成功的光环足以掩盖在奋斗过程中的道德缺陷，"笑贫不笑娼"正是在实用主义被推崇至极时所造就的社会环境。中国人的实用主义精神使家庭、社会、教育机构都推崇人情为利益服务、知识为现实服务这样实用的处事方式，大部分中国人自孩提时代起就从家庭、学校和社会中耳濡目染这样的处事方式，自然而然把就把它一代代地传承下来。

实用主义的极端化便是拜金主义、拜权主义，权和钱成为衡量一切事物价值的标准。这种唯"利"是图、唯"用"是尚的功利观，不但使当下的世人普遍"异化""物化"，也扭曲了人与人之间的关系。在这种社会环境下，人们常常为了功利不惜破坏现存的法律、规章，践踏社会传统、道德和习俗。读书无用论的沉渣泛起，认为"捡垃圾的都比读书的强"；只要权力造福小团体，即使贪污腐化仍然被"群众"所称颂；结婚彩礼明码标价，宁愿牺牲子女前途也不愿降低价码；商学院"男学员混圈子课余找对象，女学员找项目兼找老公"已是社会上对那些高端培训的某些认识；无良商家为了利益可以在婴幼儿奶粉中添加三聚氰胺和麦芽糊精，而全然不顾无数婴幼儿的身体健康和生命安全；一些地方政府公权力代理人为个人政绩可以任意改变城市的规划，大肆举债大拆大建，全然不顾地方债务风险及纳税人的血汗钱。潜规则只是在实用主义巨浪中沉浮的一抹浪花。虽然不能反映实用主义的全部，却不得不承认，潜规则是实用主义文化负面效应中的典型表现。潜规则正是乘着实用主义的这股大浪，侵袭着现代社会生活，在制度缺失和信仰薄弱的时候，实用主义蔓延到哪里，潜规则就会泛滥到哪里。

于阳（2016：116）在《江湖中国》中有一段话对于理解实用主义对人们行为的影响有一定的帮助。他说：随着21世纪的来临，关系网与现代法治制度之间的矛盾日趋尖锐。在某些事情上，一部分人希望通过现代法律体系保护自己的权益，另一部分人则希望通过关系网打通法官、官员，与前一部分人相抗衡；在另一些事情上，双方位置则可能对调，后一部分人找不到特权保护，所以只能求助于城市法律体系。换言之，人们并没有一以贯之的信念，只有一以贯之的利益博弈，并不能理智地确定自己是一个"现代人"，还是一个传统的"江湖人"……这就形成一个悖论：中国人究竟希望更加江湖，还是更加现代化？答案是：普通中国人既不热爱现代化也不热爱江湖化，只渴望富裕。谁让我富裕，我热爱谁。这种心态，决定了对制度的选择。

四、社会转轨与潜规则

潜规则广泛存在于社会各个领域，公权力领域和私权领域都可能盛行着潜规则，但是公权力领域的潜规则更受到人们的关注，其社会的危害性也更大。计划经济时期，公权力领域也存在潜规则，但其盛行程度似乎既不如吴思所描述的明清时期，也不如改革开放后。当前中国社会仍处于市场经济体制的建设过程中，各方面的制度仍不健全，人们的思想和意识形态也发生了深刻的变化，公权力领域的潜规则的繁衍与这一过渡时期密切相关。

（一）"双轨制"与潜规则

所谓转轨时期，是指事物的结构形态、运转模式的根本性转变过程。社会转轨过程实质上是社会各个领域的正式制度实行大规模的并且几乎是同时的制度变迁。在我国，社会转轨时期特指从计划经济体制向社会主义市场经济体制转变的时期。一种制度转换为另一种制度，单从其设计和颁布而言可能是低成本的（根据布坎南的理论，制度的设计和实施包括决策成本和外部成本，两种成本的大小取决于投票机制，现在不考虑社会转轨中制度设计的决策成本），但制度的实施却可能引起两个方面的问题：一是任何制度的转轨都不可能一蹴而就，必然出现新旧制度并存的局面，而双轨制极容易引起经济和社会秩序的混乱。二是新制度的有效运行必须有新的非正式制度与其适应，否则在实施上将举步维艰。转轨过程中制度的实施与设计初衷的脱节被称为"转轨制度悖论"。"转轨制度悖论"是指体制转轨中的制度规则既是秩序之源，又是混乱之源。其原因之一是体制转轨中过渡性的制度安排。"过渡性"本身说明制度规则的临时性、不稳定性。在"不确定性"规则下的行为是不确定的。经济主体不能确定自己的长期行为，也预期其他主体的行为具有不确定性。

改革开放前，中国一直实行高度集中的计划经济体制，计划经济是对生产、资源分配以及产品消费事先进行计划的经济体制，在计划经济体制下，大部分资源由政府拥有，并且由政府分配，不受市场影响。政府决定了生产什么、怎样生产和为谁生产。经济资源由政府统一配置，从生产到消费每一个环节都由政府管制，尽管在各个环节也存在反馈机制，企业、个人在一定程度上也可以争取资源，纠正计划进程出现的偏差，但总体上这种自上而下的强制配置模式并没有赋予企业、个人太多的自主权，他们在经济和社会生活中基本上处于被动的地位。在这种体制下，潜规则并没有太大的生存空间。潜规则的出现意味着交易双方有一定的选择余地，资源的控制者在资源配置上有一定的自由裁量权，企业和个人也拥有一定的经济剩余向资源控制者行贿。而在高度集中的计划经济下，组建企业与否、原料来自哪里、生产什么、生产多少、产品调配到哪里既不受企业控制，也基本上不受地方政府的控制，企业和地方政府仅仅是全国这个超级经济机器上的一个零部件，受制于国家计划委员会。企业的剩余毫无保留地上缴财政，个人的给养完全仰仗着集体的分配，根本没有什么剩余用以换取上级的恩惠。

党的十一届三中全会后，中国实行了渐进式的市场化改革。所谓渐进式的改革，就是强调利用已有的组织资源推进改革，在基本不触动既得利益格局的前提下实行增量改革。中国根据当时的国际环境和国内实际经济情况，选择了渐进式的改革进程。双轨制则是中国渐进式经济改革的一个基本路径特征，它表现为在经济中政府计划和市场经济同时存在的经济运行制度。双轨制反映在两个层面：第一个层面是从企业生产角度来讲，首先政府向企业下达计划任务，包括确定企业的生产任务以及目标，企业只有生产超过计划任务的产品才能进入市场交易。第二个层面就是价格角度，政府计划内生产所需要的生产要素的价格按照国家规定价格购买，计划内产品在销售时按照国家价格交易，超过计划的产品，其生产要素价格或者产品销售价格均由企业自行确定，根据市场情况进行买卖。价格的双轨是建立在企业生产双轨的基础之上，价格双轨制是改革中双轨制的核心。改革开放 40 多年来，尽管明显的价格双轨制已经取消，企业和个人拥有了较多的自主权利，但是，另一种计划仍然存在，那就是政府对公共资源的控制。在我国，政府掌握着庞大的经济和社会资源，各级政府公权力代理人在经济和社会资源的处置中拥有相当大的话语权。与此同时，市场经济在增量改革中蓬勃发展，市场在资源配置中的作用越来越大。因此，几十年来资源的配置在市场与政府的交互作用下进行，资源可以在不同的场域中转换，在转换过程中，公权力代理人拥有强大的话语权。

在一个彻底的私有制和纯粹的市场经济中，几乎所有的资源都掌握在私人手中，个人和组织的需求都可以通过市场交易得到满足。政府是布坎南所称的"保护型政府"，保护自由的个人和组织通过自愿原则达成的契约，政府不存在对公共资源的配置，因此，公权力领域的潜规则也就无以产生。实际上，在纯粹的市场领域，对一切资源的寻求可以而且只有在市场中通过自愿交易的方式才能获得，所有的资源配置都遵循了资源所有者自愿原则，无论是公权力领域还是私权领域，潜规则运行的空间都被压缩到最小。

如果将高度集中的计划经济下的政府称为大政府，其对资源的配置作用界定为1，将纯粹市场下的政府称为小政府，其对资源的配置作用界定为0，那么潜规则或许就是盛行于0与1之间状态。因此，潜规则可能并不是随着政府管制的上升而单调上升的，而是在政府接近完全控制经济社会生活时呈现急剧衰落的态势（见图7-2）。除非政府长期地保持高度集中的计划和控制态势，否则计划和控制稍一松动就会导致潜规则运行的空间急剧扩大。只要允许市场经济运行，那么潜规则就必然随着政府控制程度的上升而趋于盛行。寻租理论也表明，寻租现象是随着政府管制的扩大而增多，而潜规则与寻租有着诸多的共同点。一些研究也表明，一个高度集权化的制度结构和一个高度分权化的制度比那些介于中间状态的国家更少地受到腐败的困扰（Khan，2000：11）。

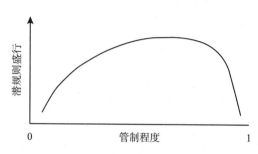

图7-2　潜规则与政府管制的关系

　　哈耶克认为，政府管制和自由市场是两种相对立的社会秩序，如果二者混合使用，都必将是拙劣的和无效率的。"'计划'也不是这样一种药剂，只要施加小量即可产生其在彻底应用时可望产生的那些结果。竞争和集中管理二者如果是不完全的，都将成为拙劣的和无效率的工具，它们是用来解决同一问题的只能任择其一的原则，把两者混合起来就意味着哪一个也不能真正地起作用，其结果反而比始终只凭借二者之一的情况还要糟些。或者换一种说法：计划与竞争只有在为竞争而计划而不是运用计划反对竞争的时候，才能够结合起来。"（哈耶克，1997：66-67）但同时，哈耶克并不否定政府的管理，法律的制定和执行是市场经济发挥作用的前提，这些前提的确立是离不开政府的，"一个有效的竞争制度和其他制度一样需要一种明智规划的并不断加以完善的法律框架。甚至提供它适当发挥作用所必需的最根本的前提，即防止欺诈和诡骗（包括利用无知），都给立法活动提供了一个伟大的但远未充分实现的目标"（哈耶克，1997：64）。但计划不是管理，计划是政府僭越其保护性职能而代替市场从事生产或对私人生产加以控制。"虽然竞争制度可以容许掺入一定程度上的管理，但是它不能和计划结合到任何我们喜欢的程度而仍能不失真作为生产的可靠指南的作用。"（哈耶克，1997：66）

　　直觉和经验表明，中国市场化改革后社会确实出现了大量的潜规则，这与政府配置资源和市场配置资源同时并存有关。经过相当长时间的摸索，中国改革找到这样一条新的道路，就是在经历了开始阶段扩大企业自主权试验成效不明显、国有经济改革停顿不前的情况下，采取一些修补的办法维持国有经济运转，把主要力量放到非国有经济方面，寻找新的经济增长点，这种战略叫作增量改革战略。政府一方面鼓励和支持非公有制经济发展，另一方面又进一步巩固和发展公有制经济，通过投资等方式对经济进行强力干预。在价格管理上，相当一部分的产品实行计划价格与市场价格并存的双轨制。政府强力干预和鼓励市场经济同时并存，可能造成寻租泛滥，潜规则盛行。

　　改革开放后腐败增多，潜规则盛行，这引起了一些人对改革开放的质疑。有些质疑将经济社会发展中存在的负面现象都归咎于改革开放，有些学者主张加强政府对经济社会的管控，甚至主张回到计划经济时代。经济学家吴敬琏曾在多个场合指出，中国面临的最大危险有两个，一是继续计划经济，另一个就是借改革之名掠夺大众。这两种力量互相以对方作为自己存在的依据（吴敬琏，2010：21-33）。那些传统体制的拥护者利用民众对消极黑暗现象的质疑，反对改革开放，重唱计划经济老调，这些人并没有认识到腐败和潜规则与政府管制的关系。高度集中的计划经济体制可以压制腐败和潜规则的运行，但那是以巨大的效率牺牲为前提；而坚定不移地推进市场化改革，减少政府控制领域既可以提高经济效率，又可以减少腐败和压缩潜规则。

（二）意识形态的困惑与潜规则

　　社会转轨是一种整体的和全面的结构状态过渡，社会转轨的具体内容是结构转换、机制转轨、利益调整和行为方式、生活方式、价值体系的转变。转轨过程中建立起来的新制度必须有相应的非正式制度作为基础和补充，非正式制度是正式制度的润滑剂，二者相互协调的时候社会秩序就能运转良好。所有层次的正式规则都应与社会内在的、非正式的规则保持一致，以确保这些正式规则对人的行为具有规范性影响。然而，正式制度可以一夜之间确立下来，但是行为方式、生活方式、价值体系等非正式制度的转变却是非常缓慢的，短则几十年，长则上百年。转轨时期正式制度和非正式制度的不协调，或者非正式制度转变滞后，就会产生社会秩序混乱的问题。

2014 年 2 月中央办公厅印发《关于培育和践行社会主义核心价值观的意见》，社会主义核心价值观分为三个层面：国家层面是富强、民主、文明、和谐；社会层面是自由、平等、公正、法治；公民层面表现为爱国、敬业、诚信、友善。党的十八届三中全会也提出了让市场在资源配置中起决定性的作用。在转轨过程中，经济体制最先迈出了改革的步伐，经济市场化已形成共识。由计划经济向市场经济的转变，制度安排方面已日益完善，但与市场经济相配套的政治、社会以及文化方面的改革相对滞后，它导致人们在价值信念、公共精神等方面相对欠缺。

从计划经济向市场经济的转变是在长时间的争论中，在原有的官方意识形态下逐步确立下来的。与此同时，市场经济体制已经形成了一系列为社会大众广泛认同的社会意识形态，其核心是对经济发展和个人利益诉求的首肯与张扬。官方意识形态与市场经济体制要求的矛盾引发了一系列问题。倘若社会明示的意识形态与社会大众的普遍认识存在矛盾，再优秀的意识形态也无法发挥其预想的功能，而且会对潜在的意识形态造成负面影响。

市场经济肯定人的自利，强调经济利益，而官方意识形态则强调利他，注重非经济利益，并且常常将出现的问题归为个人的道德操守而非法治的缺失。在缺乏有力的法律制度约束的条件下，期望以意识形态所形成的道德自律去规范市场经济秩序，只能是一种愿望。遵守法律规章、考虑公共利益在很大程度上依赖于个人的道德操守，两千多年来儒学在个人修身养性方面发挥着非常重要的作用，而自 20 世纪初以来传统道德信条在现代性的冲击下逐渐式微，"对于固有的学术思想与道德信条等等，一切以为旧的，腐的，而尽唾弃之，却又无法凭空产生信条与新的道德。而哲学上，又没有新的中心思想，因此，没有维持身心的东西，所以社会上表现为一种猖狂与混乱的现象"（熊十力，2011：6）。官方意识形态与脆弱的传统道德防线在经济利益面前显得苍白无力，只有借助于严厉的法治才能确保市场秩序的良好运转。然而当法治也缺失，官方意识形态表面上仍必须作为约束的条件下，对物质利益的追求只能是半遮半掩，违反规章制度和传统道德的行为，不得不转入隐蔽状态，潜规则正是在这一环境条件下盛行起来的。

（三）转轨时期社会资本与潜规则

转轨时期的另一特征是社会资本的缺失，福山（2001：12）认为，社会资本是"人们互相联系在一起的能力"。耐克和基弗（Knack and Keefer，1997）认为，社会资本包括三个方面：信任、合作规范和社团组织，帕特南指出，社会资本表现为一个社会的公民性、公民品质或公共精神。总之，社会资本表现为一个社会中人与人之间的信任程度和合作精神。社会资本特别是信任的存在意味着个体并非只顾自身狭隘的利益，而是会将他人的利益纳入考虑，在交易中尽量避免损害第三方的利益，因此，信任能克服"搭便车"的问题，进而化解"公地悲剧""囚徒困境"和集体行动的困境等问题。社会资本可以弥补规则的缺陷。随着规则的层级细化，规则的制定和执行成本也随之提高。考虑成本—收益问题，规则的制定不可能是完美无缺的，填补规则的空白或弥补契约缺陷只能依赖于信任、公共精神等社会资本。一个社会资本丰裕的社会，人们自觉约束自己，依法守法、诚实守信，并且相信他人也与自己一样依法守法、诚实守信，人们交往中的机会主义被降到最低的水平。一个社会资本欠缺的社会，人与人之间充斥着不信任，相互欺骗，机会主义盛行。

威廉姆森将制度分析划分为四个层次（见图7-3），信任作为社会文化的一部分，属于制度嵌入层面，它内嵌于社会制度的深层结构中，对社会制度的环境和制度安排（治理结构）与激励安排产生重要的影响。同时激励安排又反作用于治理结构，治理结构的调整又引发制度环境的改变，制度环境最终改变嵌入。制度的层级越往下，其调整的速度就越缓慢，嵌入的改变是渐进的、长期的、不易觉察的，因此，社会规范、信任等社会资本只能发生缓慢变迁。社会规范作为调整人们之间相互关系而要求社会成员共同遵守的行为准则，其超越了社会制度、意识形态和历史时空的局限维持着社会的运转（李颖，2007）。制度安排和激励结构可以在短时间内建立起来，但是与之配套的社会伦理、规范、信任等嵌入则难以在短时间内建立，这就出现了制度安排与社会规范、社会资本不相融的情形。在传统型社会向现代型社会转变时，传统型社会的消解和现代型社会的形成同时进行，由于社会关系的不稳定性，原有社会规范呈现出中间性和过渡性特点，使新旧体制在转型的衔接契合部位出现部分盲区和真空地带，社会规范不能有效地对社会生活发挥正常的调节和引导作用，社会生活在某种程度上出现失衡、失序状况，这种情况在社会学上被称为"社会失范"，潜规则就是"社会失范"的体现。

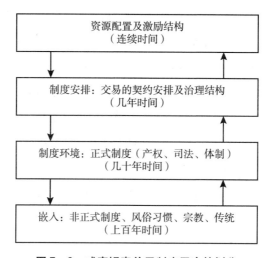

图7-3 威廉姆森关于制度层次的划分

转轨时期社会资本的缺失来源于两个方面：一方面源于传统文化的历史延续。熟人社会是以血缘关系为纽带的低信任度社会，在实用主义影响下的极端功利主义倾向导致对社会传统道德的践踏；另一方面源于转轨时期制度的缺失。经济并不是完全独立于社会其他领域，经济体制的转轨必然要求政治、社会、文化等各领域体制的协调配合：市场经济强调对产权的保护必然要求加强法治；市场经济必然要求政府退出经济竞争领域，并打击垄断，促进公平竞争；市场经济要求社会横向的自治组织发挥作用，因此，社会团体应该拥有一个宽松的组建和运行环境。司法、政治体制、社会改革相对于经济改革的滞后导致公权力对私人领域的频繁干预，在缺乏有效约束的市场中，对利益的追逐将不可避免地瓦解传统道德和侵蚀社会资本。公权力代理人的言行是社会信用的标杆，公权力代理人滥用权力和以权谋私的行为为民众树立了言行的负面榜样，公权力领域盛行的潜规则必定会溢出到社会各个领域，侵蚀和冲击着社会的道德底线。

社会团体是孕育社会信任的良好载体。自发社团能突破狭隘的家庭主义，将毫无血缘关系又志同道合的人凝聚在一起，拓展了人际的信任。基于同一目标而自发聚合的人群或社团与外部有着清晰的边界。边界内成员共享同一道德价值观，个人的利益动机与组织的职能目标相一致，彼此有着相互依赖的双向关系和赖此建立的相互间的义务，从而保护了成员间的识别性和频繁的博弈，避免了混乱的冲突，增加了个体之间的普遍信任与合作。但并非所有的社群均能产生互助信任，只有共享道德价值观的自发社群才能产生如此力量。由权力主导组建的社团或组织称为"单位制"。国内学者郑也夫指出，单位制"无力使个人的利益动机与组织的职能目标相一致，无力造就组织目标与个人动机相一致前提下的信任关系"。因为"群体间生机勃勃的交换要以明晰的产权界线和旺盛的利益动机为前提，单位制破坏了这种自然的生态"（郑也夫，2001）。如果在一个社会中自发组织的成立和发展受到严格控制，那么，孕育社会信任和合作的社会土壤被严重破坏，社会道德的下滑势所难免。"国家机器的滥用则将瓦解一个自由繁荣的社会的基石——自愿团体和信任。国家没有丝毫的力量去创造信任，却拥有足够的力量摧毁社会中的信任。"（郑也夫，2001）社会信任的缺失导致投机主义的盛行，人们为实现自己的利益可以不择手段，对法制的破坏、对规章的蔑视成为社会普遍的现象。在这种社会大环境下，寄希望于人们能自觉守法，在执行法律规章时能自觉地考虑公众利益，在行使公权力时能舍己利人，在自由裁量权的运用中以公共利益作为唯一的准绳，无异于缘木求鱼。

第三节 "集体主义"的反思

个人主义和集体主义之争已经广为人知（卢瑟福，1991：32-46），个人主义的真伪之辨也因为哈耶克的《个人主义与经济秩序》展现于世人面前，但关于集体主义内部的争论却并未引起足够的关注。"集体主义"是我们一向推崇的道德准则，但是对"集体主义"理解的混乱导致实践上走向两个极端：一端对于消除腐败、肃清潜规则起着釜底抽薪的作用；另一端却对腐败和潜规则的盛行起着推波助澜的作用。要清除潜规则，弘扬正气，扶正祛邪，就必须对"集体主义"与潜规则的关系做进一步分析。

一、真正的集体主义是什么

个人主义和集体主义，实质上是两种不同的哲学观点。个人主义强调个体的自由、独立、自主，个人的意志和目标应该得到充分的尊重，不受任何个人、组织的限制和干扰；与之相对，集体主义强调的是人与人之间的互相依靠（interdependence），倡导集体的利益优先于个人利益，并且将集体的意志和目标放在个人之上。无论是永恒的社会，还是彻底失败的社会，都不能够否定利己主义的强大动机，尤其是近年市场经济对个人利益诉求的首肯和张扬已经将个人主义置于前所未有的高度。即便如此，也不能否定集体的重要性。人们总是生活在某一个共同体中，并且只有在共同体中才能发展，"只有在集体中，个人才能得到全面发展其才能的手段，也就是说，只有在集体中才可能有个人自由"（马克思、恩格斯，1972：82）。社会正义仍将是一切社会所追求的共同价值，社会正义的必要性也要求维持集体的存在，因此，某种程度的集体主义是必不可少的道德准则。

集体主义也一直被视为社会主义和共产主义道德的核心而受到官方的推崇。然而，人们通常从两种意义上使用集体主义这个概念。

第一种集体主义价值观是在互助合作的意义上使用，它将集体视为有机整体，个体离不开整体，同时又不否定个体。集体主义的伦理基础就存在于人类社会人与人之间互相依赖的关系之中，这种关系决定了人们必须以互助合作的方式来解决他们面临的问题。必须同情和关怀他人的不幸和痛苦，人们只有相互协作、扶贫济困才能共渡难关。它不否定个体，而且将个体的自由和利益视为集体存在的目的，它主张集体的事务通过自下而上的民主和广泛参与的途径来解决。对集体主义做这一层面的理解符合现代公民社会的特征，因此是肯定意义上的集体主义，是真集体主义。

第二种集体主义价值观是在集权的意义上使用，它把集体理解为权力的集中和控制。在强调社会利益高于个人利益的原则下，它通过强制的手段使个人的权利完全从属于集体利益，并且把掌握公共权力的代理人看作是集体利益的象征，形成一种自上而下的集权政治模式。集体主义应是个人社会行为选择的价值取向，是一种价值观。价值观是人们在可以自由选择的情况下选择什么的问题，不能把能否选择也叫作价值观。从集权意义上理解的集体主义意味着强制和服从，如果将失去选择的自由当作集体成员的自愿选择，除了受虐狂外找不到更合理的解释，因此也谈不上是真正的价值观，由此而组建起来的集权性的集体与集体主义没有任何关系。即使它也有仁慈和关怀，也奉行"仁"的人道主义，也会强调社会的某种限度（等级）上的公平，但是它缺少自下而上的民主和参与精神，个人缺少创造性和主动性，社会通常处于稳定而没有活力的状态中。因此，这种集体主义不是真正的集体主义，是伪集体主义。

第一种意义上的集体主义，可以称为真集体主义，第二种则是伪集体主义。伪集体主义主张在集体中实行集权式治理，将集体成员排斥于权力代理人的遴选以及公共事务的决策和监督之外，权力代理人垄断着公权力的行使，并将自己的行为贴上公意和正义的标签。在缺乏公众民主参与下，公权力代理人常常根据自己的利益行使权力。然而，这并不意味着对所有集权式组建起来的单位都应该持否定的态度，关键是要看这种集体的加入和退出是否是自由的。没有一位社会学家会怀疑，今天占统治地位的组织类型（无论在私人部门或在公共部门）是科层组织的集体。科层制的组织，如企业，其内部也实行着自上而下的集权式治理，组织成员并没有被赋予同等的民主，对组织事务也没有平等的参与权利。但这些集权式的组织却是被社会接受和认同的，其原因在于这些组织是自由契约的结合，他们的结合是以自由人意志自由和意识自觉为普遍基础，他们的进入和退出是可以根据自我意志进行自由选择的。企业不过是一种在自愿原则之上签订的合约。企业家在企业内的权威、命令和计划等这一切骤然看来"反自由市场交易"的东西，本身就是由另一类市场合约，即市场上的企业合约授予并限定的。这是企业家权威不同于帝王权威、农奴主权威和中央计划当局权威的地方。皇帝对臣民的处置以及农奴主对农奴的役使，并没有经过谈判、协商和交易，而似乎是与生俱来的权利。企业里经理对工人的指挥，则是建立在自愿交易基础上的，在签订劳动合同的时候就已经写清楚了工作的范围和内容，责任和权利都是清晰的。无论是经济领域还是政治领域，为了完成一定的目标都需要组织（或集体）。组织客观上需要高度的整合性、权威性和个人对组织的服从性，因此，一定程度的集权式组织是社会的常态。然而将集权式原则无限度扩展到社会公共生活领域，并美其名曰"集体主义"那是对集体主义的曲解，是对集体成员和社会公众权利和自由的剥夺。在那些其成员加入和退出都不能自由选择的垄断性的集体中，未经集体成员的"公议"而推行集权式的治理必然违背公意，成员的进出无法自由选择使得压迫成为必然。

　　真正的集体主义最基本的表现是对集体、社会和国家强烈的责任感，它强调协同、合作、和谐和公共精神，它要求道德主体以主人翁态度对待集体、民族和国家。但它并不否定个体，对个体的强制违背真集体主义精神。相反，自由和公正是真集体主义本身所提倡的价值。真集体主义的宗旨是实现个人的自由，实现人性的真正解放。按照马克思的思想，个人的自由发展不仅是社会的目的，而且是衡量作为社会载体的集体是"真实集体"还是"完全虚幻的集体"的一个重要标准（马克思、恩格斯，1972：82 - 83）。没有众多个性的积极进取，主动创新，集体就会僵化失去生机，"那种把个性的发展与集体的发展对立起来，以为限制了个性就强化了集体、发展了个性就削弱了集体的观点是错误的"（王岩，2003：169）。

二、真正的集体主义与潜规则

集权专制是潜规则产生和盛行的温床，但并不意味着集权专制必定伴随着潜规则的盛行，高度的集权和极端的专制反而使潜规则找不到可以侵蚀的制度裂缝。即使像苏联一样高度集中的计划经济体制，只要"中央"足够强大，就能获得充分的信息，并据此有效地约束各级权力代理人的行为，确保"中央"的理念得到贯彻落实，从而使权力代理人的投机行为和滥用代理权力的问题得到缓解甚至杜绝。权力代理人的自由裁量权被压缩到最低限度，意味着权力的委托人拥有足够强大的力量。主张铸造强大委托人的观点总是假设权力委托人或"中央"总是有"良知"的，其所设计和推行的明规则总是符合大众期待和公众利益，潜规则的出现仅是代理人的代理问题，因此，铲除潜规则必须在强大委托人和约束代理人方面努力。从表面上看，潜规则确实属于委托代理问题，设计有效的激励和约束机制就可以保证每个权力代理人都能按公意实施制度。一个强大的政府，只要有足够大的决心，它总能推行它意欲推行的制度，并有可能抑制潜规则的发生。

高度集权专制的政府必然挤压潜规则生存的空间，但正如我们前面已经论述过，它的负面作用也是极大的。中国从高度集权专制中走出来是历史的必然，改革开放赋予了民众诸多平等的、普遍的不可转让的权利，迎来了社会的平等、自由与繁荣。但经济、政治、社会的转变是一个长期的过程，在过渡时期制度必然引发前面所提到的"转轨制度悖论"。直觉和经验表明，中国市场化改革后社会上确实出现了大量的潜规则，这与计划要素和市场要素同时并存有关。经过相当长时间的摸索，中国改革找到这样一条新的道路，就是在经历了开始阶段扩大企业自主权试验不成功、国有经济改革停顿不前的情况下，采取一些修补的办法维持国有经济运转，把主要力量放到非国有经济方面，寻找新的经济增长点，这种战略叫作增量改革战略。政府一方面鼓励和支持非公有制经济发展，另一方面又进一步巩固和发展公有制经济，通过投资等方式对经济进行强力干预，政府强力干预和鼓励市场经济同时并存，其结果毋庸置疑，那就是潜规则在政府领域广泛存在。

人类社会发展的经验表明，只有权力才能制约权力，才能将权力套上缰绳，使其真正成为集体利益的臣仆。孟德斯鸠（1961：154）曾说："一切有权力的人都容易滥用权力，这是万古不易的一条经验……要防止滥用权力，就必须以权力约束权力。"事实上，只有真集体主义才能给权力套上缰绳，防止权力被少数人利用，使权力真正服务于民众的利益。

真集体主义肯定集体，但并不否定个体，个体是集体存在的目的，为了个体的权利和自由，必须保存集体。民主和参与是真集体主义的内核，公共精神是真集体主义下民众自发自生的道德品质，它对于抑制潜规则的产生和盛行有重要作用。真集体主义具有以下几个特征：第一，集体是最大限度地实现每个人权利和自由的政治条件。第二，个人的自由和权利是社会进步的动力，但反对任何原子式的个人主义，应在社会联合的基础上使权利和权利、自由和自由的关系得到协调。第三，它是民主的和集体成员充分参与的集体主义。

集体是为实现社会合作、维护社会团结和促进人的幸福而组建的，人是目的，集体成员的幸福是集体的终极目标。这个社会需要正义，需要集体成员让渡部分私权形成集体公权力，但公权力的目的也仅在于增进集体成员的自由和权利，否则就有可能违背真正的集体主义精神。即使在古代官僚政治体制中，皇帝执掌的皇权，除了"奉天承运"和"为百姓服务"外，也找不到一个能够作为其存在和作为的逻辑。公权力的运用是否真正以集体成员利益为出发点和归宿点，这个集体是"真实集体"还是"完全虚幻的集体"取决于集体成员是否被赋予维护自身利益的基本权利，而且这些权利得到集体的坚决捍卫。公权力的运用是影响集体所有成员切身利益的事务，这种影响可能是直接的也可能是间接的，集体权力的不正确行使会破坏共同体大部分成员的利益。真正的集体主义下的集体是集体成员充分参与的集体，从明规则的设计到公权力代理人的选择和自由裁量权的运用都取决于集体成员，从而阻止动机不纯的成员被放置到公权力代理人这个位置上，对集体事务的充分参与保证了明规则在制定层面的正义。在明规则的执行层面，集体成员对公权力运用的警惕对权力代理人构成有效的制约，使后者不敢逾越权力的边界侵害另一方。一旦存在权力平衡，每个规则的参与者都有动机去降低任何可能的专制者成为真正专制者的可能性，从而也最大限度地保证权力代理者遵守明规则，在运用法律的自由裁量权时，以符合公众期待的方式去落实明规则精神，潜规则也将无从产生。

第 八 章

潜规则的扩展与运行

潜规则既是一种规则，也是一种行为，这种行为特性像有机生物一样，一旦获得利益的滋养便会自我繁衍和不断扩散。本章用演化博弈论来分析潜规则的自我复制过程，我们选择中国古代官场潜规则作为分析案例。通过这一模型，我们可以比较清晰地看到潜规则是如何被复制并扩展到某个均衡点的。

第一节　潜规则的扩展

潜规则的主动权在很大程度上掌握在资源控制者手中，资源控制者根据逾越制度的收益和潜在惩罚成本的比较决定是否实施潜规则，资源购买者常常是被动地应对资源控制者的索取。但潜规则毕竟是一种双方的交易行为，一个巴掌拍不响，制度代理人的暗示，必须有制度施加对象的配合。没有资源购买者的服从，资源控制者的索取就不可能实现。因此，资源购买者在潜规则中的得益依赖于资源控制者的行为，资源控制者在潜规则中的得益也依赖于资源购买者的配合。我们以官员和民众之间的博弈构建模型，分为两部分，第一部分是一个对称的博弈，第二部分将民众纳入博弈模型中，是区分官员和民众的非对称博弈，反映潜规则的收益取决于官员和民众的互相合作。

一、官员的选择：一个双人对称的博弈模型

由于防御型潜规则在潜规则中更具代表性，本部分的博弈主要是分析公权力领域的防御型潜规则。防御型潜规则下交易的双方是官员和民众，但是潜规则推行的主导者在资源控制者一方，即官员，资源控制者的利益和态度决定了潜规则的运行，因此，本部分的博弈参与人仅是政府官员。本模型不但考虑了博弈格局中的支付差异，还引入支付差异的敏感度，它代表当事人转换规则的意愿，即价值信念。这反映了官员是否推行潜规则完全取决于与他接触的同类人群和他对自身利益的判断。这一模型是一个支付单调更新过程，规则的扩展机制具有如下性质：具有高于平均水平支付的规则或行为将会被其他人采纳，从而在个体群中的比例将上升。

（一）潜规则的博弈模型及其扩展

在公权力领域的防御型潜规则博弈结构中，权力代理人最先做出选择，是潜规则的关键因素，对于民众而言，权力代理人的选择似乎是一个外生给定的变量。因此，考察潜规则的扩展，关键在于考察权力代理人的选择，权力代理人从明规则向潜规则的转换是通过学习、模仿实现规则转换的过程，而其学习、模仿的对象则是他们的同类——共同体中的其他权力代理人。具体的对象是不特定的，它们之间可能不存在交易，而仅仅起着榜样的作用。同行的衣着、一辆豪车、一栋房子都可能就会引起其他权力代理人的羡慕，进而引起对其获取这些物质财富途径的模仿。当实施同一种规则的人相遇时，便不存在模仿，不存在规则的转换，只有推行潜规则的权力代理人和遵守明规则的代理人遭遇时，才有可模仿的"榜样"，才有可供选择的另类规则，也因此才有规则的转换。明规则和潜规则在博弈中都可能被复制，其中给官员带来较高支付的规则获得相对多的复制，于是这一规则便获得更大的规则频数。假设共同体权力代理人的规模标准化为 1，代理人群体中的个人之间随机遭遇，个体群中存在两种互相排斥的规则：潜规则 X 和明规则 Y，

其中实施潜规则 X 的人的总数在个体群中的频数为 p，则明规则 Y 的频数为 1 - p。在一个对称的双人博弈中，每个人的支付表示成 π(i, j)，即根据规则，参与人 i 和参与人 j 进行遭遇时获得的支付（见矩阵 8.1）。

矩阵 8.1：对称博弈矩阵

i	j	
	X（潜规则）	Y（明规则）
X（潜规则）	π(x, x)	π(x, y)
Y（明规则）	π(y, x)	π(y, y)

对于 $p \in [0, 1]$，可计算得到某个参与人在两种规则下的期望支付：

$$b_x(p) = p\pi(x, x) + (1 - p)\pi(x, y) \tag{8.1}$$

$$b_y(p) = p\pi(y, x) + (1 - p)\pi(y, y) \tag{8.2}$$

式（8.1）表示实施潜规则（X 规则）的参与人期望的支付：推行潜规则的参与人以 p 的概率遭遇到另一个推行潜规则的参与人时的支付 π(x, x)，以（1 - p）的概率遭遇到一个拒绝推行潜规则的参与人时（实施明规则 Y）的支付 π(x, y)。

式（8.2）表示实施明规则（Y 规则）的参与人的支付：遵守明规则的参与人以 p 的概率遭遇到一个实施潜规则的参与人时的支付为 π(y, x)，以（1 - p）的概率遭遇到一个拒绝推行潜规则的参与人（实施明规则 Y）时的支付为 π(y, y)。

博弈参与人行使潜规则 X 和明规则 Y 分别获得支付 b_x 和 b_y，支付的微小差异并不足以引致规则转换，甚至不一定被注意到，有时尽管存在明显的支付差异也不会引起规则转换的情形，因此，我们引入一个系数 β，$\beta \in (0, 1]$ 表示博弈参与人对支付差异的敏感度，代表博弈参与人转换规则的意愿，β 的大小主要受非正式规则如意识形态、历史、传统道德价值观等因素的影响，β 值越小越不容易受到利益的诱惑而转换规则。当 $b_x < b_y$ 时，实施潜规则 X 的参与人以 $\beta(b_y - b_x)$ 的概率选择转换规则实施明规则 Y；

如果 $b_x \geqslant b_y$，实施明规则 Y 的参与人以 $\beta(b_x - b_y)$ 的概率选择转换规则而实施潜规则 X。如果参与人在明规则下的支付超过潜规则下的支付，则令 $\delta_{y>x} = 1$，否则 $\delta_{y>x} = 0$。进行数学期望运算，我们可以得到 $t+1$ 期实施潜规则 X 的期望个体群频数 p'：

$$p' = p - p(1-p)\delta_{y>x}\beta(b_y - b_x) + p(1-p)(1 - \delta_{y>x})\beta(b_x - b_y) \quad (8.3)$$

这一表达式表示在第 $t+1$ 期潜规则 X 的变动数，式（8.3）由三部分组成，其中 p 表示 t 期潜规则 X 的频数。$p(1-p)\delta_{y>x}\beta(b_y - b_x)$ 表示在 $t+1$ 期参与人由潜规则向明规则转换的频数，即 p 个实施潜规则（X）的人，他们中间的每个人都以（$1-p$）的概率和一个实施明规则（Y）的人遭遇，在明规则比潜规则获得更多的支付时（$b_y > b_x$），参与人就会以 $\delta_{y>x}\beta(b_y - b_x)$ 的概率向明规则转换。第三部分即 $(1-p)(1-\delta_{y>x})\beta(b_x - b_y)$ 表示，实施潜规则比实施明规则获得更多的支付时（$b_x > b_y$），参与人会以 $(1 - \delta_{y>x})\beta(b_x - b_y)$ 的概率从明规则 Y 向潜规则 X 转换。将方程式（8.3）重新变形，可以写作：

$$\Delta p = p' - p = p(1-p)\beta(b_x - b_y) \quad (8.4)$$

（二）影响规则转换的因素

从式（8.4）中可以看出，官员在明规则和潜规则之间的转换方向和速度主要取决于几个因素，即支付差异（$b_x - b_y$）、频数差异 p 以及支付差异敏感度 β。

1. 支付差异（$b_x - b_y$）

支付差异决定了规则转换的方向，它反映了博弈参与人自利的特性对规则的转换起着决定性的作用。当明规则的支付大于潜规则的支付（即 $b_x < b_y$）时，明规则的实施者将越来越多；反之当潜规则的支付大于明规则的支付（$b_x > b_y$）时，人们就会摒弃明规则而实施潜规则。潜规则与明规则之间的支付之所以会出现差距，这与博弈的结构和博弈规则有关，而这个结构和博弈规则是外生因素决定的。本模型只能解释在既有的博弈结构和规则下博弈参与人行为方式或某种规则的生成或转换，"演化博弈考察在既定技术和制度条件下某种流行技术或规则的生成过程，它本身无法阐释这些既定技术和制度的演化"（黄凯南，2009）。潜规则的盛行与 $b_x > b_y$ 密切相关，而支付差异实际上是制度设计和实施的结果。一个严密的制度和一个强有力的实施机制将使得潜规则无利可图，实施潜规则要付出惨重的代价。当制度及其实施机制存在缺陷时，潜规则的收益常常大于明规则下的收益，如在公权力领域，官员依仗民众赋予的公权力确实能为自身谋取好处，这种好处来源于本应平等地或本应以非经济竞争原则配置给他人资源。除非明规则对违法行为处以严厉的惩罚，否则不足以阻止官员对潜规则的推行。

2. 规则频数的差异 p

频数 p 衡量了社会中实施潜规则人群的比例，p = 1 意味着整个社会中运行的都是清一色的潜规则，每个权力代理人都推行着潜规则，与权力代理人所配对到的每个交易者也都接受潜规则。p = 0 意味着所有的权力代理人都排斥潜规则或者都拒绝潜规则，因此，潜规则不能推行。极端的 p 值（例如 p = 1 或 0 时）下，不存在规则的转换，当 p = 1/2 时，p(1 − p) 达到最大值，此时规则的转换率是最大的，这是一种最不稳定的情况。现实社会中，官员是否推行潜规则不仅取决于得益，也取决于同僚的行为，当其所接触到的同僚越多地采用潜规则时，其就倾向于采用潜规则，否则将被视为另类而受到同僚们有形或无形的排挤。民众是否服从潜规则也常常受到他人的影响，当身边的人们都服从潜规则时，他就很难坚守道德的底线进而不得不服从潜规则。p(1 − p) 的关键性在于，一个社会群体越接近同质，规则之间的转换就越少，社会演化过程就会越慢；社会群体越接近于异质，规则之间的转换就越频繁。

3. 支付差异敏感度 β

β 表示对支付差异的敏感度，它代表博弈参与人由明规则向潜规则转换的意愿，β 的大小主要受非正式规则如意识形态、传统道德价值观等的影响，意识形态越是根深蒂固，理想信念越是坚定，参与人对利益的敏感度就越小，越不容易受支付差异的诱惑而转变规则；反之，一个毫无价值信念和原则的参与人，就会完全受支付差异的支配而变换规则，表现出唯利是图、见利忘义的投机特征。

由式（8.4）可以看出，当 $\Delta p = 0$ 时，不再发生明规则与潜规则之间的转换。要使得 $\Delta p = 0$，则必须满足以下四个条件中的任何一个：$p = 0$；$p = 1$；$b_x - b_y = 0$；$\beta = 0$。

$p = 0$ 或 1 表示这个社会中运行的是同一的规则，此时就不存在可选择的另类规则，也不存在模仿的"榜样"。潜规则的扩展是一种不断模仿、复制和扩散的过程，当 $p = 0$ 时，群体成员都遵循明规则，群体中不存在或人们还没有意识到会存在另一套可以使自己状况变得更好的规则，人们就会遵守现成的规则。当 $p = 1$ 时，意味着群体成员都抛弃明规则采取潜规则，社会中没有明规则的遵循者，也就没有规则的转换。

$b_x - b_y = 0$ 表示在群体中公权力代理人实施潜规则与实施明规则所带来的收益无差异。支付无差异时，即模仿的"榜样"毫无意义，因此也就不存在规则的转换。现实中只有官员的自由裁量权被压缩到极小时，或者社会给予潜规则行为以有力打击时才会出现 $b_x = b_y$。社会的法律、规章制度的执行有缺陷时，$b_x > b_y$ 似乎是常态，只要存在自由裁量权，以权谋私总是比以权谋公使自己的处境变得更好，只要明规则的实施机制不够健全，就会有官员逾越明规则而采取潜规则。只要 $b_x > b_y$，潜规则就会得到扩散，一旦某一个人发现潜规则可以改善自身的状况，将迅速模仿，潜规则得以扩展，一个人的陷落可能导致一个群体的陷落。然而现实社会中官员并不都推行潜规则，不少官员慑于法律权威，害怕受到法律的惩处而不敢推行潜规则，在他们看来，$b_x < b_y$，或至少有 $b_x = b_y$，使他们处于推行不推行潜规则都无所谓的状态，现实社会更多的是潜规则与明规则的混合状态。下一节将进一步探讨 $b_x - b_y = 0$ 的情况。

$\beta = 0$ 意味着意识形态或传统道德价值观牢不可破，任何外界的经济刺激对其已经失去了作用，官员成为明规则的坚决护卫者，是传统道德价值观的捍卫者。现实社会中也不乏坚决维护明规则权威的清正廉洁官员，极端的例子是明朝的海瑞，他大概属于 $\beta = 0$ 的人物，面对利益的诱惑矢志不渝。但 $\beta = 0$ 的情形是极少见的，而且 $\beta = 0$ 也违背了经济人的假设，不食人间烟火、对利益麻木不仁的官员似乎并不存在。

（三）均衡点探讨

将博弈参与人的平均支付记作 $b' = pb_x + (1-p)b_y$，则方程（8.4）可以表示成更紧凑的形式：

$$\Delta p = p\beta(b_x - b') \tag{8.5}$$

这就是离散时间复制者动态的一般形式，对于每一个 p 值，复制者方程都给出一个映射关系 $\Delta p = \lambda(p)$，其中函数 λ 被称为矢量场，它定义了状态空间中每一种状态的方向和变化速度。我们一般希望知道使得 $\lambda(p^*) = 0$ 的 p^* 值，这被称为静态（也被称为动态的静止点或边界点），这一点意味着潜规则与明规则之间不存在转换。所有静态的稳定性质由 $\lambda(p^* + \varepsilon)$ 决定，其中 ε 是 p 的一个极小扰动。从方程（8.5）中可以清楚看到，要使得 $\Delta p = 0$ 成立，则必须满足以下三个条件中的任何一个：$p = 0$ 或 $p = 1$；$b_x - b_y = 0$；$\beta = 0$。这在前面已经分析过。因为 b_x、b_y 都是 p 的函数，因此，$b_x - b_y = 0$ 中可能蕴含着一个 p^*，其值既不为 0 也不为 1，同时使得 $b_x - b_y = 0$。如果存在这样一个 p^*，那它应满足什么条件呢？

给定动态系统的一维性质，满足所有静态的稳定性的条件是：方程（8.5）关于 p 的导数为负（即 $d\Delta p/dp < 0$）（谢识予，2012：227），即 Δp 是递减的。Δp 递减，意味着一个均衡是渐近稳定的（自我校正的），也意味着随着潜规则的盛行，实施潜规则的收益就变小，因此，规则的转换频率变小，直至为 0，这要求：

$$db_y/dp - db_x/dp = \pi(y, x) - \pi(y, y) - \pi(x, x) + \pi(x, y) > 0 \tag{8.6}$$

也即，如果群体中实施潜规则的比例因为某种外生原因而增加，则明规则和潜规则之间的期望支付差异就会增加（即明规则与潜规则的收益之差增加），使潜规则（X）的增加将会被抵消，因为它导致明规则（Y）更受欢迎。p^* 的渐近稳定性意味着对群体构成的所有足够小的扰动都会回到 p^*。方程（8.6）表达了如下直观含义，即渐近稳定均衡必须体现负反馈：潜规则（X）频数的增加降低了潜规则的相对优势。当方程（8.6）不成立

（并且严格小于零）时，均衡就是不稳定的，因为出现了正反馈：导致 p 增加的偶然事件将更有利于潜规则而非明规则，因此导致 p 向远离 p^* 的方向移动。

由式（8.1）和式（8.2）可知，要满足 $b_x - b_y = 0$，只需要满足：

$$p\pi(x,\ x) + (1-p)\pi(x,\ y) = p\pi(y,\ x) + (1-p)\pi(y,\ y),$$

求解上式得：

$$p^* = \frac{\pi(y,\ y) - \pi(x,\ y)}{\pi(x,\ x) + \pi(y,\ y) - \pi(x,\ y) - \pi(y,\ x)} \tag{8.7}$$

在 p^* 点处采用潜规则和明规则的收益相等，因此，不存在致使 p 改变的特性趋势。p^* 具有自我持存性（self-perpetuating）：这是一个均衡。当 $p > p^*$ 时，$b_x > b_y$，官员推行潜规则更有利，当 $p < p^*$ 时，$b_x < b_y$ 时，官员遵守明规则更有利可图。然而，p^* 是否是渐近稳定的呢？或者说 p^* 能否抵抗一个微小的扰动呢？答案很可能是否定的。为了更直观地说明这一点，我们这里给出 π 的值，其中 $\pi(x,\ x) = (8,\ 8)$，$\pi(x,\ y) = (7,\ 3)$，$\pi(y,\ x) = (3,\ 7)$，$\pi(y,\ y) = (10,\ 10)$。矩阵 8.1 变为矩阵 8.2。两名都实行潜规则的权力代理人相遇，双方因为对对方也行使潜规则心知肚明，既因为利益的获得而沾沾自喜，又担心受到惩处而诚惶诚恐，假设得益均为 8。两个行使明规则的代理人相遇因为没有对比，而且彼此之间能够坦诚公布，双方收益均为 10。当一个潜规则推行者遇到一个明规则推行者时，前者可能遮遮掩掩，其收益自然低于双方都运行潜规则的情况，设为 7，后者则因为未推行潜规则，在利益的对比面前显得失落，假设为 3。

矩阵 8.2：对称博弈矩阵

i	j	
	X（潜规则）	Y（明规则）
X（潜规则）	8，8	7，3
Y（明规则）	3，7	10，10

根据复制动态方程，可得：

$$\Delta p = p' - p = p(1-p)\beta(b_x - b_y) = p\beta(1-p)(8p-3)$$

求得三个均衡点 0，1，3/8。其中，$F'(0) < 0$，$F'(1) < 0$，$F'(3/8) > 0$，可见，只有 $p = 0$ 和 $p = 1$ 这两点为进化稳定策略（ESS），而 $p = 3/8$ 不是进化稳定均衡。当 $p < 3/8$ 时，均衡点会向 0 渐近，当 $p > 3/8$ 时，均衡点会向 1 渐近。

潜规则是共同体中集体权力的代理人与特定人员之间的利益交换，其中权力代理人因为掌握权力而在交易中占据着优势地位，实施与不实施潜规则取决于他或她的意愿，其中利益的考量是关键因素。几乎没有哪个代理人愿意冒着受正式制度惩罚或群体成员谴责的风险而去实施对其没有任何好处的潜规则，因为这样做损人又不利己。潜规则的存在，是权力代理人将本来属于群体的利益据为己有，这个交易过程不是简单的集体利益向个人的转移，它还造成社会的整体效率的损失，但即便如此，对代理人而言，潜规则使其获得了正式制度下无法获得的收益。因此，只要 $b_x - b_y > 0$，就存在由明规则向潜规则转换的利益动机，此时规则的转换仅受意识形态的约束，现实利益在激励上的强势地位使意识形态趋于瓦解。依靠意识形态的灌输和自觉的道德提升来限制官员推行潜规则，无异于以木材做的盾抵御钢铁做的矛。只有以暴力为后盾的法治才是对付潜规则侵袭的措施。没有完备的正式制度及健全的实施机制，人们就会看到潜规则肆虐，直到侵袭每一位公权力代理人，最终使像海瑞这样的清正廉洁的官员被排斥出官僚系统。

p^* 点是不稳定的，它仅仅是一个象征性的点，一个微小的扰动都会促使 p 向 0 或 1 方向移动，此时整个群体（如公权力代理人队伍）要么全是清正廉洁的，要么全被潜规则腐蚀。然而，这又与现实不符，更多的情况是，一个共同体中集体权力代理人队伍中既有潜规则的实施者，也有坚决奉行集体利益最大化原则的清正廉洁的代理人。这种混合情况的存在有两个解释：一是参与人所面对的 $b_x - b_y$ 并不都大于 0。由于组织内部系统的复杂性和岗位的多样性，各个代理人所面对的明规则约束并非完全一致，违反明规则却不被察觉的情况也各不相同。越是处于公众视野的人，受到公众关注的程度就越高，受到明规则约束可能就越多，违反明规则就越容易受到惩罚，

使 $b_x - b_y = 0$，或 $b_x - b_y < 0$；反之，制度越不完善的部门，或运作越不透明的部门，其权力代理人在潜规则的实施上就越有机可乘，此时 $b_x - b_y > 0$。二是各个权力代理人对支付差异的敏感度 β 不一样。意识形态、传统道德价值观虽然在利益面前常常变得脆弱乏力，但它对代理人仍然起到一定的约束作用，一个有着远大理想和坚定信念的代理人就不容易受短期的潜规则利益的诱惑。

二、官—民博弈：一个非对称的双人模型

本模型假设社会人群分为两类，一类是官员，另一类是民众，而且假定官员只与民众接触，民众也只与官员接触，官员与官员之间或民众与民众之间不存在交往。假设在这个社会中存在两种互相排斥的规则：潜规则 X 和明规则 Y，令 p 表示某行为人随机扮演官员角色时，他选择潜规则 X 的概率，则其选择明规则的概率为 1 - p，令 q 表示某行为人扮演民众时服从潜规则的概率，则 1 - q 表示民众拒绝潜规则的概率，那么博弈状态可以用一对概率（p, q）来描述。在非对称的双人博弈中进行交往，每个人的支付表示成 $\pi(i, j)$，即根据规则，官员或民众 i 和民众或官员 j 进行博弈时获得的支付。如此，官员的支付取决于他是否推行潜规则以及与其遭遇的民众是否服从潜规则。因此，只有当官员和民众运用的规则相一致的时候，才会有收益，否则双方的支付均为0。再且，对整体而言，明规则总会比潜规则带来更大的收益，这主要反映在民众收益上。但对官员而言，推行潜规则总是比不推行潜规则更有利可图，而民众的收益在潜规则下大大降低了，其降低的幅度比官员收益增加的幅度要大（见矩阵8.3）。

矩阵8.3：官—民非对称博弈矩阵

		民众（j）	
		X（潜规则）	Y（明规则）
官员（i）	X（潜规则）	a, b	0, 0
	Y（明规则）	0, 0	a-1, b+2

在这一矩阵中，存在几种不同的支付值：

$\pi(x, x) = (a, b)$ 表示官员推行潜规则，民众也服从潜规则的情形下官员和民众的支付。

$\pi(x, y) = (0, 0)$ 表示官员推行潜规则，但民众拒绝服从潜规则的情形下官员和民众的支付。

$\pi(y, x) = (0, 0)$ 表示官员遵守明规则，但民众实施潜规则的情形下官员和民众的支付。

$\pi(y, y) = (a-1, b+2)$ 表示官员遵守明规则，民众也遵守明规则的情形下官员和民众的支付。

很容易计算得，官员推行潜规则的期望收益是：

$$aq + 0(1-q) = aq \tag{8.8}$$

官员遵守明规则的收益是：

$$0q + (a-1)(1-q) = a - aq - 1 + q \tag{8.9}$$

要使官员的潜规则收益与明规则收益相等，则必须满足：

$$aq = a - aq - 1 + q \tag{8.10}$$

解得：

$$q = \frac{a-1}{2a-1}$$

同理，民众服从潜规则的期望收益是：

$$bp + 0(1-p) = bp \tag{8.11}$$

拒绝潜规则的收益是：

$$0p + (b+2)(1-p) = 2 + b - p(2+b) \tag{8.12}$$

要使民众的服从潜规则收益与拒绝潜规则收益相等，则必须满足：

$$bp = 2 + b - p(2+b) \tag{8.13}$$

解得：

$$p = \frac{2+b}{2b+2}$$

对官员来说，根据 q 是否小于、等于或者大于 $1 - 1/a$，选择潜规则的效用小于、等于或者大于明规则的效用。q 是民众愿意服从潜规则的概率，当国家的法治水平比较高、民众的诉求表达渠道畅通、社会公共精神达到较高水平时，民众会主动拒绝服从潜规则，使 q 值变得极小，这样官员就无从下手推行潜规则，只能遵守明规则。相反，当法治不健全、民众诉求表达渠道不畅通、社会资本缺乏时，民众实施或接受潜规则的概率 q 就比较高，此时官员就有机会利用手中的权力推行潜规则。$1 - 1/a$ 是官员推行潜规则与遵守明规则的均衡点，在这一点上，明规则与潜规则带给官员的收益相等。

对民众而言，根据 p 是否小于、等于或者大于 $\dfrac{2+b}{2b+2}$，服从潜规则的效用小于、等于或者大于拒绝潜规则的效用。p 是官员推行潜规则的概率，当明规则足够细致、实施机制完善、正义的意识形态足够强大时，官员会自觉遵守明规则，使 p 值变得极小，这样民众在与官员接触时如果仍想实施潜规则就得不偿失，因此就不会实施潜规则。相反，当明规则留给官员较大的自由裁量权、正义的意识形态和价值观又变得软弱乏力时，官场上潜规则盛行，使 p 较大，民众面对这种难以克服的外界环境，只能主动地选择或被动地服从潜规则才能改善自身处境。

在官员—民众博弈中，有三种状态不存在变化的趋势，这些状态分别是 $(1, 1)$、$(0, 0)$ 和 $\left(1 - 1/a, \dfrac{2+b}{2b+2}\right)$。这些状态中的第一种情况代表了如下状态：官员全部推行潜规则，民众也全部接受潜规则，很明显在给定对手选择潜规则之后，另一方的最优选择也是潜规则，否则双方的支付均为 0。第二种情况是第一种情况的镜像，此时官员和民众都维护明规则的权威，主动遵守明规则，任何一方单方面背离都会导致双方利益的受损。第三种情况表示如下含义：官员群体中有 $1 - 1/a$ 的人推行潜规则，民众中有 $\dfrac{2+b}{2b+2}$ 的人选择潜规则，这种情况下官员和民众是随机接触，事前并不知道对方的策略，只是根据对方可能选择的策略做出自己的判断，并独立做出自己的决定。

在以上三种状态中，任何离开点 $(1, 1)$ 的微小偏离都会自我纠正，因为在点 $(1, 1)$ 附近所有的点都会向点 $(1, 1)$ 移动。与此类似，任何对点 $(0, 0)$ 的微小偏离也都会自我纠正。因而这两点代表了稳定均衡状态。作为对照，点 $\left(1-1/a,\ \dfrac{2+b}{2b+2}\right)$ 则代表了非稳定均衡状态：最轻微地偏离该点都会引致向点（1，1）或（0，0）移动。因而看上去点 $\left(1-1/a,\ \dfrac{2+b}{2b+2}\right)$ 所代表的状态根本不可能维持多长时间，尽管这一状态意味着无论是 p 还是 q 都没有特定的变化趋势，但是参与人采用两项策略的频率发生任何偶然的变化都会使该状态无法维持，甚至只是谣言也会改变该状态。至于是向（1，1）还是向（0，0）移动，取决于博弈结构之外的明规则及其实施机制：当法律制裁的风险小于潜规则带给官员的收益时，或者民众习惯于逆来顺受时，潜规则会盛行，（1，1）为均衡点。当法律制裁或者民众揭发的风险大于官员推行潜规则的收益时，均衡点就会向（0，0）移动。

现实社会中，潜规则一旦滋生出来就会迅速地向整个领域蔓延，拒绝服从潜规则的人将被视为不容于社会而被淘汰出局，那些推行潜规则的人将如鱼得水。近年来反腐斗争中不断涌现的犯罪窝案、塌方式腐败、区域性腐败、系统性腐败现象也说明了潜规则常常不是偶然性的，而是全领域的普遍的现象。

第二节 潜规则的运行逻辑——
作为关联博弈的均衡

潜规则的隐蔽性增加了人们的猜度，增加了人们的心理成本，公权力领域的潜规则更是损害了公平和正义，然而，潜规则存在这样那样的问题，为何它还能长期地存在呢？侵略型的潜规则是理性的个体捕捉到由制度漏洞滋生的"商机"而实施的交易行为，交易双方一旦达成交易，双方各取所需而且皆大欢喜，交易完毕双方都毫无抱怨（尽管这些交易危害了制度和社会秩序）。然而有些潜规则的交易并不能使交易双方都愉快，尽管交易出于自愿，但总有一方深切地感受到剥夺与威胁，对其来说，接受潜规则实属被迫无奈之举。这类潜规则就是防御型潜规则。然而，在单个防御型潜规则的交易中，处于弱势的一方在面对强势一方的勒索暗示时，为什么不能站出来揭发呢，哪怕潜规则给自己造成了较大的额外支出？实际上，参与潜规则交易的双方，不仅作为潜规则交易域中的参与人存在，还同时参与了多个交易，在一个交易中的策略选择受到关联交易支付的影响，即联结两个博弈和汇合不同的激励约束有助于放松激励约束。本节我们将以公权力领域为场景，分析防御型潜规则得以运行的逻辑。

假设存在一个共同体或社区，其中的人群分为两类，一类是官员，另一类是民众，而且假定官员只与民众接触，民众也只与官员接触，官员与官员之间或民众与民众之间不存在交往。每期民众都同时与公权力代理人参加两个博弈：一是办证博弈；二是贫困资助博弈。即每期民众要根据法律法规要求向官员申请办理证件（如出生证明、户籍证明、贫困证明等），官员有权审核民众提交的材料，在甄别其完备性和真实性之后做出是否发放证件的决定。在同一时期，民众还要争取官员的贫困资助，我们可以假定在这一社区中所有的民众都是处于贫困线以下，都在争取获得政府的扶贫资金，而政府官员掌握着扶贫资金的发放，有权根据民众的贫困程度决定扶贫资金发放给谁。

假定官员均是自利的经济人，只要寻找到机会就会努力增进自己的福利。因此，官员在给民众办证的过程中暗示潜规则，即要求民众给予额外的支付，但因为这种索贿的行为明显违反了正式规则，因此，如果民众不接受潜规则，官员在办证这一件事上也无可奈何。假定民众拒绝接受潜规则的成本为 C_1，收益为 B_1，而接受潜规则所需要的支付为 d_1，因此，接受潜规则所获得的收益为 $B_1 - d_1$。假定：

$$B_1 > C_1，且 B_1 - d_1 \leqslant C_1$$

第一个不等式意味着每个民众在这一办证过程中拒绝潜规则将给自己带来好处，而第二个不等式则表明接受潜规则后民众的收益由正转为负，意味着每个人都有拒绝潜规则的动机。因为办证所要求的材料是明晰的，即使民众拒绝服从潜规则，官员也无法从中作梗拒绝给民众办理证件，即其在办证过程中惩罚那些拒绝服从潜规则的民众是困难的。

在扶贫资金发放的博弈中，每个民众为获得资助所花费的正常成本为 C_2，获得的扶贫资金为 B_2。假设扶贫博弈是重复进行的，即每期（年）都重新审核民众的扶贫资料再决定扶贫资金的发放，在每个阶段博弈开始时，任何民众都可能被官员从扶贫名单中清除出去。我们需要弄清楚，假定非合作社会行为要受到永久除名的惩罚，民众是否有偏离该路径的动机。假设扶贫博弈与办证博弈分开进行，那么民众在扶贫资助中认真合作的激励相容条件就由下式给出：

$$C_2 < \frac{\delta\left[B_2 - C_2\right]}{1 - \delta}$$

或等价地：

$$C_2 < \delta B_2$$

δ 是民众的时间贴现率。也即是说，民众为争取扶贫资助而付出的成本（第一个不等式的左边部分）应该小于因被从扶贫名单中除名而牺牲的未来收益之和的贴现值（右边部分）。我们假定当 δ 充分大，也就是说，当民众有足够的耐心时，上述条件将成立且有一定的松弛量。令 z 代表松弛量，且 $z = \delta B_2 - C_2$，它代表民众争取到扶贫资助的收益流量。

现假定办证博弈由同一社区民众在每个春季重复进行，而扶贫博弈则在每个秋季进行，如此无穷循环下去。每个民众根据前一个博弈结果协调每个博弈的策略。假定每个民众相机采取以下策略组合：（1）如果前一个博弈选择了不合作，那么办证博弈就选择拒绝潜规则，在扶贫博弈中选择放弃；否则在办证博弈中就服从潜规则并在扶贫博弈中选择努力。（2）对于任何在办证博弈中曾经拒绝潜规则的民众，官员一律将他驱逐出所有未来的社会活动，而且只驱逐那些拒绝服从潜规则的民众。现在让我们来核实一下该策略组合连同上述信念是不是构成一种均衡。

为了显示该策略组合构成一种均衡，我们只需核实，在任何时候，偏离上述策略组合对民众是无利可图的。首先要注意到，如果某民众以前在办证博弈中曾经选择拒绝潜规则的话，那么他以后在两个博弈中选择服从和努力将不会提高其未来收益。另外，如果某民众在以前两个博弈中都选择接受潜规则和努力的话，在办证博弈中再选择拒绝潜规则就不值得了。不合作的收益是使本期和未来所有时期的成本节省了（$d_1 + C_2$），而代价则是牺牲了拒绝潜规则可能带来的本期和未来所有时期的收益 $\delta B_2 + B_1$。因此，每个民众选择服从潜规则的激励约束由 $C_1 + d_1 + C_2 < \delta B_2 + B_1$ 给出。或：

$$C_1 + d_1 < z + B_1$$

很清楚，即使办证博弈中选择潜规则的激励约束（$C_1 + d_1 \leqslant B_1$）不满足，但如果满足扶贫博弈的激励约束且有足够大的松弛量 $z > C_1 + d_1 - B_1$，上述不等式仍可成立。因此，连接两个博弈放松了激励约束，尽管办证过程中民众有能力拒绝官员的索贿，而且无损于这次办证，但是这次拒绝必然让官员记恨于心，利用扶贫博弈对民众进行报复。

实际上在同一社区中，官员对民众有多种控制途径，远不止办证和扶贫资助，特别是在法治程度较低的社会，民众的权利大多仰仗上级官吏的给予，个人的利益有赖官员个人的保护，权利的获得和利益的保障在很大程度上取决于官吏的喜好，民众一旦得罪或者不顺从官吏，后者有多种方式让前者动辄得咎。民众面对潜在的损害，只能忍气吞声。因此，法治社会的建设，不是只在某一个领域做到规则明晰，赏罚分明，而是在社会各个领域都有法可依，有法必依，执法必严，违法必究。唯有如此，才能堵塞住官员任何一个以权谋私的机会，才能保障民众敢于拒绝官员的额外索取而不必担惊受怕。

第三节　潜规则的执行机制

正式规则得以执行，在于其拥有合法的强制实施机制，潜规则是违背社会公平正义的规则，它的运行不能直接获得合法的强制机制支持，因此，它的维持可能比明规则更困难，面临着更大的交易成本，在交易中出现更多的机会主义行为。然而潜规则却实实在在地运行，其背后必然有支持其运行的相应机制。

一、潜规则的交易成本

潜规则本质上是一种依附于交易之上的交易，交易双方的行为违背正式规则或背离公共角色的正式义务，是一种非合法的交易，这种非合法的性质导致双方转入隐蔽的状态。潜规则下交易协议的非合法性使其在出现争执时不能诉诸正式制度如法律或仲裁机构来强制执行，这使潜规则下的交易比合法的交易面临着更大的交易成本。具体而言，这些交易成本包括寻找合伙人、确定合同条件以及执行合同条款的各项成本，此外，第三方的威胁也增加了潜规则双方的交易成本。

（一）寻找交易对象的交易成本

在自由裁量权的行使中，寻找愿意合作实施潜规则的对象是有困难的，这需要交易主体调查对方是否也乐意参与潜规则，以及是否有为获得资源而有能力和意愿提供贿赂。无论是潜规则者还是被潜规则者，确认对方愿意实施潜规则都是比较隐晦的。直接询问比较危险，因为假如对方不愿意参与潜规则，则很可能公开甚至提出指控。通过暗示的方式，也难免会遇到对方一身正气的回应使自己尴尬。陌生人之间的不信任感使得双方并不会轻易地将自己的动机透露给对方，即使内心向往，也会出于谨慎而口头上拒绝，只有经过反复接触，待关系达到一定程度后方才了解对方的真实意图。因此，潜规则只能在信得过的人之间发生，或者要有信得过的人推荐。交易双方要从陌生人变成信得过的人并非易事。比如当今学术杂志花钱就能刊发的现象比较严重，一些优质的杂志同样运行着潜规则。当文章质量可上可不上时，关系或者金钱的作用就凸显了。但是一个普通的研究人员，总不能冒昧地直接询问杂志编辑要收多少钱才能将文章发表，无论是面对面，还是邮件、电话等方式，都不会获得真实的答案。只有找到与杂志编辑相当熟悉的人作为中介，才会知道其中的规则；也只有通过这个联系人，研究人员才会与杂志编辑建立联系并获得对方的真实报价。对于想在文章发表过程中实施潜规则的人，有钱并不代表就能发表，还要有中间人，要有"信任"——相信对方不会将交易信息向外界泄露。信任的培育和中间人的寻找过程，就是寻找交易对象的过程，是潜规则中的一项支出。

通常权力的代理人寻找潜在交易对象的渠道包括：首先在公众中对潜规则的信息包装后传播，但依然避免不了寻找到"错误的客户"和被揭发的可能；其次雇用中间人"宣传"交易信息，但面临着额外的支付，同时中间人的培养也是需要时间和成本；最后，仅向准备充分的合作方传递相关信息，但甄别哪些是潜在的合作方是要花费成本的。对被潜规则者而言，同样面临着寻找能够并且愿意与之交易的公权力代理人。不过，相对于公权力代理人而言，普通民众寻找潜在的交易对象的费用要小一些，原因如下：一方面，拥有特定公共资源的权力代理人的数量是有限的甚至是唯一的，正式制度对公共资源的配置有相对明确的分工，一般民众总能知道要获得某种特定的资源而应该去寻找哪个门或哪些关键人物。另一方面，公权力代理人是否实施潜规则的信息常常在民众中通过口头传播，因为潜规则一旦败露，正式制度通常更倾向于惩罚公权力代理人而赦免被潜规则者，因此，民众在潜规则中承担的风险要小，致使潜规则的消息得以在民众中快速地传播。

（二）执行成本

即使在某些情况下无法组织起散布潜规则信息的有效方式，也不会妨碍潜规则的发生，否则就难以解释社会上潜规则的盛行。实际上，业已确立的合法关系，如商业伙伴关系、权力结构中的上下级关系，往往成为潜规则运行的载体。后面将会谈到潜规则往往内嵌于既有的合法社会关系中，社会关系成为潜规则得以持续运行的保证，"合法关系催生腐败行为，而后者恰恰寄生在前者体内"（Lambsdorff，2007：141）。一旦协定潜规则协议，即面临着交易协议实施的问题。因为潜规则协议需要欺瞒大众，并且在交易结束后各方往往获得了潜在的彼此威胁的破坏性信息，对对方违法信息的掌握，直接构成了潜规则协议执行的威胁。实施潜规则是有风险的，公权力代理人很可能出于道德立场或仅仅因为缺乏足够的违法能力而谴责甚至告发实施潜规则者。即便是那些主动实施潜规则的官员偶尔也可能选择指控被潜规则者，以便树立两袖清风的形象来获得公众的支持。特别是有些潜规则协议需要跨期执行，支付不能按时或按额兑现时，最容易引发相互的告发。

假如最初没有对潜规则交易的条件进行清晰阐述，那么风险就会扩大。在潜规则中，双方很可能在涉及交易内容时含糊其词，没有明确和清晰的权利或责任，目的都是更好地逃避法律诉讼。特别是一些较为复杂的潜规则，这些交易难以一次性交付，通常需要履行复杂冗长的程序，需要相当长的时间才能完成。这样其中一方就可能背信，拒绝履行之前的承诺：要么在获得服务之后拒绝按约定支付报酬，要么在获得支付后拒绝提供约定的服务，或者要求更高的支付。任何一方的背信，都会破坏潜规则协议。世界银行曾如此引用某商人的言论："存在两种形式的腐败：其一，你支付市价获得相应服务；其二，你按约定支付报酬，回家后却夜夜辗转难眠，担心能否获得相应服务，甚至是否有人正打算对你提出指控。"（Lambsdorff，2007，144）

（三）掩盖交易的成本

潜规则下的交易完成后，双方的关系并不随着服务和报酬的交换而终结，这是潜规则交易协议与合法交易协议的区别之处。潜规则是对交易的交易，依附于合法交易之上的额外支付违反了制度或制度精神，因此，潜规则实质上是对合法交易的非法交易，交易一旦完成，双方都掌握着对方违法的证据，任何一方都可能利用这些证据逼迫对方进行更多交易。德国联邦刑事调查局（Bundeskriminalamt）的报告称，在目前发现的腐败案件中，仅有20%涉及不超过一个月的交易关系，而在54%的案件中，行贿者与受贿者的关系持续长达3年以上（Lambsdorff，2007，138）。潜规则与这些腐败的案件类似，潜规则一旦发生，参与双方便被拖入一种欲罢不能的境地。然而在这种困境中双方的地位常常是不对称的，公权力代理人常常因为害怕被潜规则者的揭露而担惊受怕，使其在交易后常常处于被动的地位，被潜规则者则可以在一旦东窗事发后以被公权力代理人所胁迫不得已才实施潜规则作为撇开责任的理由。行贿和受贿是潜规则现象的普遍行为，行贿者往往为了达到个人目的，不择手段行贿，一旦行贿成功，行贿者便具有了合法祸害受贿者的能力，并且可以通过检举揭发、宣称索贿、作证等各种方式对受贿者进行要挟，形成恶性循环。

潜规则的执行，除了面临着交易信息获取的困难、交易双方机会主义的威胁外，还面临着利益相关的第三方的威胁。潜规则行为在道德上是消极的、负面的，与主流社会道德相冲突是潜规则最基本的特征，那些私权领域的潜规则尚且引起社会公众的不满，那些公权力领域的潜规则更是直接侵害到局外人的利益。潜规则是以牺牲公共利益为代价谋求私人利益的行为，这种公共利益包括社会整体的经济利益，也包括社会大众所追求的社会公平、正义价值观，因此，任何潜规则之外的人员都是利益相关方。利益因潜规则直接受损的第三方（当然也包括那些愿意但未能参与潜规则的利益相关者）、因社会的公正遭受破坏而痛心疾首的民众以及以社会公平正义为己任的媒体，都试图获得潜规则的信息。他们试图获得潜规则双方交易的信息，揭露潜规则的内幕以使潜规则双方受到明规则的惩罚；或者心怀不轨者以揭露双方交易为威胁，以此敲诈潜规则交易双方。第三方的威胁提高了潜规则的保密性要求，进而提高了潜规则下的交易成本。

潜规则对经济效率和社会秩序运行都是有危害的，也就是说，增加潜规则的交易费用对组织或社会而言是有益的，提高潜规则的交易成本是打击潜规则的重要方法。潜规则的交易成本包括事前、事中、事后成本，每一个环节的成本高低都取决于明规则的完备性与实施机制的健全性。如明规则通过鼓励揭发潜规则行为，可以提高潜规则的事中和事后交易成本，进而阻止潜规则的发生。

二、潜规则的"执法者"

潜规则具有社会危害性，但它却能长期存在，除了利益的算计之外，其必然存在着确保潜规则运行的"执法者",这些"执法者"的主要职责就是惩罚那些潜规则行为中的"机会主义者"。潜规则面临着机会主义的危害,如何避免机会主义是潜规则双方都要面对的问题,现实中确实已经形成了一种减少潜规则中机会主义行为的机制,也正因为这些机制的存在,潜规则才会如此盛行和经久不衰。

（一）明规则

通常,潜规则的执行是不能指望明规则如法律法规直接介入的,在法律允许的范围以外进行操作的合同行为不能获得法律的保障。《中华人民共和国民法典》第一百四十八条规定:"一方以欺诈手段,使对方在违背真实意思的情况下实施的民事法律行为,受欺诈方有权请求人民法院或者仲裁机构予以撤销。"第一百四十九条规定:"第三人实施欺诈行为,使一方在违背真实意思的情况下实施的民事法律行为,对方知道或者应当知道该欺诈行为的,受欺诈方有权请求人民法院或者仲裁机构予以撤销。"第一百五十条规定:"一方或者第三人以胁迫手段,使对方在违背真实意思的情况下实施的民事法律行为,受胁迫方有权请求人民法院或者仲裁机构予以撤销。"第一百五十一条规定:"一方利用对方处于危困状态、缺乏判断能力等情形,致使民事法律行为成立时显失公平的,受损害方有权请求人民法院或者仲裁机构予以撤销。"从这些法律条文中不难看出,潜规则通常不能获得法律层面的执行保障,而且一旦潜规则被公之于众,则双方不但无法获得其主张的权利,而且还将被追究责任。

明规则的这种威胁在一定程度上阻止着潜规则的发生,但同时也间接地保护着那些正在进行中的潜规则。明规则虽然不能直接解决潜规则的执行问题,但却能对潜规则中的机会主义构成威胁。潜规则中当事双方一旦涉入潜规则中,相互告发的风险始终存在,被揭露后受到明规则制裁的威胁迫使交易双方不得不将交易进行到底,进而促使潜规则顺利实施。

明规则对潜规则的约束还表现在,潜规则总是内嵌于合法的社会关系中,明规则通过影响合法的社会关系而构成对潜规则的约束。最显明的社会关系如上下级关系、社区管辖和被管辖的关系、合法交易关系等。在上下级关系中，明规则赋予上级对下级的命令权，下级具有服从的义务。明规则不可能对上下级之间的所有事务都赋予程式化的约定，在自由裁量权的范围内上级足以给下级造成难以忍受的负担，如工作任务的安排、奖惩。上级凭借着明规则赋予的权力，迫使下属不得不遵循潜规则。明规则所赋予上级的自由裁量权越大，上级对下级的影响就越大，潜规则就越盛行。又如在管辖和被管辖的关系中，明规则赋予社区各部门对社区居民合法的管理权，社区各种职能被明确地归于某一个职能部门，各职能部门垄断着社区的某一特定事务，民众在这些事务上除了获得这些部门的核准外别无选择。在核准某项事务上社区及各部门代理人又拥有一定的自由裁量权，部门领导人依据明规则赋予的自由裁量权推行潜规则。因此，在维持潜规则的交易中，明规则扮演着重要的角色。

归纳起来，明规则的威慑力一方面阻止着潜规则的发生，另一方面通过影响合法的社会关系来抑制潜规则中的机会主义，确保潜规则得以顺利实施。

（二）权力等级结构

潜规则的一个重要特征是，它常常涉及共同体的集体权力。在共同体中集体权力的结构有两种基本形态：制约结构与集权结构（陈国权，2011）。制约结构是指权力与权力之间相互制约，是不同权力主体之间通过彼此钳制的关系形成权力之间的相互约束；集权结构则恰好相反，权力在横向层级上向某个个人集中，在纵向关系上，下级向上级集中，并且对集中的权力缺乏有效的制约。集权结构表现为个体在权力占有上的不平等，上级对下级有发布命令的权力，下级对上级有服从的义务，这种支配与被支配的关系是由外在的明规则所确定，是一种法定的权力，这种关系难以通过逃避而拒绝，难以通过努力而改变。在权力等级结构中，上级行使权力的自由裁量权越大，其对下级的支配权就越大。如果民众没有被赋予平等的不可侵犯的基本权利，则处于权力最末端的个体的衣食住行将完全取决于上级的态度；反之如果民众被赋予普遍的基本权利，而且这些基本权利得到充分和严格的保护，则上级权力的自由运作空间就小，民众就极少受到侵害。

大部分的潜规则发生于集权结构的形态中，权力范围内的自由裁量权滋生潜规则，随着自由裁量权的增大，潜规则会更加盛行。因为在这种集权结构中，上级通过自己的权力能够轻而易举地给下级带来好处或造成损失，而下级却对上级几乎构不成实质的威胁。上级的赏识是下级晋升或获得资源和机会的唯一途径，上级倾向于利用自己的权力获取利益，下级便会察言观色，投其所好，公权力与金钱和物质的交易由此形成。

权力等级结构中的潜规则，表面上是下属、民众和企业基于成本和效益的考量而自愿做出的选择。但这忽略了权力代理人对市场门槛的人为设置，增加了下属的支出，提高了民众的事务成本和企业的交易成本。下属、民众与企业处于权力的弱势地位，在潜在的损害面前不得不屈从于潜规则。因此，对于权力等级结构中的下级人员而言，潜规则是带有强制性的，这种强制性维持着潜规则的长期运行。

（三）社会关系

格兰诺维特（Granovetter，1985）认为，市场交易不是在原子化的个人之间进行，而是嵌在各种社会关系中。社会关系对经济交易的作用，在于社会关系能为经济交易提供一定程度的信任环境，而信任是市场交易得以实现和一种规则得以运行的不可或缺的因素。社会关系是孕育信任的土壤，亲密的社会关系使行为更具有可预测性。亲密的社会关系能抗拒机会主义，促进交易的达成。亲友之间、同一组织内部、同一俱乐部、同一个校友会以及同一个商会的成员之间都会产生某种程度的信任。或许正如亚当·斯密所言，人们倾向于"怜悯"和"体恤"别人，特别是与自己关系亲近的人们。人们注重在关系网络中培养自己的声誉，渴望通过从其他人那里获得肯定性的认同来树立一个讨人喜欢的自我形象，对成员的欺骗会受到网络内部成员的一致谴责，从而丧失成员的信任，丧失未来的经济资源和社会资源。格兰诺维特甚至认为，社会关系而非制度安排是在经济生活中产生信任的主要因素，关系的网络而不是制度安排才是履行维持秩序这一功能的结构。

正是社会关系的这些作用，潜规则总是镶嵌在一定的社会关系中，借助关系中的信任而运行。前面已述及，权威关系的存在以及重复交易的需求是潜规则的执行机制之一，权威关系和重复的交易关系是无数社会关系的两种类型，此外，社会关系的其他类型如家庭关系、亲属关系、朋友关系、商会关系、学缘关系、业缘关系、俱乐部关系等都可能为潜规则提供载体。一旦合法的关系组建起来，信任关系培养起来，合法的威胁也随之形成。通过将个人嵌入长期的社会关系中而促进了经济交往。对一个社会结构的成员而言，从惠及他人的行为中获得的好处，可能超过从机会主义行为中获得的好处，利他是维系社会关系的力量（虽然利他的最终目的也是自利）。同时，社会关系有可能被用于传输潜规则的信息，担保额外的交易。例如，政府采购部门和供应商之间的多次合法的市场交易可能成为潜规则的基础，因为结束合法关系的威胁有效地防止了潜规则中的机会主义行为。权力的上下级关系可能有助于潜规则运行，因为它提供了打击机会主义并且惩治违反者的控制机制。当缺乏有效的权力监督机制时，一些企业常常在重要节日对辖区内对应的相关政府职能部门的人员派送购物卡或礼物，购物卡面额的大小和礼物的多少根据这些部门内部人员的级别大小而定。对于拒绝派送的企业，辖区相关职能部门代理人可能会在税收、员工工资和社保、职业资格考试等方面对该企业进行"严格"的审查，非要审查出企业违法的证据出来，迫使企业疲于应付，但是所有的审查看上去都是严格地按照当地的法律规章制度来进行的。

潜规则被嵌入一般的社会关系中，社会关系就将因此被滥用而蜕变。一些社会关系便被公众认为藏污纳垢，要求加以清理，舆论的压力可能迫使政府取缔一些相应的俱乐部或要求这些组织拒绝接纳政府官员，取缔某些合法的交易。如2013年，中共中央组织部印发《关于在干部教育培训中进一步加强学员管理的规定》，要求学员在校期间及结（毕）业以后，一律不准以同学名义搞"小圈子"，不得成立任何形式的联谊会、同学会等组织，也不得确定召集人、联系人等开展有组织的活动；又如禁止公职人员及直系亲属经商也是试图通过取消某种合法的社会关系来铲除非法交易存在的土壤。然而社会关系的广泛性将使公权力的委托人防不胜防，一种关系被禁止，潜规则必将在其他领域、其他关系中出现和盛行。社会关系被滥用于权力的赎买不是社会关系本身所固有的"恶"，而是制度问题。因此，铲除潜规则生存土壤的重心不是改造社会关系，而是如何将公权力"关进笼子里"。

（四）重复交易

潜规则产生于人们与公权力代理人的交往中，这种交往常常不是一次性的，而是重复发生的，如组织的上下级关系、社区管辖部门与被管辖民众之间的关系，甚至在权力等级结构中处于同一层级的公权力代理人之间的关系，从博弈论的角度看，他们之间是重复博弈。正是因为他们的关系是重复进行的，潜规则关系的建立才具有规模经济效应，随着资源配置机会的出现，公权力代理人倾向于保持与老伙伴的合作关系，因为人们对未来交易的预期会引导他们在目前规避机会主义行为。如果公权力代理人拥有威胁取消未来交易合作的能力，那么他就有能力威慑对方促使其在目前的交易中行使潜规则和弃绝机会主义行为。阿克谢尔罗德（Robert Axelrod）开创性地提出了"重复的交易模式带来合作"这一观点。在这种重复的博弈中，以牙还牙或针锋相对的策略迫使对方最终"诚实地"遵守协议，即使潜规则双方就利益分配产生严重的分歧，冲突也常常能很快得到解决，因为双方都担心分歧会影响到未来的继续合作。

不过，重复交易在潜规则执行中的这种作用似乎仅限于权力结构中处于同一层级的公权力代理人之间，或者是权力代理人与组织外的其他人员之间（如政府负责采购的官员和区外投标企业）。因为在权力上存在不对等的关系结构中，处于低层级的人对其上级只能服从，无法构成可置信的威胁，他的机会主义行为对其上级几乎构不成损害，上级却能通过权力轻而易举地给下级带来好处或造成伤害。平级之间地位是大致平等或不相隶属的，双方不具有正式制度所赋予的命令—服从的关系，不同的权力主体在各自的权力领域内具有资源配置的决定权，各自行使规定的权力。在平级关系中，各主体还拥有相应的抗衡另一方的非正式权力，这种非正式权力不是正式制度所明确赋予的，却又依赖正式制度而获得，依靠这种非正式的权力可以构建地位平等和彼此制约的权力组合，实现权力主体之间的彼此约束。他们的合作是基于双方互信而展开，那么威胁中止长期交易很可能对双方都带来严重后果。例如，法律对于官员提拔自己的亲属有诸多限制，在舆论监督较严格时，政府官员都很少会在自己的权力范围内直接提拔或照顾亲属，而是将这些机会或好处分配给其他官员的亲属，以此换来其他官员对自己亲属的关照。在中国社会，我们不难看到官员子女尽管不是处于这名官员的权力范围内，但仍然比常人升迁更快的现象。

（五）信任

信任在市场交易中可以弥补信息不充分、抑制机会主义，减小交易成本的作用。交易成本是市场主体为完成交易所支付的费用，它源于市场交易主体的有限理性和市场信息的不充分。交易主体要完成一项交易，必须寻找合适的交易伙伴，市场中有无数潜在的交易伙伴和交易机会，但机会主义可能隐藏于这些潜在的、陌生的交易机会中，因此，需要支付费用分辨哪些交易伙伴是可信赖的，哪些可能会欺骗。在签订交易协议后，因为协议是不完全的，协议的执行也面临着机会主义的侵害，市场主体不得不支付费用力图签订完美的协议和监督协议的执行。由于信息的不充分和机会主义的盛行，人们倾向于与可信任的人做交易，信任可以抑制市场中错误信息的传播，减少市场主体搜寻信息的费用。同时当交易在可信任的人之间进行时，机会主义就不会产生，相互之间的协议可以尽可能简单而不必担心彼此的欺诈，在发生争执时双方都会共同遵守并且相信对方也会遵守某一套共享的裁决标准，从而减少协议执行的成本。

信任维持了合法的交易，也支持着非法的交易，腐败协议的执行严重依赖交易双方的信誉（Lambsdorff, 2007：144-154）。潜规则的双方特别是公权力代理人特别注重声望。假如公权力代理人在过去潜规则中都如实地履行承诺，没有采取机会主义行为，这表明其对诚实声望的重视超过对获得物质利益的重视。过去的行为体现了个人的道德态度，这无疑有助于其在未来获得更多的收益。曾经在潜规则中背弃承诺，收受报酬后拒绝提供服务的公权力代理人则会被指责不诚信，潜在的合作方很可能拒绝在未来与其保持合作。而良好的声誉则可以带来更多的收益。可见，潜规则的双方未必就是不诚实的。潜规则双方常常会履行承诺，对承诺的履行是德性的表现。

　　从潜规则的角度看，潜规则的双方是注重诚信的，但从整个社会的角度看，双方都背离了诚信。潜规则违反了正式规则或背离了公共角色所应承担的正式义务，背弃了服务公众的承诺，其本身就是一种机会主义。诚实可以避免公权力代理人卷入潜规则，但是也可以帮助他们更好地执行潜规则。拒绝机会主义行为、选择互利行为，会促进而不是抑制腐败活动的开展（Lambsdorff，2007：149–150）。

　　因此，信任作为一种社会资本，既维持着合法的交易，也支持非法的交易，但不能因此而否定信任，因噎废食。信任是人与人之间的特征，作为一种资本，它可以实现多种经济功能，而交易的合法与非法，则是法律层面考虑的问题。信任被用于潜规则，说明法律在惩罚潜规则方面的不力，而不是信任本身具有的"恶"。实际上，一个高信任度的社会常常与低水平的腐败相联系，但这种信任仅限于普遍信任（generalized trust）。

　　信任依据其水平的高低有三种类型：第一种类型的信任是个别信任（particularized trust），人与人之间的信任仅存在于少数人之间，如亲人、朋友和邻居等。第二种类型的信任是团体信任（grouplized trust），团体信任仅限于一个团体或组织内，对组织外的人则不信任。团队信任有助于拓展个人的信任半径。以血缘关系为纽带的低水平的特殊信任走向较高水平的团体信任，满足了社会交易扩大的要求，促进了市场交易。但由组织和网络孕育的内部成员间的信任可能会导致歧视，出现人们对组织内成员与组织外成员的两种不同态度，容易导致小团队主义和小关系圈。当市场进一步扩大时，团体的信任已经不能满足经济发展的要求，社会便呼唤普遍信任。普遍信任即为第三种类型的信任。普遍信任可以在陌生人之间建立信任，在反腐败斗争中很有帮助，因为它有助于官员与官员之间以及官员和公民之间更好地互相合作（Lambsdorff，2007：29 - 31）。因此说，支撑潜规则的信任是一种狭隘的信任（parochial trust），狭隘的信任是低水平的信任，往往伴随着经济的落后和潜规则的盛行，反之，一个经济高度发达和政治清明的社会必然拥有高水平的信任。

三、潜规则的实施效率

制度的实施效率包括行为有效率和惩罚有效率。一项制度不管人们同意与否，都能自觉自愿地执行，那么该项制度就是行为有效的；如果出现了违反、不遵循制度，第三方（法庭）能对之实施最优的制裁和惩罚，那么该制度被认为惩罚有效或制裁有效。度量行为有效与惩罚有效的程度可以使用行为有效率与惩罚有效率指标。例如，一项制度面对 10 个人，如果有 3 人自觉遵循，5 人通过惩罚而遵循，那么该项制度的行为有效率为 30%，惩罚有效率是 50%，制度的实施效率为 80%，制度的失效率为 20%。

潜规则是依附于社会关系和合法交易上的交易，潜规则符合交易双方的利益，正如前述，侵略型潜规则使资源购买者获得"合法的优待"，避免了更大范围的经济竞争，或者弥补个人在非经济竞争原则下的不足；防御型潜规则使资源购买者避免了"合法的伤害"。在给定的明规则体系下，正是因为潜规则符合交易双方利益，因此能够自动地实施，即潜规则具备行为的有效性。违反潜规则的代价是巨大的，即使被潜规则者极不情愿，也只能忍气吞声，不敢告发。明规则的威胁、权力等级结构、社会关系、重复交易等都确保潜规则得到有效执行。因此潜规则也具备较高的惩罚效率。

然而，潜规则越具有实施效率，其对社会的危害就越大。制度效率包括制度的绩效和制度的实施效率，制度绩效是前提，它确保制度是正义的，是正确的制度，只有正确的制度对社会才有建设性，只有正确的制度才谈得上去考虑其实施效率。一项非正义的制度，实施效率越高，对社会的危害就越大。如果一个奴隶制或一个准许最专横的种族歧视存在的社会被平等一致地管理着，那只能说明这个社会在错误的方向上越走越远。纳粹德国的大屠杀政策也能够得到彻底的贯彻，其结果是给人类带来了史无前例的灾难。正是因为具备了实施效率，潜规则才得以长期盛行于中国社会，但是其缺乏社会整体绩效的特性，使其越是盛行，对社会经济效率的损害越大，对社会正义的腐蚀越严重。

第九章

潜规则与经济绩效

本章主要探讨潜规则的盛行对社会经济秩序有何影响。潜规则作为一种实实在在的约束，必然规范着人们的某些行为，起着某种"秩序"的作用；潜规则之所以得到维持和盛行，必然对某些人——至少是主导规则执行的人——带来某种利益。但潜规则对第三方的影响乃至对整体社会经济效率的影响，以及它的运行对社会公平正义的影响，则不能简单地套用个体层面的理论。

第一节 潜规则与个人经济效率

一、关于规则的经济效率

新制度经济学对制度效率（有效性）的分析包含两个方面：一是制度的绩效，指制度通过降低交易成本对资源配置和经济增长的作用；二是制度的实施效率，即制度被主体认同、遵循的程度。长期以来，新制度经济学家没有对二者进行区分，研究制度的绩效，其前提是制度实施是有效的；同样，研究制度的实施效率假定制度的绩效问题已解决。实际上，制度的目标是谈论制度实施问题的根本，离开制度的目标去谈制度实施效率是没有意义的；同样，没有制度实施效率的支撑，制度的目标就不可能实现，因此，制度的绩效与制度的实施效率应是统一的。

如果制度是内生的、自然演化的，那么制度的实施效率与制度绩效是趋于一致的；如果制度是理性的建构，那么二者可能分离。总体上说，制度绩效的前提必须是制度被经济主体认同与遵循。新旧制度经济学家大概都同意，明规则是约束和规范个人行为的各种规则，这种约束是为了减小人与人交往的不确定性而被设计或演化出来的。霍布斯在《利维坦》一书中就指出，"君主制"（我们可以将这一特殊的制度范式加以一般化，从而视之为"制度"，也是一种明规则）被视为约束个人的自利行为、防止社会落入自然状态的重要手段。新制度学家诺思（North，1991）认为："在历史上，人类制度的目的是要建立社会秩序，以及降低交换中的不确定性，并为经济行为的绩效提供激励。"纯粹个人主义的成本收益计算可能会伴随着欺诈、逃避责任、盗窃、袭击和谋杀，而一种能有效约束人们反道德和机会主义行为的制度，则能对以上现象形成约束，使人们的行为少一些不确定性和风险，并使预期的稳定性和行为的可辨别性得到改善。可见，一个组织内运行的规则在本意上是减少人类活动的交易成本，增大组织和社会利益。

然而现实世界要复杂得多。明规则尽管能够在阳光下运行，但并不代表其就是有经济效率的。诺思提出了"国家悖论"：一方面，国家权力构成有效产权安排和经济发展的一个必要条件，没有国家就没有产权；另一方面，国家权力介入产权安排和产权交易又是对个人财产安全的限制和侵害，会造成所有权的残缺，导致无效的产权安排和经济的衰落。即，国家的存在是经济增长的关键，然而国家又是人为经济衰退的根源。历史上不乏自私的统治者，为了帝位的巩固和家族的世代利益而强力地推行违背人民和社会长远利益的政策，或者倒行逆施顽固地阻碍制度的变革，这些被统治者强加的制度严重违反了经济效率原则。

然而，尽管明规则也因为统治者的自私、利益团体的控制、变迁的时滞、路径依赖等变得无效率，但这并不是明规则设计者可以公开的本意，无论是何种性质的组织，明规则无一不是打着实现和维护集体利益的旗号颁布和推行的。历史上的统治者可能对要求改革的呼声进行打击，限制言论自由，但其也必须以符合朝廷的、民族的、国家的利益为其行为正名。即使某一时期的明规则存在着剥削和低效率，那仍然可以通过公开讨论的方式加以改进，只要公意认为现行的明规则缺乏效率，那明规则将寻求效率的改进。统治者禁止谈论公开的制度，使得"国人莫敢言，道路以目"的现象在历史上是极为少见的。

因此可以认为，明规则的目的是通过不断地降低交易成本实现制度的绩效。明规则通常会凝聚道德力量，它总是力图塑造这样一种社会秩序，在这种秩序中，个人在不损害其他人利益的前提下追求自身利益最大化，因此，明规则不仅是实现互利共赢的保障，也是增进社会经济效率的保障。即使某一时期的明规则存在非正义，也是可以通过公开讨论的方式使其符合公众的期待。因此，明规则通过不断地调整自身使其获得共同体成员的认同、遵循。

二、侵略型潜规则与个人收益的增进

对权力代理人而言，潜规则的运行无疑是有利的，因为潜规则本来就是代理人用公权力谋私的行为，本节仅针对"被潜规则者"而言，他们是无公权力的一方或在潜规则关系中处于权力等级结构下方的人员。对于"被潜规则者"而言，收益—成本的考量决定着其是否行使潜规则，他们的行为与市场的交易行为其实没有质的区别，对公权力代理人行使潜规则是他们在现有体制下捕捉商机获取利润的一种积极反应。运用潜规则可以为他们带来个人财富的增长或社会地位的提高，并获得荣誉，这些都是有价值的社会资源。侵略型潜规则实质上是公权力与利益的交易，潜规则实施者通过实施潜规则而避免了更大范围的经济竞争，或者弥补了个人在非经济竞争原则下的不足。

（一）弥补个人在经济竞争中的不足

社会中有些制度以经济效率为导向，笔者将这种制度理解为总是试图最大化组织的金钱收益，因此，其遵循市场经济的竞争原则，在这一规则下，资源将流向出价最高者。在以经济效率为导向的规则下，经济竞争法则将扩展到整个组织中，资源在组织或群体中寻找"买主"，最终流向愿意出价最高的买者，从而实现了资源的经济收入的最大化。侵略型潜规则实施者通过对公权力代理人进行赎买获得资源，它排斥了其他竞争参与者，使资源的配置仅限于潜规则参与者之间甚至直接赋予那个唯一行使潜规则的人，因此潜规则缩小了竞争范围，提高了潜规则实施者在竞争中获胜的概率。如在政府基建项目的招标中，投标者通过收买招标代理人而获得项目承包权，它排斥了服务质量最优者或出价最高者。

（二）弥补个人在非经济竞争原则下的不足

社会中除了以经济效率为导向的制度外，还存在另一类以非经济效率为导向的制度，这种制度下资源的配置根据先来后到、能力高低、年龄大小等非经济原则展开。这些原则尽管本质上也是一种竞争法则，而且其竞争的强度也丝毫不亚于经济竞争，但人们却喜欢冠以"平等原则"或"公正原则"的美名。在这些非经济效率为导向的制度下，侵略型潜规则实施者不再遵循非经济竞争法则，而是通过对公权力代理人进行贿赂这一捷径来获得资源，它弥补甚至避免了在非经济竞争条件下的不足。如某些机构本应以应试成绩择优录取，但潜规则实施者却通过金钱收买获得录取名额，从而避免了在招生应试中的劣势。

总之，侵略型潜规则实施者通过贿赂公权力代理人，限制了经济竞争和非经济竞争的范围，排斥了其他竞争者，进而增进了自身的利益。

三、防御型潜规则与"合法伤害"的避免

自由裁量权是制度设计中不可避免的，试图不给官员留下特殊情况下的自由裁量权的一般标准而让他们清晰地、具有预见性地排解社会矛盾是不可能的，这是人类也是立法所不能摆脱的困境。自由裁量权是一种有价值的资

源，它既能满足人们的权力欲望，又具有造福或损害的功能。从经济学的视角看，它的造福或损害功能体现在制度代理人在自由裁量权范围内能够决定资源的配置与价格（这里所指的价格是广义的价格，即其不仅包括货币价格，还包括非货币化的以时间、空间、质量、身高、学历等为标准的资格、条件）。这些资源对于需求者而言往往是弹性很小的必需品，无论价格再高，也不得不购买。如医疗，生病时若得不到治疗将导致死亡，又如过去的暂住证，在外打工没有暂住证将可能被遣返。通过对必需品实行价格控制，可以给治下的民众或下属带来一种未知的深刻影响，既可以对特定的需求者降低价格，也可以索要更高的价格。在自由裁量权内，制度代理人是抬高价格还是降低价格，取决于需求者的"表现"。"表现"是指需求者能否意会到资源控制者的意图，支付一定的私人补偿以换取后者不至于对其施加高于公意价格的价格。需求者通过支付补偿换取制度代理人网开一面，避免后者在自由裁量权范围内对自己造成价格伤害。

正因为制度代理人所控制的资源常常是生存、就业乃至生命的必需品，这些资源对于需求者而言极其重要，缺乏这些资源将对需求者造成极大的伤害。防御型潜规则就是要求被潜规则者支付成本 c 来避免这个合法的伤害 V。一个小小的成本 c 就可以避免无限大的伤害 V（V 的经济表达总是大于 c），这对于被潜规则者来说是合算的，除非是一贫如洗或者拥有强大的意识形态或道德上的力量支持，否则理智的人们将选择服从潜规则。不难理解现实中有相当一部分人（如病患者）总是主动地向公权力代理人（如医生）奉送某种好处，即使后者没有明确地表示或暗示要实施潜规则，甚至在明令禁止医生收受红包的情况下仍如此。因为医生掌握着的权力可以对病患者造成伤害，一个小小的红包（c）就可以避免潜在的伤害 V，哪怕 V 出现的概率很小，只要 V 无限大，支付 c 以避免 V 的出现也是值得的，正如一些病患者宣称，主动送红包是为了求得放心。

防御型潜规则尽管使人们避免了"合法伤害"，但并不意味着人们乐意采用潜规则，它是权力等级结构中的个体为了避免上级或集体资源配置人的"合法伤害"不得已而为之的交易。相对于透明的政治而言，它给行使潜规则的人带来了更多的负担（即潜规则的支付），尽管他们内心痛恨，但仍不得不笑脸相迎。但在给定的权力等级结构中，交易者（被潜规则者）违反潜规则将受到惩罚，这种惩罚内嵌于权力的等级结构中，借助于现有的合法关系而实施。拒送红包所导致的后果可能是在手术上不得不忍受巨大的疼痛，这种巨大的疼痛可以被宣布为手术操作中不可避免的。因此，在防御型潜规则中，相对于不实施潜规则而言，实施潜规则总是给"被潜规则者"带来处境的改善。

自由裁量权是一种有价值的资源，它被制度代理人控制，无论是侵略型潜规则还是防御型潜规则，它的买卖都增进了制度代理人的利益。医院医生向患者索取红包，使公共医疗资源向出价最高的患者优先配置，提高了公共医疗资源的经济价值。政府官员违背非经济竞争原则将廉租房出售给行贿的富人群体，挖掘了廉租房的经济价值，创造了经济收入。正因为自由裁量权的价值性，制度代理人总是试图扩大自己的自由裁量权，提高自由裁量权的经济价值，如果不受法律的约束，他们将努力扩大竞争范围，创造最大的经济收益，并将全部经济收入纳入私囊。

第二节　潜规则与社会经济效率

亚当·斯密（1974：28）曾说过："在每一个私人家庭的行为中是精明的事情，在一个大国的行为中就很少是荒唐的了。"这可解释为个体的理性选择对于整体而言是有利的或至少是无害的，个体的理性将导致整体的均衡也是"看不见的手"的重要含义。然而"公地悲剧"和"囚徒困境"模型又向我们显示了个体的理性与整体理性相冲突的图景。合成谬误的理论也指出对个体有利的选择并不一定对整体也是有利的。因此，个体的理性选择与整体的均衡的关系是复杂的。同样，潜规则对于社会整体的作用并不是个体作用的简单叠加。因此，我们有必要详细考察潜规则与社会经济绩效的关系。然而，探讨潜规则效率还必须明确一个基本的前提，即与潜规则比较的参照点是什么，是一个完全竞争性的理想的市场，还是一个因交易成本的存在而被严重扭曲的市场？对这个参照点的选择，实际上就是明确与潜规则相对应的明规则的性质。

一、潜规则效率考察的参照点

在交易成本被引入经济分析之前，经济学家的理论大厦建立在一套完美的假设之上。这些假设的核心就是产权得到严格的界定和充分的保护，市场交易成本为 0。这是一个完全竞争市场，是经济效率达到最大化的一种理想状态，也是经济学家孜孜以求要实现的最理想的经济结构。以这样一个完美的市场为基准点去思考社会现实问题，必然得出"凡是偏离了完全竞争市场的模型都是对市场效率的损害"这样的结论。然而，真实世界并非如此理想，市场交易不仅存在交易成本，而且产权常常没有清晰界定和没有被严格保护，经济社会制度因为人们的短视以及利益集团的阻扰而变得低效率和非正义，人们变革的努力也可能受到重重阻碍。换言之，交易成本的存在使经济社会制度偏离理想模型，而且这种偏离是常态，完全竞争的市场从来就没有实现过，在可以预见的未来也不可能实现。在这种情况下，以完全竞争的市场作为效率考察的参照点必然偏离社会的真实情况，与其以完全竞争市场为蓝本构建一个理想的社会，不如立足于现实推动效率一步步提升。阿马蒂亚·森在《正义的理念》中区分了先验制度主义与现实主义正义观，他主张，政治哲学应该超越占支配地位的、罗尔斯式的理论范式，即"先验制度主义"，转而采取一种更加面向实际的研究方法，即"着眼于现实的对比"（森，2013：5–6）。

评价潜规则的效率，选择不同的参照点便会得出不同的结论。潜规则产生于一个真实的社会，在这个社会中，交易成本广泛存在，交易的禁区随处可见。潜规则就是在这样的社会中人们基于成本和效益的比较而做出的自愿选择。它在既定的社会制度背景下必然增进了交易双方的利益，但是对于社会经济的影响则取决于它赖以产生的社会制度背景。当社会制度背景是完全竞争市场时，那潜规则必然是对理想的一种背叛；当社会状态是一个有缺陷的市场时，潜规则就可能有效地减小人们交易中的阻碍进而促进交易。

图9-1中第一个方框表示在完全竞争市场下资源和权利的配置，这是最具有效率的理想状态。政府的任何干预（税收）都会导致资源和权利的重新配置，市场偏离最优状态到达第二个方框。政府的干预意味着一部分资源被政府控制，政府代理人利用所控制的资源推行潜规则，潜规则的推行导致资源和权利发生新的变动，企业和个人可能利用潜规则部分移除了交易成本，官员也可能在潜规则的推行中给企业和个人增加了额外的交易成本，因此，变动的方向既可能是加深了与理想市场状态的偏离，也可能是缩小了与理想状态的差距。新的资源和权利配置格局用第三个方框表示，第三个方框的社会福利损失可能小于第二个方框，但仍然会大于第一个方框。如果分析潜规则的经济效率，以第一个方框为效率的参照点，必然得出潜规则有损经济效率的结论，但当以第二个方框作为参照点时，潜规则则可能是促进了社会经济效率。现代社会政府的干预错综复杂，制度层层叠加，在政府干预的每一个环节都可能滋生潜规则。如果我们以方框五作为考察潜规则效率的起点，那么作为效率的参照点应该选择哪一个呢？选择不同的参照点必然得出不一样的结论，但是可以肯定的是，基于我们生活的真实世界，以完全竞争市场作为效率的参照点必然是不合适的，甚至是没有现实意义的。

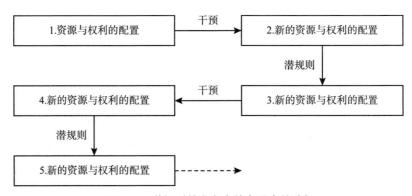

图9-1　潜规则效率考察的参照点的选择

我们可以将资源与权利的初始配置状态分为两类：一类是完美的完全竞争的理想状态；另一类是不完美的真实世界。图9-1中，方框一是完美的理想状态，其他方框均代表不完美的真实世界。完全竞争的市场状态不可能存在，真实世界不但充满交易成本，社会也拒绝将一切事物都贴上价格的标签，有些东西再有效率，只要它不正义，社会也不会采用它。正义是社会效率与公平的统一，正义的社会制度是社会全体成员最大的同意。正义是民众追求的目标，因此，考察潜规则对效率的影响，必然要将这个最大的同意原则纳入模型中。假设可以将效率与公平统一于一个框架中，存在着唯一的正义的制度，这是社会最理想的状态。我们可以对完美市场分析模型稍加修改以适应真实社会的分析。可以将完全竞争市场的完美结构转换成一个理想的正义的制度，偏离完全竞争的市场结构同时转换为非正义的制度。这里所指的制度正义是制度的实质正义，即社会明规则总是与主流道德价值观相统一，它能合理地为社会成员提供分配权利和义务的办法，它能合理地调节社会不同阶层中的经济机会和社会机会，制度在执行上总是符合公众的期待，这里认为制度正义意味着制度是最有效率的。这里所指的制度非正义是制度的实质性非正义，即社会明规则与社会主流道德价值观相冲突，它不能合理地为社会成员提供分配权利和义务的办法，不能合理地调节社会不同阶层中的经济机会和社会机会，制度在执行上总是偏离公众的期待，它之所以能够被执行，完全是依赖于暴力与强制。制度的非正义意味着制度是缺乏效率的。下面将分别详细讨论在制度正义和制度非正义情况下的潜规则对经济效率的影响。

二、制度正义下的潜规则经济效率

制度是对资源使用、处置的相关规定，制度正义意味着制度的规定涵盖了一个公意的价格（假定这个公意价格是唯一的）。同时，制度执行人有一定的自由裁量权，自由裁量权围绕着公意价格上下波动。在自由裁量权范围内代理人可以设定资源的交易价格，资源的交易价格可能高于也可能低于公意价格，交易价格偏离公意价格的幅度大小取决于制度代理人所拥有的自由裁量权及其所受到的社会约束。裁量权越大，交易价格偏离公意价格的幅度就越大，反之就越小，社会约束越强，代理人就越不会随意解读规则。这里假定社会约束是既定的，资源价格最终取决于代理人自由裁量权的大小。

如图9-2所示，我们前面已经做过解释，P*表示明规则所限定的资源价格，即公意价格。随着制度代理人的自由裁量权（用横坐标度量）增大，资源的交易价格区间（图中由P*点出发绕着公意价格的上下两条虚线之间）也随之扩大，在某一自由裁量权Z₁点上，其对应的交易价格下限和上限分别为P_1和P_2。这一价格区间对应着资源需求曲线的不同价格水平［见图9-2（b）］。只有公意价格代表了资源得到最优利用时的均衡价格，它是资源的自然供给曲线与资源的需求曲线的交点。资源的自然供给是指自然界或社会（由政府代表）在一定时间内在一定的价格水平下被最适宜利用的数量。所有自然或社会供给的资源总量取决于在提供这些产品时的价格，以及它们在生产这些产品时所必须支付的劳动与其他生产要素的费用。

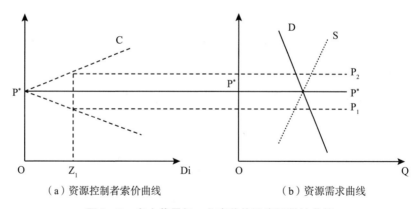

（a）资源控制者索价曲线   （b）资源需求曲线

图9-2 自由裁量权、公意价格及资源供给曲线

为了便于理解，我们以案例来说明。假设一个地区的煤矿开采需要由政府颁发采矿许可证（实际上还包括煤炭生产许可证、安全生产许可证、矿

长安全生产许可资格证、矿长资格证和营业执照等），政府（即明规则）为了保护矿产资源而制定了严格的进入要求，只有满足条件 X 才有资格获得许可证。假定这个要求对于保护这个地区的矿产和水土都是有利的，这个条件也是刚好满足了社会经济发展的需要，这是一项符合公众期待的正义的制度。政府的这项制度交由国土资源管理部门实施，假定这项制度由国土资源管理部的 A 负责，A 掌握着制度执行的权力。同时由于制度规定不能囊括所有可能的情形，因此，条件 X 有一定的模糊空间，以价格的形式标示就是在 P_1 和 P_2 之间，其具体把握由权力代理人视情况做出判断。因此，A 拥有一定的自由裁量权。又假定对 A 执行制度的监督体系尚没有建立起来或者虽然建立起来了但还不完善，这使 A 在执行制度的过程中有了以权谋私的机会。

（一）防御型潜规则的经济效率

前面已经指出，防御型潜规则是指在交易中资源控制者向资源购买者索要额外补偿，后者为避免更高的价格而被动地支付补偿的行为。明规则所设定的公意价格为 P^*，它对应着资源自然供求条件下的均衡价格。同时，采矿许可证的控制者 A 拥有一定的自由裁量权，其能够在 P_1 和 P_2 之间进行决策。假定某个采矿企业或个人 B 已经具备了获得许可证所要求的条件，即满足了公意价格，但为了不被 A 刁难，B 通过私下向 A 支付数量为 r 的补偿，换取了 A 不将价格设定在上限 P_2 上，其结果是 B 为了获得许可证而付出了 $P^* + r = P_3$ 的代价，见图 9 - 3。这种额外支付换取不被刁难逐渐演变为行业内潜规则。这样，当所有欲进入煤矿开采行业的企业所支付的价格由公意价格 P^* 增加到 P_3 时，整个行业对煤矿开采的需求由 Q_1 减到了 Q_2。随着价格的提高，消费者剩余减少了，减少总额相当于图中 a + b 部分的面积，而生产者剩余增加了 b - c。整个社会剩余损失了 a + b - b + c = a + c。即由于额外支付 r 的存在，进入煤矿开采行业的企业数量不足，煤炭开采数量无法满足社会需求，整个社会损失了相当于 a + c 面积的福利。

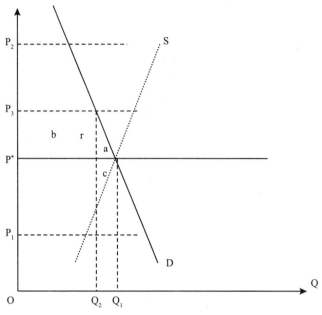

图 9 - 3　制度正义下防御型潜规则的经济效率

(二) 侵略型潜规则的经济效率

前面已指出，侵略型潜规则是指资源购买者为了以低于明规则所设定的价格获得资源而主动向资源控制者支付额外补偿的行为。在前面的例子中，假如欲进入煤矿开采行业的 B 企业在获知许可证控制者 A 拥有一定自由裁量权后，通过向 A 支付数额为 r 的贿赂以换取对方网开一面，使其能够以低于公意价格 P^* 的价格 P_1 获得许可证，其结果是 B 为了获得许可证而付出了 $P_1 + r = P_3$ 的代价。这种贿赂被推广演变为行业潜规则。企业对控制人 A 进行支付后的 P_3 价格仍然低于公意价格，由于许可证的价格低于公意价格，增加了欲进入煤矿开采的企业的数量，即社会需求由 Q_1 增加到 Q_2。此时，尽管 Q_2 超过了自然供给的最佳数量造成了开采过度，但是因为 A 控制着许可证的发放，其将为了个人利益不惜牺牲社会利益，结果是许可证仍然被颁发出去。在社会福利方面，由于价格的下降，消费者剩余增加了相当于图 9 - 4 中 a + b + c 部分的面积；生产者剩余不但减少了 c，还造成了 a +

b + d + f 的损失。整个社会福利损失为（c + a + b + d + f）−（a + b + c）= d + f。
即由于贿赂 r 的存在，进入煤矿开采行业的企业数量超过了最佳数量，煤炭
被过度开采，社会和自然资源损失了相当于 d + f 面积的福利。

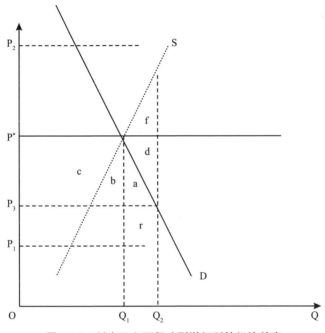

图 9 − 4　制度正义下侵略型潜规则的经济效率

　　除了因为额外的支付增加了成本造成制度执行偏离公众期待外，侵略型
潜规则还违反了市场竞争原则，造成资源低效率使用。资源购买者为了以低
于明规则所设定的价格获得资源而主动向资源控制者支付额外补偿。正是由
于这一额外补偿，使购买者避开了竞争（或避免了更大范围的竞争），或者
弥补了在市场公平竞争下的某种不足。潜规则使资源购买者不关注自己在市
场竞争方面的不足，不再通过提高质量标准或降低成本来增加利润，而是代
之以不正当的手段，把人力、物力、财力用于争取资源控制者提供的种种特
权与优惠上。它导致了具有市场竞争优势的个人或企业被排除在资源之外，

使资源流向了低效率的个人或企业，造成了资源使用的浪费。即使潜规则者在公开竞争同样是最优秀者，他也会因为额外的支付（即潜规则所费，如贿赂）而提高了交易成本。

三、制度非正义下的潜规则经济效率

制度非正义可能有很多表现形式，如公务员录取条件中增加了对家庭背景的要求，民主投票中限制了黑人或流动人口的投票权，办理开办企业的许可证需要考察是否是本地户口，等等。尽管非正义的形式多样，但是从经济学角度看，制度的非正义可以归纳为两种类型，即制度对交易行为的规定要么是高出了社会公众普遍的期待，要么是低于社会公众的期待①。制度的要求高出公众的期待表现为正式规则所设定的交易价格高于公意价格，制度的要求低于公众的期待则表现为正式规则所设定的交易价格低于公意价格。制度所标示的价格可能高于也可能低于公众的期待（即公意价格）。同时，制度总是交由某些人去执行，制度代理人在制度执行上拥有一定的自由裁量权，在自由裁量权范围内，制度执行人可以调整执行价格，可能使实际交易价格更接近公意价格，也可能使实际交易价格更偏离公意价格，其接近或偏离公意价格的幅度取决于制度执行人的道德操守及自由裁量权大小。如图9－5（a）所示，P^*表示正式规则所设定的资源价格，但是这一价格并非公意价格（即制度是非正义的）。同时，规则代理人拥有一定的调整价格的权限，随着规则代理人的自由裁量权（用横坐标度量）增大，资源的实际交易价格区间（图中由P^*点出发绕着正式规则所设定的价格的上下两条虚线之间）也随之扩大，在某一自由裁量权Z_1点上，其对应的交易价格下限和上限分别为P_1和P_2。这一价格区间对应着资源需求曲线的不同价格水平［见图9－5（b）］。与制度正义的情况不同的是，正式规则设定的价

---

① 这里我们假设公众的期待既符合主流道德价值观，又符合资源被最优利用的某个自然均衡点。即公众既代表当代人的正确利益，又能通达人类长远发展的正确利益。尽管现实中公众常常会因为信息的缺失和知识的不足而短视和产生偏见，但这不在我们的分析框架中。

格所对应的资源需求量并非资源的最佳利用量，即正式规则价格偏离了资源的自然供给曲线与资源需求曲线的交点，正式制度的价格可能低于均衡价格（S_1 与需求曲线 D 的交点为均衡价格或公意价格），也可能高于均衡价格（S_2 与需求曲线 D 的交点为均衡价格或公意价格）。

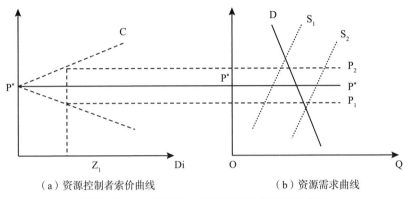

（a）资源控制者索价曲线 （b）资源需求曲线

图 9－5 自由裁量权、公意价格及资源供给曲线

（一）正式制度过于苛刻

1. 防御型潜规则的经济效率

正式制度的规定比公众的期待更为严厉，人们的交易行为就会付出更高的代价。如图 9－6 所示，假定正式制度设定资源交易的"价格"（包括资格、条件等）为 P_3，这一价格水平高出社会普遍的期待（即公意价格）P^*，规则执行人拥有的自由裁量权表示为围绕 P_3 而展开的价格 P_1 和 P_2 区间，这个价格区间虽然也涵盖了公意价格，但是按照正式规则的要求，成交价格高于公意价格。欲进入煤炭开采行业的企业 B 通过贿赂许可证发放者 A 避免了后者在其自由裁量权范围内对自己的刁难，当这一做法演变为行业潜规则时，煤炭企业为了获得许可证付出了贿赂 r 和正式规则所设定的价格 P_3，即价格由正式制度所规定的 P_3 提高到了 $P_4 = P_3 + r$。价格的提高减少了企业的进入，企业数量由 Q_1 减少到 Q_2。消费者剩余减少了相当于图中 a＋b 面积，生产者剩余变化了 b－c－d，整个社会福利减少了 a＋b－b＋c＋d＝

a + c + d。即防御型潜规则中额外支付 r 的存在增加了企业进入的成本，阻止了一部分企业的进入，这使在正式规则价格下企业数量不足的问题变得更为严重，煤炭开采量更加偏离了最优水平。

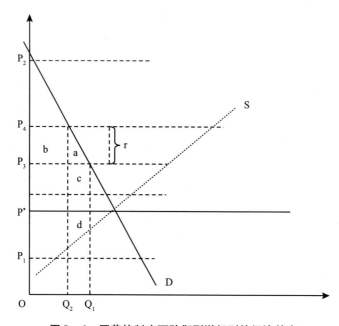

图 9 - 6　严苛的制度下防御型潜规则的经济效率

2. 侵略型潜规则的经济效率

正式制度的规定比公众的期待更为严厉，但是规则代理人有一定的价格调整空间，在具体交易行为上，可以设定低于正式规则所要求的价格，如某个公务员职位要求"一般不低于博士学历"，但招聘负责人在具体操作上可以降低要求，将具备硕士学历的优秀人才招聘进来。同样，煤炭开采许可证发放的案例中，负责许可证发放的 A 可以在操作中降低企业进入门槛。B企业正是看到了 A 的权力，通过向 A 秘密支付 r 的贿赂换取 A 在办理许可证上降低要求。如图 9 - 7 所示，假设 B 企业在支付 r 之后获得了 P_4 的成交价格（P_4 包含了贿赂支付 r），P_4 低于制度设定的价格 P_3。随着价格的下跌，社会需求量由 Q_1 增加到 Q_2，此时消费者剩余增加了相当于图中 a + b 面积，生产者剩余变化了 c + d − b，整个社会福利增加了 a + b + c + d − b = a + c + d。即侵略型潜规则中额外支付 r 的存在减少了企业进入的成本，刺激了企业进入，这使在正式规则价格下企业数量不足的问题得到一定程度的缓解，煤炭开采量更加接近最优水平。

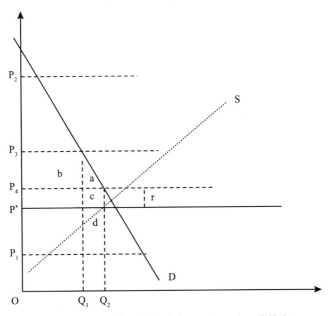

图9−7　严苛的制度下侵略型潜规则的经济效率

在现实中，由于明规则的不合理，一些潜规则的实施对资源控制者构成了激励，对资源的交易起到了提速增效的作用，它成为人们解决问题的更有效率的途径。在腐败的相关文献中，也有不少人提出各种形式的"腐败有益论"。其中的一种形式被称为"次优论"：在发展中国家那样存在各种僵化制度的特殊情形中，"腐败"有助于瓦解僵化的或不合理的制度安排，从而提高效率，促进经济增长。潜规则增进行贿者办事效率的事例也不胜枚举。一些地方基层部门中门难进、脸难看的现象相当严重，人们的办事成本相当高，甚至只有向办事人员支付一定的贿赂才能让问题得到解决，因此，部分政府工作人员吃拿卡要的案例不时见诸媒体。

（二）正式制度过于宽松

正式制度过于宽松主要是指经济行为被正式规则认可的门槛过低，在经济学意义上表现为交易价格被设定在公意价格以下。在这种情况下，制度代理人或资源控制者仍然被赋予一定的自由裁量权，在其权限内可以视交易的具体情况调整价格。分析正式制度过于宽松情况下的潜规则效率，也要区分潜规则的类型。

1. 防御型潜规则的经济效率

在图 9 - 8 中，资源的均衡价格为 P^*，但正式规则标示的资源价格为 P_3，这一价格低于均衡点 P^*。此时尽管正式规则所设定的价格低于均衡点，但由于不存在一个自由的交易市场，没有有效的成本核算机制，政府仍将允许企业开采煤炭（仍以许可证为例），其市场结果必然是导致供给大于社会需求，资源被过度开采，生产者福利损失为图中 $\triangle BCE$ 的面积，生产者的损失中有部分即 $\triangle ACE$ 为消费者剩余，此时社会福利损失额为图中 $\triangle ABC$ 的面积。

制度代理人的自由裁量权以 P_3 为中心，以 P_1 下限，以 P_2 为上限。防御型潜规则下，企业 B 向许可证发放者 A 支付数量为 r 的贿赂换取了后者不施加上限价格 P_2，但是对企业而言，此时许可证的办理价格比正式规则的要求高出了 r 的金额，即价格由 P_3 变成了 $P_4 = P_3 + r$。由于价格的提高，企业进入受到抑制，煤炭产量由 Q_1 减少到 Q_2。随着价格的上升和产量的下降，消费者剩余减少了图中梯形 $P_4P_3CD = f + g + h$ 部分的面积，但生产者剩余除了增加了 h 部分面积外，还使过度开采造成的损失由图中 $\triangle BCE$ 的面积减少到 $\triangle FDG$ 的面积，即生产者剩余增加了 h + a + d + e + f + g 部分的面积。社会福利增加了 (h + a + d + e + f + g) - (f + g + h) = a + d + e。即正式制度规定过于宽松时，防御型潜规则额外支付 r 的存在增加了企业进入的成本，抑制了企业的过度进入，这使资源被过度开采的问题得到一定程度的缓解，煤炭开采量更加接近最优水平。潜规则无形中增加了社会福利。

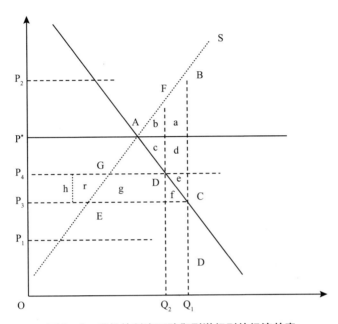

图9-8 宽松的制度下防御型潜规则的经济效率

2. 侵略型潜规则的经济效率

图9-9与图9-8相似，资源的均衡价格为P^*，但正式规则标示的资源价格为P_3，这一价格低于均衡点P^*。此时在P_3点上煤炭仍然被生产出来，开采量为Q_1，由于煤炭被过度开采，生产者面临着△FDG面积的损失，其中△ADG部分为消费者剩余，故社会净损失为图中△AFD面积，即b+c两部分。

在侵略型潜规则下，企业B向许可证发放者A支付数额为r的贿赂，以低于正式规则所设定的价格获得了资源开采权。对开采企业来说，价格由P_3下降到$P_4 = P_1 + r$，此时，煤炭开采由Q_1增加到Q_2。这一行贿演变成为行业内潜规则，P_4成为获得许可证的实际价格。随着许可证价格的下降和企业数量的增加，消费者剩余增加了图中梯形$P_3P_4CD = f + g + h$部分的面积，生产者剩余不但减少了 h，还造成了更大的损失，损失由△FDG 面积扩大到△BCE 的面积，即生产者福利减少了 h + a + d + e + f + g。社会净福利损失为（h + a + d + e + f + g）-（f + g + h）= a + d + e。即正式制度规定过于宽松时，侵略型潜规则下的额外支付 r 的存在进一步降低了企业进入的门槛，刺激了更多企业的进入，这使资源被过度开采的问题更加严重，煤炭开采量更加偏离最优水平。潜规则无形中减少了社会福利。

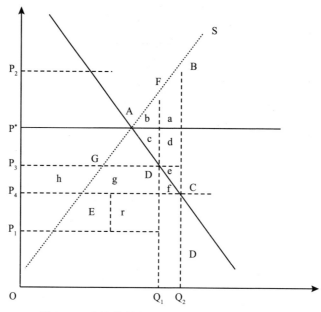

图 9 - 9　宽松的制度下侵略型潜规则的经济效率

作为腐败的一个镜像，与腐败一样，长期以来对潜规则存在着两种冲突的观点：一种观点认为潜规则降低了交易成本，是推动经济车轮前进的"润滑剂"；另一种观点认为潜规则提高了交易成本，是阻碍车轮前进的"沙子"。潜规则与经济效率间关系的复杂性，也是潜规则引起学术界讨论的原因之一。从以上分析可见，潜规则与经济效率之间的关系是复杂的，从经济效率上看，既不能简单地将潜规则视为负面和消极现象而全面否定，也不能因为其增加了交易双方的收益并偶尔促进了社会经济效率而加以肯定。当正式制度正义时，潜规则（无论是哪一类的潜规则）的实施都将降低社会经济效率；而当正式制度非正义时，潜规则的实施既可能促进经济效率，也可能阻碍经济效率，具体哪种潜规则促进经济效率又取决于制度非正义的类型以及潜规则的类型。

四、考虑制度代理人性质的潜规则经济效率

潜规则的本质是自由裁量权的交易，自由裁量权的交易对经济效率的影响不仅取决于正式制度的性质，还取决于制度代理人是否具有生产性，即取决于获得资源一方的性质。

资源购买者为获得资源而支付了 $P+r$ 的价格，其中 P 是资源公开的成交价格，这部分支付最终由制度代理人转交给制度委托人（上级、全体成员或公众），而补偿 r 落到制度代理人的手中，作为获得"合法的优待"或避免"合法的伤害"的代价。r 是依附于交易上的交易的价格，其实质上是自由裁量权本身的价格。从前面所述自由裁量权的经济形式中，我们可以看到，自由裁量权的市场价格主要取决于四个方面：一是自由裁量权的大小；二是制度执行人的道德观念；三是制度代理人的知识；四是资源的价格弹性。自由裁量权被当作商品交易，会对社会经济产生重要的影响。

自由裁量权的成交价格，是资源购买者向资源控制者支付的价格，它不直接构成社会福利的损失或者增进，但是其可能由于交易双方特征的差异而产生资源配置效率的变化，进而导致不一样的经济结果。自由裁量权的变现引起的社会经济变化取决于两个方面：一是谁获得了自由裁量权，即谁是受益者；二是自由裁量权是以怎样的方式被交易的。

自由裁量权是一种有价值的社会资源，交易中的价格（即贿赂）是一种转移支付，支付 r 从资源购买人转到资源控制者，它所具有的经济性质取决于交易双方的性质。自由裁量权像一把利剑，是被用来"斩妖除魔"还是用来"屠杀无辜"，取决于它的主人。从资源购买者方面来看，如果寻求

自由裁量权庇护的是生产者，则自由裁量权的买卖很可能会促进经济发展。生产者如果是以低于公意价格的价格获得了资源，即获得了"合法的恩惠"，则其节省了资源购买的成本，节省的投入用于扩大生产，从而促进了经济的增长。如果生产者通过额外支付避免了制度执行者"合法的伤害"，则避免了在生产过程中被骚扰、阻扰、刁难等可能性，减少了潜在的损失，同样促进了生产的发展。当寻求自由裁量权庇护的是非生产性的个人或组织时，则其结果可能与经济增长无关。从资源控制者方面看，如果资源控制者是生产者，或者其将自由裁量权变现的收益用于投入生产，则会推动生产；如果资源控制者将变现的收益用于非生产领域，则可能会损害生产的发展。将交易双方的性质或对收益的用途通过矩阵展示，就得到图 9 - 10。

		资源控制者	
		生产者	非生产者
资源购买者	生产者	①促进经济增长★★★	②促进经济增长★★
	非生产者	③促进经济增长★	④无关经济增长

注：矩阵中的★表示促进经济增长的程度。

图 9 - 10　自由裁量权交易与经济增长矩阵

第①象限是交易双方都将自由裁量权的交易所得应用在生产领域。资源购买者通过额外的支付节约了潜在投入，从而扩大了生产。资源控制者通过将自由裁量权变现的收益投入到生产领域，从而促进了生产的发展。如政府官员为企业投资提供了便利，并将贿赂用于开办自己的企业。

第②象限中，生产者通过向制度代理人进行支付从而节约了生产成本，但是资源控制者将贿赂用于非生产领域，如政府官员将从企业收受的贿赂用于挥霍。显然生产者收益的增进将大于其损失，因此这一种情况相对于其拒绝潜规则而言会促进生产的扩大，但是其扩大的幅度小于第①象限。

第③象限中，资源购买者将非生产领域的钱转移给作为生产者的资源控制者，一定程度地促进了生产的发展。如医生将患者送的红包用于开办私人医疗企业。但是其经济意义要比第②象限小。

第④象限中，交易双方的支付与收益都无关生产，所以与经济增长无关。

以上仅是针对自由裁量权交易中双方的支付和收益所做的社会福利变化分析，它建立在一个假设上，即自由裁量权的受益者是没有人数限制的，即自由裁量权的获得不存在竞争。如一个患者对医生的自由裁量权的购买并不影响下一个患者的购买。实际上现实中很多自由裁量权的受益存在排他性，如工程项目招标的中标者具有唯一性。如果自由裁量权受益是排他的，则存在对自由裁量权的争夺。这实际上涉及第二个问题，即自由裁量权是以怎样的方式被转让的。

以怎样的方式获得自由裁量权（是竞争的方式还是非竞争的方式），取决于自由裁量权的受益是否具有排他性。当自由裁量权的受益具有非排他性时，对自由裁量权的获取就不存在竞争，资源购买者除了向资源控制者支付补偿外没有其他支出。它意味着买方的全部投入等于向资源控制者的转移支付。这种个人对个人的转移支付不直接导致社会福利的变化，但是可能间接影响社会福利。如资源购买者与资源控制者可能有不同的偏好，又如上文中提到的生产者向非生产者的支付，或者反之，这都可能会影响生产领域中资源配置的效率。当自由裁量权的受益具有排他性时，对自由裁量权的争夺将会变得激烈，争夺者为此而投入的除了直接向资源控制者转移的部分之外的资源构成社会的福利净损失，如为了交易而支付的交通费、介绍费、门卫通报费等。此外，如果自由裁量权完全以市场竞争的方式竞价获得，出价最高者被认为是最有效率的个人或组织，因此最能促进经济的增长。但是，现实社会对自由裁量权的买卖，不可能存在这样一个公开的拍卖市场，影响"谁受益"的因素，实际上除了价格外，还有权力结构、亲缘关系等。权力与亲缘关系的存在，使资源控制者并不是单纯地考虑购买者的出价，因此效率损失就不可避免。比如在第①象限中，由于缺乏竞争，导致资源被赋予低效率的个人或企业，那些具有高效率的个人或企业被权力或关系挤出局。

自由裁量权与经济的关系或许可以部分解释一个国家或区域的经济增

长。伦敦大学亚非学院的穆斯塔克·汗（Khan，2000：82-90）教授通过对东南亚国家清廉指数与经济增长率的比较分析，得出寻租或腐败在一定程度上促进了地区经济增长的结论。他强调了转型潜力（transformation potential）的重要性，即一个国家或地区将寻租行为转化为有利于经济增长用途的能力（Khan，2004）。诺顿（Barry Naughton，2017）的研究结果也表明，以权谋私与地区经济发展的激励是兼容的。如果诺顿的结论符合事实，那么说明寻求自由裁量权庇护的大多为生产性企业或个人。如果官员热衷于地区经济增长，这不仅因为经济发展关系到其政绩的提升，也使其可以招商引资和企业生产中大肆兜售自由裁量权增进自己的福利。

第十章

潜规则与社会秩序

　　社会秩序，可以理解为人们在社会活动中必须遵守的法律法规、政府政策、价值观念以及伦理道德。从新制度经济学视角看，社会秩序可以概括为法律法规等正式制度和价值观念、伦理、传统等非正式制度。因此，考察潜规则对社会秩序的影响，既要从其对外在制度的影响进行分析，又要考察其对社会公平正义的影响。

第一节　潜规则对制度的影响

一、潜规则对正式制度的影响

（一）制度正义时

　　正式制度总会赋予制度代理人一定的自由裁量权，但自由裁量权的运用并非是任意和专横的，社会规范、文化、教育背景、前例、旁观者的看法等都会进入决策者自由裁量权的运用中，形成一种软约束。潜规则是自由裁量权内的一种约束，只不过其原则是制度代理人利益最大化。无论如何，自由裁量权内形成的约束为自由裁量权的行使提供了指引，填补了规则的空白。然而，偏离了规则设计初衷或社会公意的任何指引都是对规则的扭曲，导致制度的异化。尽管有时候潜规则没有明确地违背正式规则，但却违背了正式规则赖以建立的精神，背离了正式制度代理人所应承担的正式义务——致力于共同体利益的最大化。在正式制度缺失时，权力代理人本应在正式规则的价值规范下行使权力，却选择抛弃明规则精神，转而依据潜规则行事。潜规则与制度的价值指向完全相反，潜规则越是盛行，其对正式制度的价值原则破坏就越深，不可避免地导致正式制度约束力和控制力的瓦解。在潜规则的侵蚀下，明规则逐渐偏离其本身的价值，其约束力度也日渐下降。

在正式制度缺失的情况下，潜规则的运行使正式制度以非公平、非正义的方式落地实施，它使少部分人（特别是权力的代理人）获益，而这种获益是以损害利益相关的第三方的利益为前提的。它背离了正式制度设计之初的正义精神，背离了权力代理人这个公共角色所应承担的正式义务，也背离了公众的期待，违反了社会主流价值观，损害了公共利益。因此，一方面，潜规则的运行腐蚀了正式制度，也损害了正式制度赖以建立的基础——正义，潜规则越盛行，社会正义被腐蚀得越深；另一方面，潜规则越是盛行，其在背离主流意识形态和公众利益的道路上就走得越远，从而逐渐激起主流意识形态的反弹，公众就会要求对正式制度进行细化，填补正式制度留下的空白，挤压潜规则运行的空间。值得强调的是，潜规则的存在迫使社会努力完善现存的正式制度，但这也不能算是潜规则的功劳。

当潜规则是由于正式制度实施机制不健全而滋生时，潜规则的运行就会动摇正式制度的权威，消解正式制度的效用，甚至会导致正式制度瓦解。由正式制度实施机制不健全而衍生的潜规则，是对正式制度的一种直接的破坏和反动。它加大了明规则的运行成本，因为潜规则是对明规则的曲解、过滤和变通，使好的政策或者政策中的核心精神难以贯彻实施。有学者针对盛行的潜规则做出解读，称"官场潜规则是党的意志在往下传达过程中层层出现的'中梗阻'现象"（汪宛夫，2004：14－15），这不无道理。由于这种"中梗阻"现象的存在，正式制度沦为一种摆设。潜规则的存在不仅消解了正式制度的权威，也让执法者和受众都无所适从，办事的行政官员无法充分地照章办事，社会及民众也难以指望正式制度的安排会给他们带来稳定的行动预期，社会失序由此会愈演愈烈，民众本来就脆弱的制度意识更加弱化。总之，潜规则的盛行消解了正式制度的效用，动摇了正式制度的权威，造成公开制度名实分立，社会多元规则并存，进而导致社会秩序的混乱。

（二）制度非正义时

当维系社会秩序的正式制度是专制者或者利益集团为一己之私而强行推行的非正义制度时，潜规则的存在是否有其合理性的一面呢？根据委托代理理论，只要加强委托人对代理人的控制能力，完善监管制度，潜规则的问题就能解决。即它假定明规则是外生的，是有良心的委托人制定的，只不过这些规则被自私的代理人侵犯，潜规则是代理人"欺骗"或"辜负"了正义的委托人。然而，这种外生化的正义制度忽略了委托人的动机，因为委托人并不总是致力于增进社会福利，他可能是自私的，为此不惜牺牲社会福利而设计和推行有缺陷的制度。

在潜规则的盛衰与明规则的正义与否之间并不能简单地理出一种线性关系，然而明规则的非正义与违反明规则行为之间却存在直接的关系。非正义的明规则制造了自身的反抗力量，它必将伴随着大量的违反明规则的行为出现，但是并非所有的反抗和违法行为都是以潜规则的形式出现。非正义的明规则分为两种类型：一种是与制度代理人利益直接相关的；另一种是与制度代理人利益无关的。与制度代理人利益有关的非正义的明规则又可以分为两种情况：有利于制度代理人的和不利于制度代理人的。有利于制度代理人是指非正义的明规则赋予制度代理人过多的权力和资源时（即过大的自由裁量权），如果这引起社会民众公开的变革要求甚至公开的反抗，则不构成潜规则。在此种情况下，制度代理人有正式和非正式的义务以公众所期待的方式配置所掌握的公共资源，那就是自由裁量权的运用必须遵循共同体利益最大化的原则，即资源要以公意价格出售。如果权力代理人违背了这个原则，而以自身利益最大化的原则运用共同体资源，这便会衍生出不可公开的潜规则。

当非正义的明规则剥夺了权力代理人合理的权利，使其处于一种被不公平对待的处境时，权力代理人可以在明规则的框架内伸张自己的权利，那些以公开的方式要求明规则变革的行为并不被视为潜规则。但如果权力代理人对明规则阳奉阴违，依靠直接损害利益相关的第三方的利益来增进自身利益，依靠对第三方的伤害来弥补自己在明规则中的不利地位，这很可能演变成潜规则。潜规则盛行是明规则存在缺陷的表现，是权力代理人在有缺陷的正式规则下的理性选择。当非正义的明规则对权力代理人形成一种剥夺时，潜规则成为减轻这种剥夺的手段。如果不施行潜规则，这个群体就会感受到严重的不公平，而潜规则减少了这个群体的不满，通过潜规则就能部分实现自己的利益，因此改革现存制度就显得不那么必要了。

尽管明规则的非正义导致潜规则的盛行，但是潜规则盛行反过来又进一步破坏了明规则。当明规则不能代表公平与正义时，潜规则并不能因此被贴上正义的标签。制度的不合理应在公开的讨论中实现调整和完善。面对顽固的非正义制度，若公开的推动无法奏效，只能诉诸秘密的方式推动制度的变革。如果制度改革的目标符合公众的期待，秘密的方式就能获得公众的支持，被赋予正义的标签。打破不合理的制度，寻求制度的变革，即使是秘密实施的，也代表了先进的生产力并符合公众的愿望，因此是积极的。在革命性的行动中，先进力量描绘的蓝图不仅符合了广大人民的期待，也代表了历史前进的方向，因此革命常常被贴上正义的标签。然而，有些反抗非正义制度的行为或规则并没有那么光彩，通过牺牲大众的利益而争夺团伙利益的方式并不能被称颂。潜规则是一种非正义的规则，它不追求大众利益的增进，不追求制度的变革，而是潜伏于这些非正义的制度中扩张自我利益，不惜侵犯他人或公众的正当利益。实际上，潜规则本身就是违反社会主流道德的行为，无论其产生于正义的制度下还是非正义的制度下，它的性质都不会发生改变，它的运行只能进一步加剧制度的非正义性。制度本来就不合理，如果还在这不合理的制度上附加上违背公序良俗的潜规则，将会对社会秩序造成二次伤害。公众既要承受普遍性制度的剥夺和侵犯，还要承受官吏自由裁量权的二次盘剥和侵凌。那些主动实施侵略型潜规则、通过贿赂官员改善的自身状况的人，尽管减少了附加在自身上的非正义，却制造了这样一种认识：只有与权力勾结才会获得公平对待。一旦这种认识变得普遍，那它对社会秩序的伤害并不亚于"绝无例外"的普遍性不公平。在普遍性不公平的基础上又添加了另一个不公平，即使它使个别人的状况变好，也无法改变其对社会秩序刻下更深伤痕的事实。

非正义的制度只要前后一致地实施，它总会构成人们稳定的预期。自由裁量权的运用要接受来自外部道德和传统的审视，同时还要受到制度代理人的知识和道德的约束。这些来自外部和内部的约束因为其文化和道德的稳定性而相对持久，标准比较一致，也构成相对稳定的预期。然而，潜规则一旦形成，就意味着以上那些良性的约束不再起作用。潜规则是一种规则，它并没有文化和道德那样稳定，它是随着情势的变化而变化的。制度代理人会根据资源对购买者的重要程度、购买者与自己的关系、外部压力甚至代理人的个人喜好来决定支付数额。收买一个官员的金额到底是多少？获得一个开后门的机会需要付出多少？这些都没有一个统一的标准，这势必损害人们对事务处理的预期。潜规则的运行能够破坏不良的制度和政策，却不能创造出新的良好制度，反而是进一步加剧了制度的非正义。

改革开放之后，我国社会中出现了很多的潜规则，其中公权力领域的潜规则更是一度十分严重，但同时社会也在反腐和反思中完善制度建设。虽然潜规则行为曾经在转型之初至少促进了计划经济体制的转变，但时至今日，潜规则对制度建设却是有百害而无一利！总之，当明规则不能代表公平与正义时，潜规则的产生和盛行便有了一定的合理性，但那也并不意味着潜规则产生的必然性和正义性。无论潜规则产生有多么合理的理由，它都进一步加深了社会的不公正，损害了人们对制度的预期，造成公开制度名实分立，社会多元规则并存，进而导致社会秩序的混乱。

二、潜规则对非正式制度的影响

这里所指的非正式制度，主要是指文化演进形成的传统、道德、意识形态等。这些带有文化内涵的非正式制度是千百万人长期交往而形成的具有稳定性的行事约束，这种约束或许最先起源于个体追求自身效用最大化的结果，但随着时间的推移，其功利性逐渐消失，代之以不假思索的遵从，因袭的行为成为一种习惯，或演变成单纯的心理符号。那些损人利己的习惯和风俗在社会交往深化下极难生存，已逐渐退出社会，存留下来的非正式制度尽管可能会阻碍经济发展或社会进步，但它极少对他人利益构成直接的危害，并且在长年累月的运行中逐渐凝聚了道德的力量。而潜规则是那些不敢或不愿公开的却在特定人群中实际起着约束作用的行为法则，违背社会主流道德是潜规则最基本的特征。因此，潜规则的产生和运行本身就意味着传统、风俗等带有文化内涵的非正式制度遭到破坏。潜规则以利益之矛刺向由道德之盾防卫的非正式制度，必然挫损非正式制度，使其变成赤裸裸的利益交易的载体，从而损害非正式制度的"正统性"和"纯洁性"。逢年过节给官员送礼，不但违反了党的纪律，也侵袭了"礼尚往来"的传统，这是变了味的传统；演员为了扮演特定角色而不惜向导演奉献出身体，这不但违反了法律法规的规定，也侵袭了传统的友谊关系，使友谊变得不再那么单纯。

第二节　潜规则与公平正义

一、潜规则与个人权利

（一）防御型潜规则与狭隘自愿原则

评价一种交易是否是有效率的，只需要看其是否遵循自愿原则。市场经济比计划经济更具有经济效率，原因在于市场经济是在权、责、利界定分明的基础上进行自愿交换。个体在市场中利用私人财货进行交易，遵循的是买卖自愿的原则。私人交易可以被描述为是在默认全体同意的情况下发生的。也就是说，如果一个买家和卖家就条款达成一致，一个交易便会发生，同时，共同体中外于这个双边关系的其他成员默认其结果。"私人交易并不需要这些局外人明确表示同意……只要交易产生的间接或外部影响并不显著，默认全体同意下的两方交易满足效率的标准。"（布坎南，2012：51）正如奥地利学派罗斯巴德（2007：18）在《权力与市场》中所说："我们必须声明，自由市场是一个所有交换自愿进行的社会。它可以被想象为没有任何人侵犯他人的人身和财产权利的情形。在这种情形下，很明显，所有人的效用在自由市场上实现了最大化。"因此，"纯粹自由市场使社会效用最大化，因为市场的每一个参与者都从自己的自愿参与中得益"（罗斯巴德，2007：267－268）。

自愿原则隐含着两点含义：第一，意味着交易主体的交易行为完全出于自由意志，排斥了任何欺诈、强迫、威胁。自愿原则是民法的基本原则之一，各国的民法中都有关于自愿原则的解释，如我国的《中华人民共和国民法典》第一百五十条规定："一方或者第三人以胁迫手段，使对方在违背真实意思的情况下实施的民事法律行为，受胁迫方有权请求人民法院或者仲裁机构予以撤销。"第一百五十一条规定："一方利用对方处于危困状态、缺乏判断能力等情形，致使民事法律行为成立时显失公平的，受损害方有权请求人民法院或者仲裁机构予以撤销。"受胁迫而实施的民事行为，指以给公民或其亲友的生命健康、荣誉、名誉、财产等造成损害或者以给法人的荣誉、名誉、财产等造成损失相要挟，迫使对方做出违背真实意愿的意思表示。第二，意味着存在多项相近的选项可供选择。人们在几乎所有的情况下都面临着选择，但这并不意味着人是自由的。在要么服从要么死亡之间，主体的选择并不叫自由选择，因为死亡是终极的损失，一个理性的人不可能会选择死亡而放弃投票（当然也不排除拥有强大的个人意志的极个别情况）。自由社会中的个人面临着多项选择，每个选择之间尽管有价格差别，但是彼此在价格上却很相近，只有在几乎相等的其他选择存在且选择转换成本和社会后果极小的情况下，交换才算是真正自愿的。消费者选择 A 而放弃 B 从而给 A 带来了"消极的伤害"，但这种伤害是极小的，因为 A 同样迎来无数消费者的选择。

防御型潜规则违反了自愿原则。首先，防御型潜规则是受胁迫的交易。潜规则中的交易是出于交易双方的自愿，双方对交易的内容和交易的结果是知悉的，虽然双方在交易中不存在相互的欺骗，但是，潜规则的交易是主体在"要么……否则……"的结构中进行选择的，这一结构中隐藏着潜在的威胁。资源控制者向资源购买者暗示额外补偿，后者面临"要么支付额外补偿，要么在交易中被勒索更高价格"的选择结构。所谓更高的索价，是指在潜规则所依附的合法交易中，资源购买者被资源控制者索要高于公意价格的价格，或者被资源控制者威胁中断潜规则所镶嵌的社会关系或其他合法交易。合法的交易和社会关系承载着资源购买者自身或亲友的生命健康、荣誉、名誉、财产等，拒绝潜规则将给资源购买者或其亲友在这些方面造成损害。在医患矛盾中，与其说患者向医生送红包是出于患者的感激，不如说是忌惮医生的伤害能力。医生正是利用这种伤害能力来要挟患者，迫使后者主动或被动地奉送好处。当交易以给公民或其亲友的生命健康、荣誉、名誉、财产等造成损害相要挟时，交易就沦为了胁迫行为。其次，防御型潜规则的交易中不存在几乎相等的可供选择的选项。潜规则的交易是在"要么……否则……"的结构中进行选择的，"要么"与"否则"之间存在着巨大的价格差距。

患者支付的红包与拒绝支付红包而受到可能伤害相比是不对称的，对于拒绝服从的患者，医生在治疗过程中有多种方法使其在治疗中遭受伤害，这种伤害可以被医生归入治疗过程中不可避免的伤痛。古代官场中下级向上级支付的"别敬""炭敬""冰敬""妆敬""文敬""年敬""节敬"等与拒绝支付而可能面临的冷遇相比也存在着巨大的反差。正是因为这种价格差，在防御型潜规则中，资源购买者不得不接受资源控制者的暗示或勒索。因此，防御型潜规则中"要么……否则……"的选择结构名义上是自愿的，实质上是带着胁迫性的，其本质上是违反了自愿原则。前面已指出，违反自愿原则的交易必然是损害经济效率的。

（二）侵略型潜规则与利益相关方的权益

自由市场下的交易是在不直接对第三方造成明显的负面影响下进行的，而潜规则则不然。侵略型的潜规则的双方是在自愿原则下进行的交易，双方尽管在公权力拥有上是不平等的，但在市场地位上却是平等的。个人或厂商可以退出这一潜规则，除了潜规则本身的潜在利润丧失外几乎不会有什么其他后果。符合自由市场中自愿原则的潜规则又怎么会是负面的、消极的呢？事实上，尽管某些潜规则是双方在自愿原则下的交易，但其与自由市场上自愿交易的区别在于，自由市场上的自愿交易是在尊重第三方利益的基础上展开的，正如布坎南（2012：23）指出，只有每个人的权利得到公认，经济交易才能得以进行，有秩序的无政府状态才得以维持。自由市场下的交易是私权的交易，私权的交易不影响或不明显影响第三方的利益，它并不需要局外人明确表示同意，只要交易产生的间接或外部影响并不显著，默认全体同意下的两方交易就满足效率的标准。若交易涉及多方利益，确保交易有效率便需要征得每一个利益相关方的明确同意，布坎南（2012：53）进一步指出："仅由某些个人的联合体提供部分公共财货而共同体的其他成员置身事外、搭便车的这样一种'自然均衡'可能自发地在具体情境下出现，而这种均衡的结果往往是无效率的。仔细的分析表明，如果要达到效率标准，必须订立某种面向所有人的'社会契约'，该契约要求共同体的全体成员参加根据全体同意规则确定的集体决策。"

在侵略型潜规则中，资源购买者通过向制度执行者主动支付补偿达到以低于公意价格的价格获得资源的目的，弥补了其竞争能力的不足，增进了自身的利益。制度代理人的自由裁量权是委托人（共同体成员）所授予的集体资源，对集体资源的运用涉及全体成员的利益，交易若涉及多方利益，确保交易有效率的途径便是征得每一利益相关方的明确同意，制度代理人在获得额外补偿之后以偏离公意价格的价格转让资源，其违背了一致同意的原则，必然损害集体利益和集体中其他成员的权益。

（三）不对等的获利

潜规则尽管可能给双方都带来了收益，但却造成了社会的不平等，违反了正义。潜规则的实施产生了不对等的获利，潜规则实施者的支付被公权力的代理人攫取了。根据卢梭的《社会契约论》中的说法，在契约社会中，公共权力实际上是每个民众让渡自己一部分的私人权利而形成的，也就是说，公权力来源于私权利，为保护私权利而存在。就算在古代官僚政治体制中，皇帝执掌的皇权，除了"奉天承运"和"为百姓服务"外，也找不到一个能够作为其存在和作为的逻辑。因此，公权力的运用在于保证尽量多的（不必须是全体）组织成员获益，而不是仅仅使极少数人获利。潜规则的实施尽管可能偶尔非意愿地、自发地增进了经济效率，却刻意地、设计般地使潜规则的双方获得了大量的经济收益，这些收益来源于自由裁量权的买卖，这些自由裁量权本来是以公众利益为目标的，现在公众被排除在交易的受益范围之外。受潜规则影响的公众，无论是直接的利益受排斥者还是间接的利益受损失者，都"没有理由认为为了达到一个较大的满意的净余额就可以默认对自己的不断伤害"（罗尔斯，1988：14）。公权力领域的潜规则可能导致了一个较高的经济效率，但是"那些需要违反正义才能获得的利益本身毫无价值"（罗尔斯，1988：31）。此外，潜规则造成了拥有公权力的成员和其他社会成员在经济收入上的严重不平等，这种严重不对等的收益违背了公权力设置的初衷，制造了社会的紧张，因此必然被贴上"非正义"的标签。

二、潜规则与多元社会

一个完全自由的社会正是波兰尼（Polanyi，1971）所揭示的"市场社会"。在"市场社会"下，所有的资源、制度、权利、荣誉以及各种关系都贴上了价格的标签，整个组织和社会变为一台巨型的售货机，任何成员只要支付一定量钱币便可换取一切东西。"市场社会"建立在功利主义学说的基础上，它认为一个社会，当它的制度最大限度地增加经济或物质的净余额时，这个社会就是安排恰当的。然而一个有活力的社会，各种关系的网络必须建立在人的多元动机和广泛利益的基础上，物质所得和经济收入仅仅是推动经济活动的众多动机之一，物质利益的成功仅仅是成功的一方面。任何一个社会都拒绝把自身变成一台只需支付一定量钱币就可以换取一切东西的巨型售货机，它总是试图使它的分配和供给机制多样化。这些机制之一就是把一些权利普遍地、平等地授予所有公民，这些权利不允许标上价格的标签，不能用金钱来买卖，也不允许通过其他非金钱的竞争获得，这些基本权利可被视为一种抗衡于市场支配的保护力量，正如罗尔斯（1988：27）所言："在一个正义的社会里，基本的自由被看作是理所当然的，由正义保障的权利不受制于政治的交易或社会利益的权衡。"另一种机制是认同金钱之外的各种竞争法则，除了交易之外，还包括暴力的强弱、能力大小、时间的先后、需要的紧迫程度、权威高低、资历的深浅、考试成绩的高低、感情的亲疏等，这些原则是推动社会多元化的因素。人们常常将这些非经济因素在竞争中发挥主导作用称为"公平原则"或"正义原则"，或许是人们深受市场竞争法则侵害的过度反应。这些多样化的机制使市场受到约束，同时使社会不致变成一台巨大的自动售货机，它们是把社会联结在一起的黏合剂（奥肯，2010：16）。尽管这种机制可能与经济效率原则相违背，但却被人们广泛认同，它们的存在增加了社会有序的可能性，是社会正义的重要保证，"某些制度，不管它们如何有效率和有条理，只要它们不正义，就必须加以改造或废除"（罗尔斯，1988：3）。

在多元化社会中，普遍的、平等的权利以及非经济竞争法则被广泛认可和接受，人们拒绝让金钱支配全部生活，这些平等的权利和非经济竞争法则正是抗衡金钱支配的保护力量。公权力领域的潜规则的实施实质上是用金钱或物质购买权力代理人的自由裁量权，这些自由裁量权确立的初衷就是使资源控制者能够根据每个交易的具体情况设定价格，使之与公意价格吻合。潜规则通过额外支付赎买权力代理人的自由裁量权，使之不能根据交易的特定情势做出合理判断，它是金钱竞争法则在公共领域的扩张。金钱竞争法则的无限扩张不但侵蚀社会的多元性，也必然对抗公众的认知，侵犯主流的价值观。在私权领域的交易中，谈判实力较强的一方拥有信息、知识和专业优势，其在交易过程中就应承担维护公平正义的道德责任，但是如果强势的一方依据其谈判地位的优势不履行这些道德义务，而是主张更多的经济利益，在合理的支付之外索要额外的支付，这就构成了对交易弱势一方的侵凌，其行为违反了共同体的主流道德价值，本身就是金钱法则对道德义务的替换，是对社会多元价值的破坏。

三、潜规则结果的"积极性"

潜规则是交易双方理性选择的结果，个体自利行为也常常产生一种"善"的社会秩序，这也是经济学上"无形之手"的重要内涵。"无形之手"得以成立的前提是市场交易规则的确立，或者从本质上说是私有产权的确立并得到严格的保护。个体在市场中利用私人财货进行交易，遵循的是买卖自愿的原则，个体获得财货给他自己带来的全部利益或承担全部的损失。因为产权得到严格和充分的保护，在自由市场的交易中没有强制的买卖，不会损害对方的利益，交易也没有对交易关系外的第三方造成直接的损失。个体在自由市场中追求自己的利益，"像在其他许多场合一样，他受着一只看不见的手的指导，去尽力达到一个并非他本意想要达到的目的。也并不因为事非出于本意，就对社会有害。他追求自己的利益，往往使他能比在真正出于本意的情况下更有效地促进社会的利益"（斯密，1974：27）。

私权领域尽管也有潜规则的现象，但是并不像公权力领域的潜规则一样盛行和具有危害性。潜规则本质上是对自由裁量权的交易，而公权力领域的潜规则是对公权力代理人权力的交易。这种权力是代理人处置集体资源的权力，这些权力是共同体成员所转让的私权，权力代理人承担着最大化共同体利益的责任。在法定程序下对公权力的公开运用，以及对集体资源的民主处置的后果，无论是利益的获得还是损失的产生，都由共同体成员承担。遵循民主的程序处置集体资源等同于私权的运用，它既是社会"善"的原因，也是社会"善"的表现。然而，当集体资源在未经民主的程序而被代理人秘密处置时，就违背了共同体成员的意愿，很难称得上是私权的合理运用。因此，从一般意义上言，权力代理人出于自利对这些共同体资源的秘密买卖并不能直接套用"无形之手"的解释而赋予其"善"的社会结果。

然而，共同体权力代理人却是有权处置这些公共资源的，而且对资源的配置并不需要遵循市场交易规则，即对资源的处置无须符合经济效率的原则。理论上，公共资源的存在本身就意味着市场效率发挥受到约束（或者有意地不让经济效率发挥作用），公共权力的存在是为了解决市场无法解决的公共产品问题。正如布坎南（1988：108）所言，"……在政治秩序的决定规则下，可能允许人们实现资源的转移，不必经过全体有关各方明白或暗示自愿同意。政治决定规则与市场决定规则大不相同，它不容对它的行动所产生的结果进行检验"。因此，权力代理人是有权"独裁地"处置公共资源的，并不是事事都需要通过民主的方式表决。甚至在制度非正义的情况下，"独裁的"制度代理人通过潜规则的运用也可能不自觉地推动了经济效率的提高，或者在收受贿赂之后有意识地矫正了制度的非正义，此时潜规则客观上产生了一种积极的作用。这些积极的作用前人已经有所研究，如腐败的"排队论"或"润滑油论"：腐败是促进官僚提高效率，让行贿者等待时间成本最小化的方式（Lui，1985）。如同在很多乡镇政府办事一样，一条好烟就可能大大提高政府工作人员办事的效率，从而节约民众大量的办事时间。

但是，潜规则客观上导致的积极作用也不能为它正名。

首先，在这种情况下潜规则产生的前提是明规则的非正义——形式主义、文牍主义、事务主义。民众对繁杂的明规则已经失去了耐心，被迫利用潜规则来保护自身利益。实施潜规则的民众，节省了时间，提高了办事效率，而拒绝采用潜规则的民众则不得不忍受明规则冗长程序的煎熬。权力代理人在自由裁量权范围内有权而且能够简化程序（正如同获得额外支付后的情形一样），但是权力代理人却拒绝这样做，造成了公共资源的浪费以及民众不必要的支出。在正式规则与公意冲突时，制度代理人到底应遵循怎样的原则是个复杂的问题，但是在一个正义的社会里（或者以正义为导向的社会里），制度的非正义或许并不是权力委托人的本意，矫正制度非正义或在执行中使其向公意靠近应该是一个现代社会里制度代理人承担的公共义务。正如法学家戴维斯（2009：74）所言："如果立法者必须或不管怎么说确实将自身限于主要的框架，那么填补框架的任务必然就落在行政官员身上，而如果要对行政官员的权力加以限定，最适合进行限定的就是行政官员本身，他们显然最适合采取行动，因为就相关权力的实际需要，他们具有最直接的知识。"如果制度代理人只有在收受好处之后才矫正制度的非正义，这必然违背了权力代理人这个角色所应承担的正式义务。此外，权力代理人这种选择性的执法，造成公开制度名实分立，社会多元规则并存，显然违背了社会正义。

其次，作为公共意志的代言人，权力代理人既承担着改进效率的法定责任，也承担着"急人之所急"的道德义务。潜规则所创造的效率是在权力代理人预先故意设置低效率的前提下，或者在代理人能做而不做的条件下实现的。很难说，预先人为地故意设置很高的障碍，然后再去掉一点儿障碍的行为就是正义、积极的行为。也很难说，一个承担着应做而未做的道德义务的权力代理人，额外地征收费用后再履行义务是一种值得称颂的积极行为，哪怕这种行为事实上比原先的失职更具有效率。

最后，效率的改进总是通过改变公开的产权结构或明规则的方式实现，产权结构改变的结果将惠及组织的大多数人，有利于组织整体效益的增进。而潜规则的行使者并不公开地谋求产权结构的变革，而是表面上遵守明规则，背地里却践踏明规则，其目的不是追求组织整体效益的增进，而是自身收益的增加。如果一项活动的目的是要改变无效率的产权结构，以促使产权的现有分配发生改变，这种改变的结果可能对社会来说是一种有意义的或理想的结果。然而，如果有这样的行为，大可以公开的方式进行呼吁（如制度的变革），因为他的行为符合公共利益，符合"公意"。但这种行为已经脱离了潜规则的核心内涵：以隐蔽的方式实现自身利益，而不惜损害整体利益。

　　然而，潜规则并非一无是处，它的存在至少反映了明规则存在缺陷或非正义。潜规则的产生和运行都离不开明规则。正式规则及其实施机制的缺陷导致潜规则的产生，正式规则又在潜规则的运行中扮演着达克摩利斯之剑的角色——不遵守潜规则就找个借口用正式规则来惩罚你，正式规则的非正义也助长了潜规则的盛行。非正式规则的缺失同样诱发潜规则，传统文化被割裂的社会，以及社会资本缺乏的地区，都是唯利是图行为严重的社会和地区。因此，潜规则依附于明规则又逾越明规则。潜规则越是盛行，其在背离主流意识形态和公众利益的道路上就走得越远，从而逐渐激起主流意识形态的反弹，公众就会要求以正式制度的细化填补制度空白或强化其实施机制或纠正明规则非正义的方面，以便挤压潜规则运行的空间。潜规则的存在迫使社会努力去完善现存的明规则，但这并非潜规则实施者主观上的动机，明规则因潜规则的侵蚀而加固自身的防护并使自己变得更加正义，但这也不能算是潜规则的功劳。正如殖民侵略的例子，鸦片战争之后一系列的列强侵略促使中国觉醒，使中国人走上寻求国强民富的道路，并最终推翻了清朝专制政权，但我们并不能说列强的侵略是正义的。

第十一章

潜规则的治理

尽管潜规则的出现有助于暴露明规则的缺陷，有助于促进明规则的进一步完善，但潜规则在道德上终究是负面的东西，尽管其可能带有一定的经济效率，但却损害了经济秩序和社会公平正义。如何压缩潜规则运行的空间，是一个走向法治的社会不得不面对的问题。通过前面的分析，不难看出，打击潜规则行为，需要从制度代理人层面、委托人层面以及社会层面入手。

第一节　制度代理人层面

自由裁量权的存在是潜规则产生的前提，潜规则本质上自由裁量权的买卖，潜规则的盛行是制度代理人在运用自由裁量权时缺乏制约的结果。公权力领域中的潜规则，无论是侵略型的潜规则还是防御型的潜规则，权力代理人都占据着主导地位，他理应也能够严格地按照明规则的精神运用共同体的权力，在正式规则缺乏时，他同样可以也理应在自由裁量权内秉持共同体利益最大化的原则处置资源，但是制度代理人却没有那样做。几乎所有关于压缩潜规则运行空间的建议，都指向如何约束权力代理人。避免代理人"任意"与"专横"地使用自由裁量权，就是要确保自由裁量权的运用与公意一致。

一、选择正确的人作为制度代理人

霍金斯（Hawkins，1992：79 - 86）总结了制约自由裁量权行使的方法，包括选择正确的人、社会化和培训（socialization and training）、外界的批评、决策者的内部动力或他们自己的规则（internal dynamic or their own rules）、社会对相似事务的协调要求、对事务和问题的归类处理（categorizing the events and problems）、等级组织、程序性规则等。这些约束可以分为两类：一类是选择一个正直的人担当制度代理人，确保一开始代理人就与组织的目标共容，进而缩小组织目标与制度实施结果之间的差距；霍金斯所总结的方法中，除了第一点，其他的都是关注如何促进一个在位者以组织目标最大化行事。费尔德曼（Feldman）也指出，解决自由裁量权被滥用问题的两个办法：一是选择合适的人（那些分享组织目标的人，并将他们的行为与他们所产生的结果联系起来）；二是通过适当的制裁和奖励来激励人们使用自由裁量权实现组织的目标。选择正确的人很关键。如何衡量"正确"以及如何选择一个正确的人，这涉及对潜在代理人进行详细的考察。另一类是对当前的制度代理人施加内在和外在的约束，促使其行为与组织目标相一致。奥尔森（2005：10）指出："在共容利益指引下使用权力，其后果至少在某种程度上与社会利益是一致的。"当参与人之间存在信息不对称时，任何一种有效的制度安排必须满足"激励相容"（incentive compatible）或"自选择"（self-selection）条件（张维迎，1996：2）。确保权力代理人的利益与整体利益一致或接近一致是重要的，因此，寻求"明主"去实施或解释制度是重要的途径。寻找一个"好"的制度代理人或许是从源头上防止自由裁量权被滥用的方法。一个正直廉洁的官员自然不会受贿，那些贪官污吏都是道德败坏的人，因此，寻找像包拯、海瑞那样道德高尚两袖清风的代理人是公众的共同期待。如何促使制度代理人坚守道德底线，一直是政治实践中的一个难题。然而，可以肯定的是，探讨从一开始就防止唯利是图者成为制度代理人比如何提升在位者道德水平更有意义。因此，设计一个将道德高尚的人从茫茫人海中遴选出来的制度才是从源头上确保制度代理人道德操守的有效方法。"明主"不常有,"民主"却是可能的,民主是确保代理人不任意解读制度的有效保证。民主意味着权力分配的平衡,一旦存在权力平衡,每个规则的参与者都有动机去降低任何可能的专制者成为真正专制者的可能性,从而也可以最大限度地保证权力代理者以符合公众期待的方式去实施明规则。

二、以细致的规则取代自由裁量权

自由裁量权是制度体系中不可避免的部分,它甚至是现代社会秩序的中心内容,因为现代社会秩序越来越依赖于法律和行政官员的明确授权以及专业知识来达到广泛的立法目的。但是自由裁量权又容易沦为制度执行人谋取私利的工具,将自由裁量权作价交易侵蚀了社会正义。自由裁量权的两面性给规则设计带来一定的困难。然而,自由裁量权被滥用的后果似乎总比规则被整齐划一地实施的后果严重,人们更倾向于牺牲部分个别正义来消除自由裁量权的滥用。现代社会也总是力图将正式规则扩展到每一种情势中,用普遍性的规则取代逐案处理的自由裁量权。法治国家清廉,并不在于其政治人物道德有多么高尚,而是在于其规则的细致。美国是公认的公职人员较为清廉的国家,这也得益于其缜密的明规则。美国法律的触角几乎伸到每一个角落,在涉及公权力运用的领域法律更是无孔不入。《海外反腐败法》《政府官员及雇员道德操行准则》《行政部门雇员道德行为准则》《政府行为道德法》《政府道德改革法》《政府工作人员道德准则》等法律法规或准则成为悬在公权力代理人头顶上的达摩克利斯之剑。

社会正义的实现并不依赖于行政官员审慎地运用他们手中的权力,而是在于对行政官员手中的权力施加不同形式的约束与限制。中国政府历来高度重视反腐败工作,并将腐败视为执政党面临的最大威胁,将反腐败工作摆在关系国家前途命运的重要位置,坚持"打虎""拍蝇""猎狐"多管齐下,构建一体推进"不敢腐""不能腐""不想腐"体制机制。在反腐过程中,党纪法规体系不断健全完善,包括《中国共产党中央委员会工作条例》《中国共产党问责条例》《中国共产党纪律处分条例》《中华人民共和国公职人员政务处分法》《中华人民共和国监察法》等在内的党纪、法规得以修订颁布实施，预防和惩治腐败的党纪、法规体系初步成型，实现了腐败治理工作的常态化与制度化。但是也必须看到，在高压治腐态势之下，我国腐败现象虽在一定程度上受到遏止，却远未根除，腐败案件仍时有发生。归根到底还是部分官员的自由裁量权过大导致的，行政官员持有过于宽泛的自由裁量权引发腐败和潜规则是不争的事实。减少自由裁量权的交易就必须从细化制度入手，构建缜密的规则来减少制度留下的空白，压缩制度执行人的自由裁量权。

三、对自由裁量权施加"社会的"约束

一个再完美的制度，也不可能在所有事务上都做到"无微不至"，一个完全依赖程序性规则来管理的社会，个人的才智也将失去存在和发挥的空间。而且，正义并不能仅仅依赖于普遍性的规则来实现。对于特定个体来说，根据规则和个体情况的特殊性而加以裁量的正义（tailored justice）更符合法律"实质合理性"的要求。因此，"个体化的正义"以及法律的"实质合理性"在很多情况下可以使自由裁量权的存在正当化（Davis，1971：16 - 17）。基于自由裁量权的客观性，确保制度代理人在自由裁量权内的行为与公意一致才是一个制度应该努力的方向。公意是社会的普遍性利益，这些利益是社会普遍性价值、道德、文化等共同作用的结果。这些根植于公众内心又内嵌于制度中的社会法不仅制造着公意，也约束着制度代理人的行动。正式规则仅仅构成自由裁量权运用中可以文字化表述的约束，那些社会性的约束尽管没有明确地显示出来，却时时刻刻都在起作用。制度代理人不是生活在真空中，他们不可避免地是他们所处环境的产物，决策者对自由裁量权的运用受到他们社会化过程和后天训练的抑制，正如凯斯·霍金斯（Keith Hawkins）在其著作中引述的伦佩尔（Lemper）的观点一样，自由裁量权并不是决策者选择的自由，而是在行动过程中受到法律以外的因素影响

的自由（Hawkins，1992：44）。程序、先例、事务的重复性、决策网络、道德、受教育背景、文化归属等非正式约束在决策中同样起作用。将这些因素纳入自由裁量权的运用中，就能增强自由裁量权的预见性。具体来说，社会约束包括以下几个方面。

（一）程序性要求

权力来自大多数人的意志并不能保证权力被专横地使用，民主选举出来的权力代理人并不必然地合理运用权力。权力的来源与权力的使用是两个层面的事情，现代民主制度总会有一定的周期，权力代理人在这个周期内使用权力可能会忘记权力的来源而以专横的方式使用自由裁量权。大多数人是健忘的，是无意识的，"无意识心理活动在生活、理智思考中的作用都是压倒性的。在人类的精神生活中，有意识的因素与无意识的因素相比，前者只发挥很小的一点作用……人类有意识的行为活动，只是无意识的深层心理结构产物"（勒庞，2010：17）。如果说个人在独处的时候是可以审慎思考的，但是群体却是盲从的，在群体之中，每个个体叠加在一起只会让愚蠢增加，而不让天赋才智得以凸显。"独处孤立的一个人，可能是有涵养的，但在群体中他会蜕变成一个野蛮人，一个在行为上受生命本能支配的动物……作为群体中的一个组成部分，个人就像无数沙粒中的一个，他可以任凭风把他吹向任何地方。"（勒庞，2010：21）在权力的诱导和煽动下，群体中的个体会被引入一种完全失去自我意识的状态中，在某种暗示的引导下，个体难以抗拒冲动的力量，群体中的这一冲动比催眠更加难以遏制。正如在民主选举中一样，选民的无意识和冲动以及选民在民主投票中基于成本与收益比较后理性地选择"无知"，从而打开了严重的民主失灵的大门，利益集团、政客得以长驱直入（卡普兰，2010：114－117）。以民主的方式获得权力的代理人，在获得权力后通过对暴力的垄断和对宣传机器的控制而操弄民意，使自己在下一轮选举中处于有利地位，从而进一步巩固其已获得的权力。因此，民主不是解决权力不被滥用的充分条件，权力的规范行使，还必须辅之以严格的程序性要求。正如哈耶克（1997）所说："没有理由相信，只要相信权力是通过民主程序授予的，它就不可能是专横的；与此形成对照的说法也是不正确的，即防止权力专断的不是着眼于它的来源，而是对它的限制。民主的控制可能会防止权力变得专断，但并非仅仅存在民主的控制就能做到这一点。如果民主制度决定了一项任务，而这项任务必定要运用不能根据定则加以指导的权力时，它必定会变成专断的权力。"（哈耶克，1997：93）

随着专业知识和技术在社会中的作用越来越大，建立在知识和技术基础上的独断的权力成了潜规则滋生的土壤，公众作为旁观者很难辨识专业人员的操作，此时对自由裁量权的外在监督只能诉诸程序性的约束。在人们从政治学、管理学、法学等各门学科的视角对约束行政权的方式进行研究后，不约而同地发现并主张程序是约束权力的一个有效的重要措施。"在一个缺乏民主法治传统文化背景的情况下，利用程序的力量束缚行政自由裁量权这匹'烈马'，无疑是一种有效的措施。"（胡泓，2006）用程序去约束自由裁量权可以通过以下几个方面的工作来实现。

一是明确规则和流程。必须明确决策的规则和流程，包括制定明确的制度实施指南、程序和要求。这些规则应该详细规定在什么情况下可以行使自由裁量权，以及行使这种权力时应遵循的标准和限制。

二是制定决策支持系统。开发决策支持系统，帮助制度代理人根据预设的规则和标准做出决策。这些系统可以基于算法、模型或专家系统，确保决策过程的一致性和透明度。

三是加强内部监督。在制度实施机构内部建立监督机制，如内部审计、合规审查等，以确保自由裁量权的行使符合规定。监督机制要定期评估制度实施的质量和合规性，并提供改进建议。

四是建立外部监督机制。除了内部监督，还需要建立外部监督机制，如立法机关、法院、媒体和公众的监督。这些外部监督机制可以确保行政自由裁量权的行使受到合法性和合理性的约束。

五是建立申诉和救济机制。为公众提供申诉和救济机制，畅通行政复议机关、行政诉讼等渠道。允许社会公众对认为不适当的决策及其实施过程提出质疑。

六是技术监管。利用现代技术手段，如大数据、人工智能等，对自由裁量权进行监管。这些技术可以帮助识别不适当的决策模式，并提供改进建议。

用程序去约束行政自由裁量权是一个复杂的过程，需要多方面的合作和努力。同时，这些措施应该根据具体情况进行调整和优化，以确保既能保护公众利益，又能满足制度的目标要求。

（二）道德的教化

制度代理人的道德操守确实在其中起着重要的作用，一个正直廉洁的官员自然不会受贿，那些贪官污吏都是道德败坏的人。关于腐败的研究中，不少人也将腐败归咎于官员思想上的"总开关"出了问题。如周根山（2019）指出："在反腐败高压态势下，为何还有人不收敛、不收手？……首要和根本的原因是有的领导干部精神缺'钙'，理想信念丧失，宗旨意识扭曲。众多落马官员的忏悔录也说明了这一点：腐败行为的发生，无一不是从'总开关'出问题开始的。"就潜规则发生机制而言，潜规则观念的萌生是潜规则行为产生的前提条件。而历史经验已经表明，个人价值观念的形塑深受社会文化和环境影响，社会文化和环境提供了人们辨别是非、善恶、美丑的标准，规范着人们的思想行为。潜规则的思想和观念是通过社会文化、规范慢慢植入公权力执行人脑海中，也只有通过长期的道德教化、教育才能清除掉。不过滋养潜规则的社会文化并不是主流文化，而是与主流文化相冲突的亚文化，要以道德的手段对潜规则文化进行治理，就必须以社会主流的、正向的道德价值批判那些直接构成潜规则基础的价值观念和文化心理。潜规则是由人的"贪欲""奢念""惰性"导致的（洪汛，2023），在治理上就需要加强"寡欲"等传统文化价值观念的教育，常修为政之德，常思贪欲之害，常怀律己之心；大力弘扬"勤俭节约""艰苦奋斗"等精神，在全社会重新确立起"浪费即腐败"的观念意识，重塑"奢侈浪费"的"负罪感"；通过弘扬"勤廉"文化，加强"勤廉"教育，树立"为官一任，造福一方"的正确为政观。

（三）公开

公开是治理潜规则的一把利剑。公意本身既是自由裁量权行使的终极目的，也是自由裁量权行使过程的参考标准，制度所涵盖的广泛的目标无非是为了维护和增进公共利益。组织成员和社会民众普遍性的利益只有在规则被公开、透明化地实施的时候才会得到保障。公开是一把利剑，能有效防止制度代理人滥用自由裁量权。"因为公开是恣意与专横的天敌；公开是与非正义进行战斗的天然盟友"（Davis，1971：98）。决策过程的透明化意味着制度代理人的一言一行都在公众的注视之下，让公众了解决策的依据和过程，从而可以有效减少代理人任意解读制度的可能性，自由裁量权被标价买卖的土壤就会被铲除。透明度是推动政治清明的动力，也是现代法治社会的特征。正如桑德斯所说，"透明度是一个过程，也是一个结果——它是现代化的道德强制力及其特征，既是现代化的原动力也是其所要传递的信息。"（哈勒和肖尔，2015：19）

四、完善惩罚机制，提高制度实施效果

细致的规则是压缩潜规则运行的必要条件，但并非充分条件，只有配之以严格执法、增加潜规则的成本才能起到作用。潜规则产生和盛行本身就意味着明规则的软弱乏力，特别是在潜规则十分盛行的地方，正式规则的精神已被公权力代理人破坏，至少对公权力代理人已经构不成实质上的威胁。假如明规则对潜规则确实做到零容忍，则潜规则或许就不会产生和盛行。

惩罚机制是执行机制的关键，因此治理潜规则必须要从惩罚机制上下功夫。潜规则下的交易面临着机会主义的威胁，一方在获得服务之后可能拒绝按约定支付报酬，另一方在获得支付后可能拒绝提供约定的服务，或者要求更高的支付。双方的机会主义倾向对潜规则的运行构成了危害。而潜规则本身是对明规则的威胁，是对社会秩序的损害，因此，潜规则中的机会主义反而对减少潜规则发挥积极的作用。压缩潜规则运行的空间可以通过设计出某种增加潜规则中的机会主义的制度来实现。

惩罚的不对称性是增加潜规则中机会主义的一个有效方法。惩罚的不对称性是指潜规则一旦被揭发，明规则对潜规则双方的惩罚是不对称的。潜规则双方的行为是违法或违背道德的，对公众利益和社会秩序构成了危害，然而，"谁应该为潜规则承担更多的责任"？根据经济人自利的观点，潜规则只是大多数的民众或商人在给定的环境（包括扭曲的市场和腐败官员）创造的机会面前做出的主动和被动反应。正如贝克尔（1993：63）所指出的："当某人从事违法行为的预期效用超过将时间及另外的资源用于从事其他活动所带来的效用时，此人便会从事违法，由此，一些人成为'罪犯'不在于他们的基本动机与别人有什么不同，而在于他们的利益同成本之间存在的差异。"潜规则源于资源被控制（或垄断），在合法的交易中，资源购买者要想以公意价格获取这些资源，或避免某种明规则的义务，就必须给予资源控制者一定的支付。违反潜规则者，将被排斥于特定的资源之外，或被资源控制者通过合法的社会关系或交易来惩罚。在侵略型潜规则中，资源购买者出于自身利益的需求对一切可以获得的资源进行赎买。确实，对其而言，资源控制者所控制的资源，是可以通过合法的支付外加一个额外的补偿就可以获得的，这是摆在他面前的客观事实，合法的价格和额外支付的总和就是他面对的资源价格，他只是做出符合理性原则的选择而已。在防御型潜规则中，买方拒绝服从潜规则的代价是高昂的，即使考虑道德的价值，这也不能弥补其丧失资源的代价，潜规则是其别无选择的选择。很多情况下民众或商人选择潜规则，是其所面对的市场环境中的一个合理的或迫不得已的选择，潜规则产生和盛行的主要责任不应由这些资源购买者来承担，而是应由谈判实力较强的资源控制者来承担。

资源控制者所控制的资源价格已经由明规则所设定，但是价格常常是模糊的，比如农户申请危房改造资金补助的条件之一是"申请人必须长期居住在该危房中"，对"长期"的认定就是模糊的，它意味着赋予资源控制者一定的定价权。但是任何一个模糊的规定都存在着一个符合公意的认定。因为资源被控制，资源的价格常常不能按照公意价格出售，而是会高于或低于公意价格。当资源控制者在收取资源购买者的利益后使公开价格偏离公意价格，资源控制者就违背了其角色所承担的正式义务或道德义务。在公权力领域，公权力代理人作为明规则的执行人，其职责在于确保明规则的公平实施，在自由裁量权范围内不应违背其公共角色所承担的正式义务，潜规则的运行意味着其违背了其所代理的制度和制度背后的公共精神。潜规则的运行在很大程度上取决于资源控制者的意愿和能力。基于这一认识，关于腐败的研究文献大多认为政府官员应承担受贿索贿的主要责任。如布伦纳和默克林（Brunner and Meckling）认为，作为政府职员的受贿者应该承担腐败的责任，而行贿者不过是对给定的制度环境做出被动反应而已。潜规则多发于公权力领域，"社会上不良潜规则的盛行与否，主要看领导干部"（黄红平，2019）。相对于一般群众，公权力代理人是强势群体，是潜规则盛行的主要责任主体。有鉴于此，习近平总书记强调："要加强对干部经常性的管理监督，形成对干部的严格约束。没有监督的权力必然导致腐败，这是一条铁律。组织上培养干部不容易，要管理好、监督好，让他们始终有如履薄冰、如临深渊的警觉。"[①] 针对潜规则责任的不对称性，可以设计不对称性的惩罚制度，被潜规则者免于被起诉或受到较轻的惩罚，而资源控制者一旦被发现参与潜规则就要受到严厉的惩罚。

资源购买者可能利用不对称性的惩罚制度来要挟公权力代理人以进行重复的交易，但这种要挟是否有效，还取决于明规则的权威。如果明规则确实发挥着强大的作用，或者一旦事情败露资源控制者确实被严厉惩罚，那么，被潜规则者的机会主义将对资源控制者构成可置信的威胁，迫使后者就范。然而，如果明规则的委托人或监管者对资源控制者的潜规则行为睁一只眼闭一只眼，或对公权力代理人仅处以"罚酒三杯"式的轻微处罚，如口头警告、通报批评、转移部门等，则被迫行使潜规则的民众或商人的告发威胁则是不可置信的，或者作用是有限的。潜规则的盛行本身就意味着明规则可能已经失效，资源控制者很少有被严厉惩罚的，怎么能期待一个失效的制度在

① 习近平. 习近平谈治国理政（第一卷）[M]. 北京：外文出版社，2018：417 - 418.

不对称的惩罚方面确实有效呢？因此，在制度上，不仅要进行惩罚不对称性的设计，也要强化对明规则的实施，假如明规则对潜规则确实做到零容忍，则潜规则或许就不会产生和盛行。潜规则产生和盛行本身就意味着正式制度软弱乏力，特别是在潜规则十分盛行的地方，明规则已被公权力代理人破坏殆尽，至少对公权力代理人已经构不成实质上的威胁。幸运的是，一个再腐败的社会，司法、法庭、明规则的委托人（或权力结构的上级）以及民意依然对公权力代理人的违法行为构成一定的威慑，这就是为什么一个社会的腐败是处于这样的程度，而不是更高的程度。

第二节　制度委托人层面

一、关于制度委托人

制度代理人对潜规则的产生和运行负有主要责任，但是制度委托人的缺陷和监管缺漏对潜规则的盛行也应承担一定的责任。毕竟，制度正义与否与潜规则的产生和盛行密切相关。有两个途径可以促使委托人努力修补自身缺陷抑制潜规则的盛行：一是培育强大的委托人；二是约束委托人。这两种途径分别对应着两种假设和两种理论。主张铸造强大委托人的观点假设委托人或政府总是有"良知"的，明规则总是符合大众期待和公众利益，潜规则的出现仅是代理人的代理问题，铲除潜规则必须在约束代理人方面努力。约束代理人的责任无疑落在了委托人身上，只有铸造强大的委托人，才能加强对代理人的监督，确保后者按照委托人的意图落实明规则。相反，主张建立一种制度来约束委托人的观点是假设委托人或政府是"自私"的，腐败的泛滥和潜规则的盛行就有委托人的"功劳"，是委托人故意设计和推行有缺陷的制度才赋予了代理人过大的自由裁量权，并且在潜规则被制造出来后又怠于治理。潜规则的产生和盛行，既是权力代理人违背正式制度或背离公共角色所应承担的正式义务的交易行为，又与委托人缺乏维护公众利益的动机相关，因此，培育强大的委托人和制约委托人似乎是同时有效的。

不过，主张培育强大的委托人与主张约束自私的委托人所指向的"委托人"其实并不是同一个主体。主张培育强大的委托人是假定政府是有"良知"的，实际上是将这个"委托人"视为终极委托人，即社会公众。前面已经述及，政府的权力除了来自社会成员个人的转让外别无其他合法的来源，政府的目的是捍卫社会公众的利益。如果政府总是代表着社会公众的利益，那么政府就是那个抽象的人民的化身。在政府与公众的利益合二为一的情形下，培育强大的委托人实际就是培育强大的社会公众，用公众的利益去制约制度代理人的利益，用公众的最终权利制约制度代理人的权力。主张约束自私的委托人则是建立在制度设计者与公众利益相分离的假定下，在这种假定下，社会公众难以有效地将自己的利益诉求转化为法律制度的主张，法律制度和政策被少部分人控制。权力集团将自身利益伪装成社会整体利益并转化为法律制度和政策，通过强制力去推行这些制度和政策。在这个过程中，利益集团或权力集团扮演着制度设计者的角色，并以制度委托人的身份出现。但事实上，这个委托人只不过是委托代理关系中的一个中间人，是公众利益的名义代理人，但是对于我们所分析的自由裁量权问题，他们又是制度代理人的委托人。只有通过某些机制去约束这些自私的利益集团或者"制度设计者"，才能确保制度在设计的时候就符合公众的期待并实现公众的利益。

二、约束自私的"制度设计者"

（一）封闭的权力制衡结构

约束制度委托人（即立法者或制度的设计者）的观点认为，制度设计机构（政府）本身是利益中立的，但被自私的人占据。这些自私的人为了自身利益而设计有缺陷的制度，潜规则的盛行正是拜这些有缺陷的制度所赐。制度代理人直接制造了潜规则，制度设计者的自私间接地推动了潜规则运行。要压缩潜规则的运行，就必须对这些自私的制度设计者施加一定的控制，使其在立法上确保制度的公正。对立法者的有效制约力量来自共同体的每一个成员，改革的措施包括加强草根运动，让公众参与政治决策，参与法律和法规的制定；需要加强市场力量以抗衡政府的力量；需要扩大媒体的自由，以让它们限制立法者的自私自利的行为。

然而，谁来制约委托人？明规则的根本目的在于服务共同体成员的利益，共同体是每个成员为实现自身利益而组建的，因此，从根本上说共同体成员是明规则的终极委托人。共同体成员的意志代表公意，公意是唯一正确的永恒。但是现实社会中，共同体成员很难直接参与到每一项明规则的制定中，明规则总是交由共同体成员的代表去设计。从这种意义上说，这些代表既是代理人也是委托人，只不过他们处于委托代理的第二层级。实际上，行政委托代理关系可能有多个层级，如共同体成员选举代表，代表选委员，多个区域的委员选举中央委员，等等。

多层级的委托代理关系中，要构建严密的制度来约束各个层级的委托人（在另一方面也是代理人），就必须建立一种封闭的权力制衡体系：A 制约 B，B 制约 C，C 又制约 A。只有形成这种封闭的权力制衡体系，社会才不可能存在至高无上、不受约束的权力，从而为防止潜规则提供最坚实的制度基础。孟德斯鸠在《论法的精神》中写道："权力腐蚀人，极端的权力极端地腐蚀人。权力不受约束必然产生腐败。一切有权力的人都爱滥用权力，这是万古不变的经验。防止权力滥用的办法，就是用权力约束权力。"（孟德斯鸠，1959：184）权力制衡理论表明，仅靠权力体系内部的委托代理关系很难实现有效制衡，还必须求助于权力体系外部的力量。其中的一种力量是独立的司法。如果没有司法的独立，就不可能对官僚系统各层级人员进行有力的监督。另一种力量是舆论和公众的问责制，让人民全程监督政府行为。

党的二十大报告明确提出，到 2035 年，基本实现国家治理体系和治理能力现代化，全过程人民民主制度更加健全，基本建成法治国家、法治政府、法治社会。党的二十大报告将"坚持全面依法治国，推进法治中国建设"单独设为第七部分，是党的历史上首次在党代会报告中将法治单列成章，充分体现了党对全面依法治国的高度重视。党的二十大报告明确了全面依法治国的工作布局是：坚持依法治国、依法执政、依法行政共同推进，坚持法治国家、法治政府、法治社会一体建设，全面推进科学立法、严格执法、公正司法、全民守法。党的二十大报告中还具体部署了四个方面的工作：完善以宪法为核心的中国特色社会主义法律体系、扎实推进依法行政、严格公正司法、加快建设法治社会。同时，党的二十大报告中明确提到"规范司法权力运行，健全公安机关、检察机关、审判机关、司法行政机关各司其职、相互配合、相互制约的体制机制。强化对司法活动的制约监督，促进司法公正。加强检察机关法律监督工作"。不难看出，中国政府对法治十分重视并对权力制约关系在实现法治中的重要作用有清晰的认识。

（二）均衡的权力结构

除了形成封闭的权力制衡结构外，相互制约的权力还要达到大体的均衡，力量的均势是公平正义制度产生的前提，不均衡的权力结构会产生腐败，权力严重不均衡必然伴随着奴役与压迫。在实力不对称的非均衡社会，强势集团会利用自身优势地位将对自身有利却缺乏社会效率的规则推向整个社会，"制度未必或者说通常不会是为了实现社会效率而被创造出来的，相反，它们（起码是那些正式规则）之所以创立，是为了服务于那些有制定新规则的谈判能力的人的利益的"（诺思，2008：21-22）。"'公平'或'正义'之产生，也许是因为强制契约参与者们的自利，而决不会是出于全社会都接受的某种至高理想。"（布坎南，2012：89）在实力相差悬殊的社会里，公平和正义只不过是披在剥夺与被剥夺关系上温情脉脉的面纱，旨在弥合弱肉强食造成的心灵与肉体的创伤，是强势集团对弱势集团不稳定的施舍。奴隶社会中奴隶主与奴隶之间也存在保护和关爱，但那也改变不了奴役与被奴役的事实。

公平和正义是现代政府所追求的重要目标，但是脱离了权力均衡的所谓平等的制度不过是一纸空文，这样的制度在实施上也会被强势集团任意解读，最终沦为强势集团谋取利益的工具。青木昌彦（2001：4）将制度定义为"参与人主观博弈模型中显明和共同的因素——即关于博弈实际进行方式的共有信念"不无道理，在此意义上，那些被刻意设计出来的成文法和政府规制如果没有人把它们当回事就不构成制度。实际上，制度只不过是生存博弈中实力的反映，有怎样的权力格局，就有怎样的制度形态。现代社会本身就是一个权力系统，这个系统由众多的利益共同体组成，每一个利益共同体都在为生存去竞争有限的社会资源，每个共同体拥有大小不等的权力。权力表现为对资源的控制能力，对决策的主导能力，对他人的支配能力。或许经济上、政治上、暴力上的能量是权力的根源，而这些能量上的差异归根到底源于人类在自然状态下体质和心智的差异，在循环累积因果作用下才逐渐扩大的。制度和秩序是权力的结果而不是权力的来源，但制度和秩序的建构固化并进一步扩大自然状态下的不平等，正如卢梭（2009：46－47）所言："自然状态中的人差别是多么小，而社会状态中不同等级的人差别是多么大，由于教育和生活方式的不同，人类在自然上的不平等被社会制度所造成的不平等加深得多么厉害。"

真正的公平与正义必须建立在实力均衡的基础上，只有不同的主体在实力上差距不悬殊，形成相互制衡的格局，才能平等地开展对话，在博弈中才会达成对各方主体都有利（或至少不是一方仗势欺人）的均衡，这种博弈均衡就表现为稳定的公平制度和秩序。政府和社会是两大主要权力主体，政府依靠合法的暴力拥有强大的权威，如果社会没有构建起对个人保护的屏障，国家的权威就会直接面对原子化的个人。权力扩张的本性导致政府对社会全面和绝对的专制，从而导致制度的非正义和产权的不合理。"只有当社会与国家在对话、协商和交易中形成一种均势，才可能使国家租金最大化与保护有效产权创新之间达成一致。"（周其仁，2013：99）权力从不平等走向平等是一个渐进的过程，特别是那些通过制度固化下来的不平等，或许将要付出几代人的心血才能使权力趋于平等。权力走向平等离不开弱势集团的奔走呼号，也离不开强势集团的克制与退让（本质上是弱势集团崛起而形成的压力），二者的落脚点都是对现存制度和秩序的修改。通过撬动固化的利益格局，打破不同阶层和集团之间的藩篱，使资源能够在不同阶层、不同集团之间自由地流动，逐渐消除集团之间的权力差距，公平和正义才能成为可以期待的社会现实。

经济学上存在两种性质相异的均衡：一种是经济学家从物理学中借鉴并发展出来的一个概念，其含义是"力量的平衡"，两种力之间不仅"大小相等"，而且"方向相反"。另一种是从博弈论角度理解的均衡，即给定一方的策略，所有其他参与者都不想改变自己策略的一种相对静止的状态。显然这两种均衡虽然都表示静止状态，但是内含的公平正义有质的差别。力量大小相等的均衡是社会普遍正义得以产生的基础，是一个完美的社会结构，而博弈论视角下的均衡却可能隐藏着压迫和奴役。博弈论视角下的均衡，"并不是说在均衡状态的社会稳定运行要有休谟设想的中产阶级的田园诗一般浪漫。即使暴政要存在下去，也需要处于均衡状态"（宾默尔，2003：46）。自由竞争倾向于产生垄断，偏好、价格、技术的改变及偶然性事件的出现也会导致相对力量发生改变，因此，自由竞争市场与自然状态一样，力量的不均衡不可避免。但是并不意味着我们在矫正力量非均衡方面无能为力，强势群体通过制度强加于弱势群体而形成的力量非均衡要比自然状态和自由市场下产生的力量非均衡严重得多。我们能改变那些被固化下来并导致力量不均衡拉大的制度和秩序来让社会回归到自由市场下的状态，甚至更进一步对自由竞争导致的非均衡格局采取补救措施。通过瓦解那些固化并扩大不平等的制度和秩序，使不同的利益主体能够相互交流，逐步接近于力量大小相等的均衡状态，为社会普遍正义奠定基础。

三、培育强大的最终委托人——公众

按照诺思的观点，国家除了最大限度地增加以统治者为代表的团体或阶级的垄断租金这一目标外，还有另一个目标，即"在前一个目标的框架内，减少交易费用，以便促进社会产出的最大化"（诺思，2009：29）。作为社会或国家唯一合法的稳定的代表，统治者如果与全体社会构成利益共容体，社会产出的最大化就意味着统治者从中所能获得的税收最大化（奥尔森，2005：5-10）。对税收的垄断会使一个利益共容体在他管理的领地上不采取掠夺性行为，因为他要承担由于他的掠夺性行为而带来的社会损失的份额。为了实现自身利益的最大化，利益共容的政府会努力发展生产、提升社会的福利，因此，制定合理的规则以抑制投机、打击腐败和维持社会经济秩序是其内在要求。但是，再好的政府，其社会治理最终也是通过个人去实施，法律制度也是交由个人去执行。代理人也是追求自身效用最大化的经济人，在利益不一致和信息不对称的情况下，代理人在行使委托人授予的决策权时可能会滥用代理权。委托人必须通过制度设计来减少代理人的逆向选择和道德风险。只要委托人足够强大，并有足够的技术支持，就能有效地约束代理人的行为，确保委托人的旨意得到贯彻落实，从而代理人的投机行为和滥用代理权力的问题就得到缓解甚至杜绝。

政府的权力原则上来源于全体人民，人民的权力在法律上由政府行使，人民与各级政府之间构成了委托代理关系。政府的代理人性质决定了政府出台的法律制度并不都完全符合社会的公意，也就是不能保证政府与社会构成一个利益共容体。人民才是最终的委托人，公意永远正确而且至高无上，公意因其永恒的正确性决定了它的无可取代的、至高无上的地位。由于公意是主权者共同体的公共利益的唯一代表，因此，公意只能由主权者执行，政府的角色仅仅是主权者的执行人，政府中所谓官吏扮演的角色其实不过是负责执行人民意志的受托人而已，其委任权始终掌握在人民手中。政府对人民授予的权力的行使只能通过官员来实施。高层级的政府的官员任命低层级的官员来履行管理职责，由此出现了作为初始委托人的全体选民距离作为最终代理人的基层管理者太远、信息不对称现象严重、初始委托人所面临的代理风险较大的问题。制约最终代理人的权力，既要加强直接委托人的监管，更要通过直接引入最终委托人的力量来约束代理人对权力的行使。向社会公众或人民提供充分的权力和可靠的技术，就有助于他们加强对代理人的监督和制约，避免后者对权力的滥用。

社会公众的权力有法理上的权力和事实上的权力。法理上的权力是指源于社会政治制度所赋予的权力，如法律赋予公民言论、出版、集会、结社、游行、示威的自由，赋予公民选举政府官员并对政府官进行监督的权利。法理上的权力是权力的重要组成部分，但并不是全部。而且法理上的权力常常会受到诸多因素的制约，造成公民权利有名无实。因此，培育强大的最终委托人最重要的是明确公民所拥有的权利，并厘清制约权利行使的因素。当法律框架内的权利行使受限时，利益主体会转向非法理上的行动，构成事实上的权力。对于利益表达机制缺失的底层群众而言，借助法理上的权力维护自己的利益存在着较大的困难。社会学中对社会运动的研究就表明，利益受损的底层民众通常采用集体上访、诉讼、就地抗争、"草根动员"等非法理上的方式进行利益表达，这些行动客观地拓展了群体的话语权并扩张了自身权益，被视为弱势群体改变自身不利地位的重要方式。这些行动既是改变权力结构版图的无奈之举，也客观上促进了权力的再分配以及制度的调整。草根运动改变权力结构进而促进制度和政策调整的研究尤其表现在环境研究领域。海因斯（Hines，2015）、帕雷德斯（Paredes，2023）通过理论与不同国家的案例表明了草根运动对于环境正义的重要性。韩瑞波和叶娟丽（2018）建立了"政企合谋—草根动员"分析框架，其研究证实，草根动员使环境治理中的各主体地位发生了变化，重塑了社会的权力结构。底层抗争是缺乏正式利益表达机制的结果，虽然重塑了权力结构，但在这些抗争中，维权与谋利相互交织，理性表达与情感宣泄并存，孕育着暴力与无序，只有在法治的轨道上建立畅通的利益协调机制，让公众的行动进入政府及政治过程，才是化解利益格局与权力结构矛盾的长久之策。

强大的最终委托人与受约束的委托人二者都是压缩潜规则运行空间的有效途径，二者不但不矛盾，而且是相辅相成的。一个公众广泛参与的民主的社会，它的政府因公众的利益而建立，它的领导人代表广大选民的利益，它制定和运行的规则受到公众监督，因此，它的政府、领导者和规则必然受到公众的尊重并拥有强大的权威——法理型权威。一个广泛参与的民主社会，明规则的每一层级委托人的权威不依赖对传统的继承或领袖的感召力，而是依赖于理性基础上的法律规范以及大众对正义法律制度的自觉遵守和服从。

在委托人受约束的情况下，制度的每一层委托人的权限都被压缩并受到监督，但在有限的职权范围内拥有强大的执行力量，这种执行力足以震慑制度代理人的徇私枉法行为，确保制度能按委托人的意志（实质上是按公众的意志）去贯彻落实。

第三节 社会层面

一、公权力边界的反思

（一）"公"的领域与潜规则

潜规则既产生于公权力领域，也产生于私权领域。但是公权力领域的潜规则所带来的危害要大得多，公权力领域的潜规则实质上是权力代理人以权谋私的行为。当一个社会腐败横生、潜规则盛行时，其必然与公权力染指领域过宽有关。明规则将过多的资源划入公共领域，"民主"地运用可能会导致不负责任的决策，"集中"地运用又容易滋生潜规则，要提高资源的运用效率同时又减少潜规则，就必须在社会经济生活中减小"公"的领域，减小政府干预领域，将资源交由私人使用，将社会经济事务交由市场运作。市场交易中的资源是私人的资源，其处置一般情况下只取决于所有者的好恶。而公权力是一种垄断的权力，公权力下的资源配置原则上要符合大多数集体成员的自愿，在难以征得集体成员意见的条件下也要以符合大多数人的利益。无论是征得集体成员的同意，还是对是否符合公众利益进行监督，都存在着相当大的困难，这决定了公共资源常常以低效率的方式进行配置。因此，一个追求社会效益最大化的社会，常常会努力降低公共资源的比重，同时推动政治权力的分散化。正如布坎南（1988：21）所说："在一定程度上人们之间自愿的交换被看作有正作用，而强迫压制被看成有副作用，这中间出现这样的含义，即人们期望以前者取代后者，当然基于下面这样的假设，即这样的取代在技术上是可行的，在资源上不会付出可怕的代价。这种含义推动公共选择经济学家趋向于主张看来行得通的市场那样的安排，主张在适宜形势下政治权力的分散。"

"公"的范围实质上是产权的隶属程度，当产权隶属于个人时最为清晰，保护也最为严密；当产权隶属于全民时则往往最为模糊，在保护上也最为松懈；中间地带如社团组织、企业等均是不同程度的"公"。理论表明，产权归属越"公"，有效的激励约束机制建立的难度就越大。现实经验也不难发现，产权归属越"公"，滋生的潜规则就越多，受潜规则影响的人数范围就越广，危害就越大。政治或政府是潜规则多发的领域，这些领域的潜规则也是最引起民众不满的潜规则，这种潜规则是关于公权力运用和公共利益处置方式的规则，而不是纯粹的私利和私生活的规范。产权归属越"私"，潜规则就越少，受潜规则影响的人数就越少，危害就越小，民众不会过多关心一个私营企业中上下级之间的潜规则。产权归属的范围决定了对权力代理人监督和约束的难度，当资源的产权归属于全体民众时，公权力的代理人所受到的监督与约束可能会较小。缩小"公"的范围，就是要减少政府手中所掌握的权力与资源，资源的配置方式不必陷入"民主"的还是"集中"的争议，而是走第三条道路，"非民主政治不是民主政治之外的唯一选择，生活的很多方面都处于政治或'集体选择'领域之外……可以把私人选择叫作'第三条道路'——民主与独裁之外的选择"（卡普兰，2010：237）。促进社会权力的分散化，减少代表全民的政府手中所掌握的权力与资源，进一步推进市场化改革，将资源交由私人配置，将社会经济事务交由市场运作。

政府领域是潜规则多发的领域，公权力衍生的潜规则也是危害最广的潜规则。公权力是公众私权的转让，因此，公权力的运用涉及公众的利益。公权力的运用必须以实现公众福利为目标，公众的福利包括经济和非经济的福利，经济的福利是指经济收益或金钱收益的最大化，而非经济福利包括人文关怀和归属感、对荣誉的追求和社会的认同。私权在经济收益方面有卓越的表现，但在文化、荣誉、人文关系、社会的归属感等方面却几乎无能为力，它们通常被经济学者归入公共产品，这类公共产品应由公权力提供。公权力对公共产品的供给遵循的不是经济竞争原则，而是普遍平等的原则或非经济竞争原则。

"公"的边界过宽，平等原则就会侵占效率原则本应发挥作用的空间，社会激励将无从谈起。反之，"私"的边界过宽，市场的力量就会剥夺在资源上处于劣势的群体的生存空间，从而制造不平等。这个社会需要市场，但社会拒绝把自身变成一台支付一定量钱币便可换取一切东西的巨型售货机，普遍的、平等的权利被视为一种抗衡市场支配的保护力量（奥肯，2010：7-12）。公权力多一点儿，私权就少一点儿，反之，私权多一点儿，公权力便会少一点儿。全部的社会活动可以分为经济领域和非经济领域两个版图，经济领域多一点儿，则非经济领域便会少一点儿，反之非经济领域多一点儿，经济领域便会少一点儿。私权在经济领域有卓越的表现，公权则能够在非经济领域大展身手，因此，私权和公权的边界总是与经济版图和非经济版图的划分重合。

如果公权力和私权得到严格的区分，并按照各自的原则被运用，社会将是一个有序竞争并充满人文关怀的社会。如果二者的区分不合理，将导致效率和福利的损失并孕育腐败，整个社会将充满潜规则，社会秩序将陷入混乱状态。如公权力在经济领域试图取代私权的作用，依靠命令去配置经济资源，不但会损害经济效率，而且会催生腐败和潜规则；又如非经济竞争领域实行经济竞争原则，学历可以通过金钱买卖，政府公共部门职位可以通过金钱赎买，诺贝尔奖亦可以花金钱购买，整个社会将充满铜臭味，社会的公平正义就无从谈起。

当前压缩公权力领域的潜规则运行的空间，根本的措施就是压缩公权力作用的领域，缩小寻租的空间，防止"有形之手"退化为"掠夺之手"。在这一点上，中国政府有清晰的认识。中国政府在推进市场化改革的进程中，赋予市场的作用越来越大，党的十八届三中全会通过的《中共中央关于全面深化改革若干重大问题的决定》不仅在理论上提出了"使市场在资源配置中起决定性作用和更好发挥政府作用"的重大论断，而且在实践上要求

"发挥经济体制改革牵引作用""积极稳妥从广度和深度上推进市场化改革，大幅减少政府对资源的直接配置，推动资源配置依据市场规则、市场价格、市场竞争实现效益最大化和效率最优化"。伴随着市场作用的提高，政府权力不断收缩，其表现就是政府一直在推动的"简政放权"改革。党的二十大报告也进一步强调了"深化简政放权、放管结合、优化服务改革"。简政放权改革就是重塑政府与市场的关系。一方面，通过简政放权把不该由政府管理的事项交给市场、企业和个人，凡是市场机制能自主调节的就让市场来调节，凡是企业能干的就让企业干；另一方面，通过放管结合、优化服务，让政府把该管的事管好管住，在强化市场监管、促进公平竞争、维护市场秩序、优化政务服务、弥补市场失灵等方面发挥积极作用，从而使市场在资源配置中起决定性作用，更好地发挥政府的作用，重塑政府与市场的关系，激发市场主体的活力，推动经济高质量发展。

（二）公权力的边界

政府公权力的边界，一直是西方经济学界所讨论的热点话题之一，很难从理论上判断边界是否合理，由于体制不同，中国社会"公"所涉及的领域更广。我国政府除了承担保护型政府的责任外，还介入各类生产和非生产领域，不但承担公共物品的供给责任，还承担着经济增长的职责。政府掌控着庞大的经济和非经济资源。在政府掌控领域过宽的情况下，将经济领域的资源从公共领域向私人领域转移将铲除在经济竞争领域潜规则滋生的土壤。当经济资源实现向私人领域转移后，公权力退出了资源的配置，潜规则也就失去了其存在的基础。

私权和公权力之间必须有合理的边界，由于私权的分散性，其与公权力的边界常常取决于公权力的进退。

首先，公权力保护的领域不宜过宽。公权力的存在意味着集体的行动，集体的行动可能是"民主"的，也可能是"集中"的。无论是前者还是后者，都意味着公共资源要么是遵照平等的原则配置，要么是由非经济竞争的秩序进行配置。在平等的原则下，个人的决策很难对公共资源的运用产生决定性的影响，选民的"理性无知"——对"美德"的表达是免费的，对错误决策的责任是微不足道的——加上情感偏好和意识形态的偏差，将导致公共资源被低效率地配置（卡普兰，2010：157－169）。公共资源被"集中"运用时常常也难以代表"公共意志"，所损失的效率可能更甚于"民主"决策。集体行动"民主"和"集中"都存在一些缺陷，将过多的私权交由公权力，将原本在私权领域运用得很好的资源交由集体行动将导致效率的损失和公意被扭曲。

公权力一旦越出其固有的公共品性质的非经济领域而染指经济竞争领域，不但会抑制市场领域赖以存在的私权，而且会扼杀价格机制的灵活性，造成经济领域效率的严重损失。公权力的边界过宽表现为将一部分经济活动纳入公权力的范畴，而这些经济活动由私权行使最能促进社会整体利益的增进。如果经济资源的配置服从某个详细的、周密的、严格的准则或规则，公权力代理人在这方面也就没有玩弄权术的机会。然而，经济活动以效率为原则，要求构建一种没有自由裁量权的配置标准几乎是不可能的，相反，要求公权力代理人在配置资源时审时度势，做出裁决。公权力的代理人凭借手中的经济资源拥有了自己对效率的"判断标准"，这种"标准"服从代理人自身利益最大化的"经济人"原则，潜规则正是公权力代理人对公共资源以最有利于自身利益的原则标价出售。公权力的边界越宽，公权力部门所控制的社会资源就越广泛，公权力代理人对资源的分配自由裁量权可能越大，潜规则现象就越严重。因此，公权力逾越公共品领域染指经济竞争领域不但造成社会低效率，也助长了潜规则的盛行。这也为降低潜规则盛行程度提供了一些指导，国外不少学者认为，缩小政府规模将减少"掠夺之手政权"（grabbing hand regime）压榨普通百姓的机会，提高私有化程度、最小化公共部门是降低腐败并且提高效率的一种途径（Lambsdorff，2007：4）。

改革开放以来，中国采用"以市场为基础的政府主导型发展模式"（杨春学，2011）。中国经济模式的特征表现在：（1）政府以直接控制着的能源、金融、所有自然资源（包括土地）等重要生产资源为基础，与企业形成一种密切的合作关系，以此推动经济发展。（2）各级政府基于某种战略规划，由具有管理才能的官员通过正式的组织结构和个人的"人际网络资本"来指导经济发展。（3）政府官员的绩效评估和晋升，主要是基于通过市场实现的经济发展成就，因而，地方政府之间的竞争促使各级政府对企业界改变投资环境等的要求做出快速反应，成为市场改革的推动者。这种制度安排在协调政府与企业之间、各政府部门之间、企业之间的经济活动方面是卓有成效的，在创造经济增长方面获得了巨大的成功，被公认为"中国奇迹"。然而，这种制度安排的一个根本性缺陷是：公权力的领域过宽，而且界线不清晰。政府与市场之间、"公共权力"与"私人权力"之间、"官"与"商"之间的界线比较模糊，甚至可以由政府官员任意确定或解释。这就给机会主义行为和腐败的滋生提供了肥沃的土壤和巨大的空间。一方面，政府官员和公职人员手握"公权"，不仅直接控制着大量的经济资源和机会，而且还拥有对政策很大的自由解释权和裁量权；另一方面，企业的谋利本性必然使它们要充分利用与政府的亲密关系来追求利润最大化。这就形成了一种强大的"腐败诱惑"，潜规则潜伏在权力的运用中大肆侵袭着经济社会生活。

其次，公权力保护的领域不能过窄。公权力的边界不能过窄是指公权力必须能确保社会成员的基本权利，保障非经济竞争法则的合理有序运行，保护社会的多元化。公共权力是全体组织成员共有、共享、共治的权力，保护社会的公平、正义等是公权力的基本职能。思想、言论、信仰、受警察保护、享受义务教育、选举、婚姻等被认为是保障社会成员自由、幸福的基本权利，将这些权利赋予社会每一个成员，是社会正义的要求。罗尔斯在《正义论》中详细论述了社会正义，他认为，作为公平的正义包含着两个原则：第一个原则是，对每个人都赋予最广泛的基本自由和平等的权利；第二原则是，社会和经济的不平等应能给最少受惠者带来补偿利益（差别原则），并且地位和职务向所有人开放（机会的公正平等原则）。第一个原则是有关公民的政治权利部分，第二个原则是有关社会和经济利益的部分，第一个原则优先于第二个原则（罗尔斯，1988：60-80）。作为公平的正义意味着，仅仅效率原则本身不可能成为一种正义观，它必须以某种方式得到补充。效率的原则必须受到某些背景制度的约束，只有在这些制度背景下，有效率的分配才被承认是正义的。因此，社会正义要求，必须承认自由和基本权利相对于社会经济利益的绝对重要性。如果公权力无法提供这些基本权利而是交由市场去调节，这些权利便会被贴上价格的标签，有钱的人就能获得更多选票、获得基本教育、获得警察保护，贫穷的人将丧失选举、受教育和受保护的权利，这会将大部分的社会成员置于贫困、愚昧、受威胁、受歧视的危险境地，它将蚕食着国家赖以存在的基础，腐蚀社会的正义。

除了赋予普遍平等的基本权利之外，公权力的另一职责是保障非经济竞争法则在非经济领域的有序运行。非经济竞争领域大量存在，如高等学校根据学生考试分数高低录取，公共权力部门岗位根据应聘者能力高低录用，困难补助根据困难程度发放，农村危房改造资金优先向住房最需要维护的农户发放，经济适用房在符合标准的市民间按先来后到原则配置。分数、能力、困难程度、危险程度、时间的先后等构成竞争的标准，这些标准的存在避免了社会陷入单调的金钱社会，是确保社会多元化的力量。如果这些领域交由市场支配，由价格调节，则社会将变得单调并缺乏仁爱。

最后，公权力保护的领域要牢固。公权力边界的不牢固是指尽管已经确立了基本权利、经济竞争领域、非经济竞争领域三方的边界，但公权力所保护的基本权利和非经济竞争领域由于保障不到位而被价格机制侵犯，一些基本权利和非经济秩序被贴上价格标签。经济竞争中的价格机制无限扩张是其固有的天性，市场竞争法则是如此强劲以致其总是寻找机会扩张边界侵犯社会成员的基本权利和其他非经济竞争领域。边界不牢固表现为制度的松弛——实施机制不够强大，它导致公权力的代理人在基本权利和非经济竞争领域寻找代理制度的漏洞，出售本来应属于其他成员的基本权利，或用经济竞争取代非经济竞争秩序，某些领域的潜规则便属于价格机制侵占基本权利和非经济领域的现象。当公权力从经济领域退出，滋生潜规则的土壤就仅限于基本权利和非经济竞争领域，此时潜规则是价格机制侵犯基本权利和非经济竞争秩序的现象，要阻止价格机制的侵犯，就必须巩固公权力的边界。公权力的边界越牢固，维护基本权利和非经济竞争秩序的制度越严密，就越能抗衡潜规则。反之，公权力边界越松弛，明规则对基本权利和非经济竞争秩序的保护不力，潜规则就越有机可乘，并最终搅乱整个社会秩序。我们可以在现实中看到大量这方面的例子，如在高校招生中，高考分数的高低应是录取招生的标准，但过去一些高校招生人员为了一己私欲而扭曲招生政策，通过类似保送、自主招生、艺体特长生等特殊招生政策招收一些关系户考生和权贵人物子女，这是一种金钱交易权力的现象，是价格机制侵犯非经济竞争秩序的例子。

公权力边界的合理和牢固实际上分别对应着社会明规则正义的两个层次：第一个层次是制度实质的正义；第二个层次是制度形式的正义。实质正义是指社会明规则是合理的，能合理地为社会成员提供分配权利和义务的办法，能合理地调节社会不同阶层中的经济机会和社会机会。在这里我们是指明规则能合理地界定公权力的边界，规定民众的基本权利和非经济竞争范围。实质的非正义是公权力染指的领域过宽或者过窄，要么是不能保障公民的基本权利，要么是不能赋予非经济因素在竞争领域应有的作用，要么是公权力介入经济领域直接支配经济资源。公权力边界的牢固对应着明规则的形式正义，明规则形式正义是指法律和制度得到公正一致的管理而不管它们的实质性原则是什么，它要求法律和制度方面的管理平等地适用于所有人。在这里我们所指的明规则形式正义是指明规则得到不偏不倚的执行，明规则的形式非正义意味着明规则的执行者在判断各种要求时不能坚持适当的规范去解释和执行它们，明规则的执行可能取决于代理人的喜怒哀乐，取决于他的私人利益。明规则的实质非正义与形式的非正义都容易诱发潜规则，形式的非正义——既存的明规则没有得到良好的执行，是潜规则产生的直接原因；而明规则的实质非正义——明规则合理与否，影响着明规则的执行，"形式正义要求的力量或遵守制度的程度，其力量显然有赖于制度的实质性正义和改造它们的可能性"（罗尔斯，1988：59）。

二、社会资本层面

英国社会学家帕特南（2001：195）将社会资本定义为"社会组织的特

征，诸如信任、规范以及网络，它们能够通过促进合作行为来提高社会效率"。潜规则的盛行，反映了共同体中缺乏普遍的信任，社会资本贫乏。因此，有学者指出，"东方社会相对来说特殊信任程度较高，普遍信任程度低，因而腐败程度高"（洛佩兹和桑托斯，2015）。

根据信任度的不同，有三种信任半径，即以血缘关系为纽带的个别信任、以组织社群为载体的团体信任和社会的普遍信任。信任度由低到高，社会凝聚力将由弱到强。信任半径仅停留在个别信任时，人与人之间充满怀疑、猜忌和尔虞我诈，人们为了寻求保护不得不向权力代理人纳贡；社会实现普遍信任时，公民具有高度的主体意识、权利意识和参与意识。帕特南指出，社会资本有助于克服集体行动的"搭便车"问题，促进自发的合作。社会资本是组织内的公共用品，它表现为一个社会的公民性、公民品质或公共精神。在社会资本充裕的地区（如北意大利），人们就会为了集体的利益而相互信任，精诚合作，极少为了私利而进行投机；而在社会资本欠缺的地区（如南部意大利），人们将公共事务视为别人的事务，缺乏参与公共事务的热情，"政治参与的动机是个人化的依附或私人的贪欲，不是集体的目标"（帕特南，2001：133）。总之，社会信任度越高的社会，人与人之间、公民个人与公权力代理人之间以及组织与组织之间的交易成本就越小，组织运行的效率就越高。

契约精神与信任相互促进，共同构成社会资本的主要内容。契约精神是指在各种社会活动中，人们基于相互之间的信任和共同利益，通过签订契约来规定各自的权利和义务，并严格遵守契约条款的精神。它体现了人们在互动中对于公平、诚信、责任和自由的尊重与追求。信任关系是基于对他人行为、承诺和意愿的可靠性和稳定性的信心与期望。契约精神与社会信任之间的关系体现在多个方面。首先，契约精神是社会信任的一种具体体现。在签订和执行契约的过程中，人们需要相互信任，相信对方会按照契约条款履行自己的义务。这种信任是基于对对方诚信、公正和责任感的认可，也是社会信任的重要组成部分。其次，契约精神有助于建立和维护社会信任。通过遵守契约精神，人们能够建立起稳定、可靠的信任关系，从而增强社会的凝聚力和稳定性。同时，契约精神也能够促进公平竞争和诚信经营，为社会的繁荣和发展创造良好的环境。契约文化强调自由、自主、平等、法治和诚信等价值，强调按交易规则办事，能让交易主体对交易行为有预测性，由此减少交易的不确定性所带来的交易风险和交易费用，降低交易成本，提升人们的交易安全感。可是，根据学者的观点，当下的中国，市场经济已经构建，但契约精神的培育绝非短期内能完成的，没有契约精神的支撑，市场经济和契约社会只是徒有其表。中国的契约文化建设的滞后使中国传统文化与契约文化对接不上，导致文化错位，契约没能带来预想中的交易安全和降低交易成本与交易风险的效果（张凤阳，2002）。

帕特南认为，社会资本能够从两个互相联系的方面产生：互惠规范和公民参与网络。普遍的互惠是一种具有高度生产性的社会资本，它的产生又依赖于密集的横向的社会交换网络。垂直的网络，无论多么密集，无论对其参与者多么重要，都无法维系社会信任和合作。日本经济学家福山（2001：310）也指出，"……有共同价值观的社团……才会产生对提高组织效益至关重要的社会信任"，由政府组建的社团或公有单位"无力使个人的利益动机与组织的职能目标相一致，无力造就组织目标与个人动机相一致前提下的信任关系"，因为"群体间生机勃勃的交换要以明晰的产权界线和旺盛的利益动机为前提，单位制破坏了这种自然的生态"（郑也夫，2001）。因此，培育社会资本，提升一个社会的普遍信任度，就要允许社会横向组织的自由发展，给予自发社团一个宽松的社会环境。

自发社团能突破狭隘的家庭主义，将毫无血缘关系又志同道合的人凝聚在一起，拓展了人际的信任。不但如此，在市场经济中，自发社团还具有重要的经济功能和社会功能，缺乏自发的社会中间组织，市场经济就无法正常运行，市场的优越性就无法得到充分体现，缺乏自发的社会中间组织，国家的权威就会直接面对原子化的个人，权力扩张的本性会导致全面和绝对的专制。正如经济学家方竹兰（2011）所说，"没有社会自治之手，市场这只无形之手的作用残缺不全，没有社会自治之手，政府这只有形之手蛮横泛滥"。

自发的社会组织在克制潜规则方面的作用，源于它可以将无权势的平民组织起来，对抗权力代理人集团。中国历史上潜规则之所以如此盛行，在很大程度上是统治集团与被统治集团之间在权力地位上的严重不对称。由皇室、贵族及其官僚代理人构成的统治集团，拥有强大的暴力威慑和意识形态劝说能力，农业生产者或平民百姓的权利受到极大的限制。如清代不许民间有公开发言权，当时的府学、县学都有明伦堂，朝廷在每个明伦堂里都置有一块石碑，碑上镌有几条禁令：第一，生员不得言事。第二，不得立盟结社。第三，不得刊刻文字（钱穆，2012：151）。老百姓成为一盘散沙，面对官吏的巧取豪夺无能为力，只有任人宰割，潜规则大有演变为堂而皇之的"横规则"之势。吴思在《血酬定律》一书中写到（吴思，2010：126 - 140），清朝咸丰二年（1852 年）时，浙江宁波府鄞县的农民因无法忍受官吏们潜规则的侵害，在周祥千和张潮青的率领下，放火烧了宁波和鄞县的衙门。假使当时允许农民自由结社，又假使周祥千和张潮青组织了一个农会，在法律的保障下，民众找到了与官府讨价还价的既和平又合法的途径，通过和平的谈判或诉讼程序，官吏们就会被迫收回潜规则，终不至于沦为暴力流血事件。奈何专制制度不许民众维护自己的政治利益，而是一切都要由父母官"为民做主"，从而断绝了和平谈判的道路，最终只能是以暴易暴的结局。

民营企业是自发组织的一种形式。改革开放以来，随着经济改革的深入，经济自由越来越广泛和深入。如民营企业的设立获得了政策的鼓励，民营企业的竞争环境得到了很大的改善，民营企业的数量也快速增长。2018年刘鹤副总理指出，民营经济为我国贡献了 50% 以上的税收、60% 以上的GDP、70% 以上的技术创新、80% 以上的城镇就业、90% 以上的市场主体数量。[①] 这从一个侧面说明民营经济在我国经济发展中的地位和作用是非常突出的。民营企业是自发组织的主要形式，民营企业的数量增长和规模的扩张对于社会道德的捍卫和社会秩序的维护功不可没。但不可否认，改革是从经济领域开始的，社会其他领域的改革滞后于经济改革，并且已经制约着经济

---

① 刘鹤出席 2021 中国国际数字经济博览会开幕式［R/OL］. https：//www. gov. cn/xinwen/2021 - 09/06/content_5635619. htm.

改革向纵深推进，导致自发性的非营利组织不仅数量少，而且分布严重不均衡。多数社会组织集中在少数行业领域，其中商业力量的主导作用明显，而由农民、工人、农民工等弱势群体发起和主导的社会组织数量极少。受区域经济社会发展差距和城乡二元结构的影响，社会组织多集中在大中城市和发达地区，农村与欠发达地区的社会组织发展明显滞后（方晓彤，2017）。不仅如此，现存的中间组织行政性质浓厚，依赖于政府和权力而生存，自治性、独立性、服务性不足，发展空间比较狭小，很多组织很难开展正常业务。其根本原因在于自发性的非营利中间组织设立门槛过高，限制过多。社会的自治既要有营利性的中间组织，也要有非营利性的中间组织，非营利性的中间组织严重不足，导致政府与中间组织、中间组织之间缺乏相互约束的制衡关系，社会自治功能也出现严重的缺陷，影响了政策制定和有效实施。方竹兰（2009）认为："政府改革难以深入的重要原因之一是社会自治的薄弱，使政府权力下放缺乏社会承接基础。"

除了自发组织能孕育信任外，法律、法规等普适性的明规则也有助于培育普遍信任，普适性的法律可以为民众在陌生的环境中提供稳定的预期，因为人们倾向于相信即使陌生的人也会像自己一样在法律规章的框架下行事，否则他就会面临着外在的强制的惩罚，在产生利益纷争时人们相信对方会像自己一样遵循同一套裁决的准则。但普适性的明规则要能有效地提供普遍信任还必须具备两个条件：首先，明规则的设计必须是合理的，是正义的，即它们的制定必须有公民的广泛参与，体现大多数人的意志。其次，明规则的执行必须是强有力的。二者具备才构成法治社会。普遍的公正实施的法治，给不相关的陌生人提供了互相合作和解决争端的基础，可以极大地扩展社会的信任半径，减少人与人之间的猜疑、背信与投机，减少潜规则的运行，使共同体实现高效率运作。

三、弘扬真集体主义

前面已经指出，真集体主义将集体视为有机整体，个体离不开整体，同时又不否定个体，个体是集体存在的目的，为了个体的权利和自由，必须保存集体。伪集体主义从集权意义上理解集体，其意味着强制和服从。公权力领域的潜规则根源于集体中缺乏对公权力代理人有效的制约力量，使其在运用公权力时可以依照自己的利益推行背离明规则的规则。打击潜规则就必须在集体中培育制约公权力的力量，制约力量并非就是为反对而反对的反对派，而是让权力达到均衡的力量。一旦公权力过于膨胀，与之抗衡的力量就会迫使其归位，一旦公权力行使出现偏差，与之抗衡的力量就能及时予以纠错。真集体主义以保障成员的自由和权利为目标，赋予集体成员对公共事务的广泛参与权利，为制约公权力的滥用提供了可能。然而，对于集体成员而言，权力代理人的廉洁和政治的清明具有公共品的性质，由于集体行动的困境，大集体中在公共产品的提供方面"有一个要么全部都有，要么一个也没有的性质，即或者必须有百分之百的参与，或者就干脆什么共同努力也没有"（奥尔森，1995：34）。如果集体中的成员是以一种原子式的结构存在，相互之间没有什么联合，那么，"搭便车"的行为使集体成员即使有意愿也难以真正参与集体治理，集体中因此缺乏与公权力相抗衡的力量，公权力无限扩张的本性导致集体常常沦为权力代理人谋利的工具。真集体主义肯定个人的自由和权利，但反对任何原子式的个人主义，主张应在社会联合的基础上使权利和权利、自由和自由的关系得到协调。人与人之间的联合，既是权利和自由的体现，也是权利和自由的结果。抽象地宣称保障人的权利和自由却具体地否定自由联合权利的集体将异化为一部分人压迫另一部分人的工具。

　　自由联合是集体成员进行利益表达和权利行使的有效渠道，也是现代化建设的内在要求。自由联合的具体表现就是结社组团的自由，就是公民共同体建立的自由。公民共同体是公民自愿参与自发组建的社团，成员之间的联结纽带是互惠与合作的横向关系，而不是权威与依附的垂直关系，团结、信任和宽容是其内在特征。公民共同体不仅对个人成员有"内部"效应，对更广大的政治体也有"外部"效应。从内部效应上看，社团培养了其成员合作和团结的习惯，培养了公共精神；从外部效应上看，社团组成的密集网络增进了"利益表达"和"利益集结"（帕特南，2001：102-103）。利益集结是权利宣示的渠道，是防范公权力侵害的盾牌，是抵抗潜规则盛行的屏障。由政府组建的社团或公有制单位并不具有这种功能，它们缺乏真正意义上的自主性和独立性，无力使个人的利益动机与组织的职能目标相一致，只不过是政府行政组织的延伸和附属物。一个集权专制的政权必然将自发组建的社团视为与其分庭抗礼的对手而加以取缔，或打着规范和管理的旗号施以打击和约束，整个社会残存的是清一色的依赖于政府和权力而生存的公有的中间组织，不但孕育社会信任和合作的土壤被严重破坏，公民的权利也受到权力的随意侵害，潜规则盛行。

自发社团的形式多种多样，而能体现真集体主义、孕育互助精神、克服集体行动困境、敢于与公权力抗衡的唯有横向联合的团体。垂直的网络，无论多么密集，无论对其参与者多么重要，都无法维系社会信任和合作。垂直型的组织上下级之间是庇护—附庸关系，其义务是不对称的。庇护制的垂直联系"似乎破坏了横向组织，损害了庇护者之间的团结，尤其是损害了附庸之间的团结……庇护—附庸的垂直关系的特性是依附性，而不是共同性，在这种关系中，在庇护者和附庸者这两个方面，都更有可能出现投机行为，对于前者这是剥削，对于后者则是逃避义务。"（帕特南，2001：205）庇护—附庸的垂直关系难以孕育集体精神，因此，就解决集体行动困境、捍卫其成员利益而言，垂直型组织要比横向组织作用小。

我国改革开放以来，经济的自由越来越广泛和深入，垂直型的自发组织（如营利性组织）获得了宽松的发展环境，但自发性的非营利中间组织设立门槛过高，限制过多，导致自发的横向社团严重缺乏，现存的中间组织行政性质浓厚，依赖于政府和权力而生存，自治性、独立性、服务性不足。横向的自发性社团严重不足，将使个人利益表达受阻，权利得不到宣示，公权力与公民之间缺乏相互约束的制衡关系。缺乏自发的社会中间组织，国家的权威就会直接面对原子化的个人，权力扩张的本性导致全面和绝对的专制，潜规则的盛行不可避免。反之，一个自发社团蓬勃发展的社会意味着社会公众有强烈的权利意识，它促使公权力在法律和伦理道德上有序地运行。

弘扬真集体主义，要在尊重个人基本权利的基础上强调集体利益高于个人利益。真集体主义的核心是集体利益优先，个人应该服从集体利益，但这种优先和服从，均是建立在自愿的基础上，建立在个人权利不受侵犯的基础上。真集体主义并不否定个人权益和尊严，相反，它认为个人权益和尊严是集体利益的基础。因此，应该尊重每个人的个人权益和尊严，保障每个人的合法权益，让每个人都能够在集体中发挥自己的作用。应该通过各种渠道和方式，既要强调集体利益的重要性，引导人们正确处理个人利益与集体利益的关系，又要切实地保护个人权利，尊重个人权益和尊严。

弘扬真集体主义，要倡导信任和团结协作精神。真集体主义强调集体成员之间的相互协作和支持，只有团结协作才能实现集体利益的最大化。普遍的法律是普遍信任得以建立的基础，只有完善的法律体系和实施机制才能消除人际交往中的机会主义。因此，既要积极倡导团结协作精神，又要坚持不懈地完善法律制度，推进法治社会的建设。

弘扬真集体主义，要培育社会责任感和荣誉感。真集体主义要求社会成员具有社会责任感和荣誉感，树立"我为人人，人人为我"的社会意识。应该通过各种方式培育人们的社会责任感和荣誉感，让他们能够认识到建立风清气正的社会环境是自己的社会责任和义务，使每个人都自觉地抵制损害他人利益和社会利益的行为，敢于对身边的潜规则说不！

弘扬真集体主义，要践行社会主义核心价值观。真集体主义与社会主义核心价值观高度契合，我们作为个体，应该自觉践行社会主义核心价值观。应善于运用法律制度维护自己的权利，拒绝潜规则从我做起，推动社会风气向善向好，为弘扬真集体主义营造良好的社会环境。

参 考 文 献

[1] 埃格特森. 经济行为与制度 [M]. 吴经邦等, 译. 北京: 商务印书馆, 2004.

[2] 奥尔森. 国家的兴衰: 经济增长、滞胀和社会僵化 [M]. 李增刚, 译. 上海: 上海人民出版社, 2007.

[3] 奥尔森. 权力与繁荣 [M]. 苏长和等, 译. 上海: 上海世纪出版社, 2005.

[4] 奥尔森. 集体行动的逻辑 [M]. 陈郁等, 译. 上海: 三联书店, 上海人民出版社, 1995: 34.

[5] 奥肯. 平等与效率——重大抉择 [M]. 王奔洲等, 译. 北京: 华夏出版社, 2010.

[6] 奥斯特罗姆. 公共事物的治理之道 [M]. 余逊达等, 译. 上海: 上海译文出版社, 2012.

[7] 白莲. 实用主义价值观在中国古代社会发展进程中的积极作用 [J]. 内蒙古师范大学学报 (哲学社会科学版), 2006 (9): 368 – 370.

[8] 贝克尔. 人类行为的经济分析 [M]. 王业宇, 译. 上海: 上海三联书店, 1993.

[9] 宾默尔. 博弈论与社会契约 (第 1 卷): 公平博弈 [M]. 钱勇, 译. 上海: 上海财经大学出版社, 2003: 46.

[10] 布坎南, 塔洛克. 同意的计算——立宪民主的逻辑基础 [M]. 陈光金, 译. 北京: 中国社会科学出版社, 2000.

[11] 布坎南. 自由的界限 [M]. 董子云译. 杭州: 浙江大学出版社,

2012.

[12] 布坎南. 自由、市场和国家 [M]. 吴良健等, 译. 北京: 北京经济学院出版社, 1988.

[13] 布坎南. 自由、市场与国家——80 年代的政治经济学 [M]. 平新乔, 莫扶民, 译. 上海: 三联书店上海分店, 1989.

[14] 曾起郁, 陈建平, 郑雯雯. 腐败亚文化的新特征、成因及其治理 [J]. 廉政文化研究, 2019 (3): 42-48.

[15] 陈畅. 关于"制度失效"问题的研究 [J]. 经济问题, 2007 (4): 38-40.

[16] 陈国权, 黄振威. 论权力结构的转型: 从集权到制约 [J]. 经济社会体制比较, 2011 (6): 102-107.

[17] 陈佳生, 徐彬. 政府经济学 [M]. 天津: 天津大学出版社, 2009.

[18] 戴维斯. 裁量正义 [M]. 毕洪海译. 北京: 商务印书馆, 2009.

[19] 方绍伟. 持续执政的逻辑 [M]. 北京: 中国发展出版社, 2016.

[20] 方晓彤. 中国社会组织: 历史进程、现实状况与发展趋向 [J]. 西南石油大学学报 (社会科学版), 2017, 19 (5): 71-77.

[21] 方竹兰. 论政府如何引导市场主体自治——对转轨阶段政府职能转变的现实路径的思考 [J]. 经济理论与经济管理, 2009 (11): 37-40.

[22] 方竹兰. 中国改革缺失社会自治之手 [J]. 学习月刊, 2011 (9): 46-46.

[23] 费孝通. 乡土中国 [M]. 北京: 人民出版社, 2008.

[24] 弗里德曼. 资本主义与自由 [M]. 张瑞玉, 译. 北京: 商务出版社, 2004.

[25] 福克斯. 英国人的言行潜规则 [M]. 姚芸竹, 译. 上海: 生活·读书·新知三联书店, 2015.

[26] 福山. 信任: 社会美德与创造经济繁荣 [M]. 彭志华, 译. 海口: 海南出版社, 2001.

［27］格莱泽，戈尔丁. 腐败与改革——美国历史上的经验教训［M］. 胡家勇，等，译. 北京：商务印书馆，2012.

［28］国彦兵. 新制度经济学［M］. 上海：立信会计出版社，2006.

［29］哈勒，肖尔. 腐败：人性与文化［M］. 诸葛雯，译. 南昌：江西人民出版社，2015.

［30］哈特. 法律的概念［M］. 张文显，译. 北京：中国大百科全书出版社，2003.

［31］哈耶克. 通往奴役之路（修订版）［M］. 冯兴元等，译. 北京：人民出版社，1997.

［32］海勒，萨尔兹曼. 这是我的，别想碰！"所有权"潜规则如何控制我们的生活［M］. 王瑞微，译. 台北：平安文化，2022.

［33］韩瑞波，叶娟丽. 政企合谋、草根动员与环境抗争——以冀南 L 镇 D 村为例［J］. 中南大学学报（社会科学版），2018（3）：145－151.

［34］洪汛. 亚文化视域下"腐败文化"治理透视［J］. 中国矿业大学学报（社会科学版），2024（2）：111－124.

［35］胡泓. 行政自由裁量权研究［D］. 苏州：苏州大学，2006.

［36］黄红平. 家族式腐败的现实症象、诱发因素与治理策略［J］. 广州大学学报（社会科学版），2019，18（3）：84－90.

［37］黄凯南. 演化博弈与演化经济学［J］. 经济研究，2009（2）：132－145.

［38］黄仁宇. 万历十五年（增订本）［M］. 北京：中华书局，2007.

［39］霍布斯. 利维坦：论国家［M］. 张妍，赵闻道，译. 长沙：湖南文艺出版社，2011.

［40］金爱慧，赵连章. 论中国传统人际关系对腐败的影响［J］. 东北师范大学学报（哲学社会科学版），2010（2）：5－9.

［41］卡普兰. 理性选民的神话［M］. 刘艳红，译. 上海：上海人民出版社，2010.

［42］康芒斯. 制度经济学［M］. 于树生，译. 北京：商务印书馆，

2006.

[43] 柯武刚, 史漫飞. 制度经济学: 社会秩序与公共政策 [M]. 韩朝华, 译. 北京: 商务印书馆, 2000.

[44] 兰燕飞. 八成受访者遭遇过"办证难" [N/OL]. http: //epaper. bjnews. com. cn/html/2013 – 10/19/content_471995. htm? div = – 1.

[45] 勒庞. 乌合之众 [M]. 陈天群, 译. 南昌: 江西人民出版社, 2010: 17.

[46] 李彬. 论潜规则文化的道德治理 [J]. 伦理学研究, 2020 (1): 114 – 121.

[47] 李斌, 张晓冬. 政企合谋视角下中国环境污染转移的理论与实证研究 [J], 中央财经大学学报, 2018 (5): 72 – 81.

[48] 李颖. 对潜规则盛行与显规则约束力弱化的思考 [J]. 中南大学学报 (社会科学版), 2007 (8): 438 – 441.

[49] 梁碧波. "潜规则"的供给、需求及运行机制 [J]. 经济问题, 2004 (8): 14 – 16.

[50] 林炜双等. 作为组织政治行为的潜规则: 影响因素与作用机制 [J]. 公共行政评论, 2010 (8): 85 – 110.

[51] 林语堂. 中国人 [M]. 桂林: 广西民族出版社, 2001.

[52] 刘军宁. 自由与社群 [M]. 上海: 生活·读书·新知三联书店, 1998.

[53] 刘少杰. 熟人社会存在的合理性 [J]. 人民论坛, 2006 (5): 16 – 18.

[54] 龙硕, 胡军. 政企合谋视角下的环境污染: 理论与实证研究 [J]. 财经研究, 2014 (10): 131 – 144.

[55] 卢瑟福. 经济学中的制度: 老制度主义和新制度主义 [M]. 陈建波等, 译. 北京: 中国社会科学出版社, 1991.

[56] 卢梭. 论人类不平等的起源 [M]. 高修娟, 译. 上海: 上海三联书店, 2009.

[57] 卢梭. 社会契约论 [M]. 李平沤, 译. 北京: 商务印书馆, 2011.

[58] 罗尔斯. 正义论 [M]. 何怀宏等, 译. 北京: 中国社会科学出版社, 1988.

[59] 罗斯巴德. 权力与市场 [M]. 刘云鹏等, 译. 北京: 新星出版社, 2007.

[60] 罗素. 权力论 [M]. 吴友三, 译. 北京: 商务印书馆, 2014.

[61] 洛克. 政府论 (下) [M]. 叶启芳, 瞿菊农, 译. 北京: 商务印书馆, 2017.

[62] 洛佩兹, 桑托斯. 腐败的社会根源——文化与社会资本的影响 [J]. 范连颖, 译. 经济社会体制比较, 2015 (4): 108 – 118.

[63] 马基雅维利. 君主论 [M]. 潘汉典, 译. 北京: 商务印书馆, 2013.

[64] 马克思, 恩格斯. 马克思恩格斯选集 (第一卷) [M]. 马克思恩格斯列宁斯大林著作编译局, 编. 北京: 人民出版社, 1972.

[65] 孟德斯鸠. 论法的精神 (上册) [M]. 张雁深, 译. 北京: 商务印书馆, 1959.

[66] 米特. 政治的概念 [M]. 刘宗坤, 朱雁冰等, 译. 上海: 世纪出版集团, 上海人民出版社, 2015.

[67] 缪尔达尔. 世界贫困的挑战——世界反贫困大纲 [M]. 顾朝阳等, 译. 北京: 北京经济学院出版社, 1991.

[68] 聂辉华, 李金波. 政企合谋与经济发展 [J]. 经济学 (季刊), 2007 (1): 76 – 91.

[69] 诺思. 经济史上的结构和变革 [M]. 厉以平, 译. 北京: 商务印书馆, 1992.

[70] 诺思. 西方世界的兴起 [M]. 厉以平等, 译. 北京: 华夏出版社, 2009.

[71] 诺思. 制度、制度变迁与经济绩效 [M]. 杭行, 等, 译. 上海:

格致出版社，2008.

[72] 帕特南. 使民主运转起来——现代意大利的公民传统 [M]. 王列等，译. 南昌：江西人民出版社，2001.

[73] 潘祥辉：论中国媒介转型中的"潜规则"及其制度根源 [J]. 昌吉学院学报，2009 (6)：81 – 86.

[74] 钱穆. 中国历代政治得失 [M]. 北京：九州出版社，2012.

[75] 青木昌彦. 比较制度分析 [M]. 周黎安，译. 上海：上海远东出版社，2001.

[76] 萨格登. 权利、合作与福利的经济学 [M]. 方钦，译. 上海：上海财经大学出版社，2008.

[77] 森. 正义的理念 [M]. 王磊，李航，译. 北京：中国人民大学出版社，2013.

[78] 斯科特. 制度与组织——思想观念与物质利益 [M]. 姚伟，王黎芳，译. 北京：中国人民大学出版社，2010.

[79] 斯密. 道德情操论 [M]. 蒋自强等，译. 北京：商务印书馆，2003.

[80] 斯密. 国民财富的性质和原因的研究（下册）[M]. 王亚南，译. 北京：商务印书馆，1974.

[81] 斯皮罗. 文化与人性 [M]. 徐俊，朱运法等，译. 北京：社会科学文献出版社，1999.

[82] 唐庆增. 中国经济思想史 [M]. 北京：商务印书馆，2010.

[83] 唐莹莹，陈星. 从法律的视角看"潜规则" [J]. 法律适用，2005 (5)：73 – 76.

[84] 汪宛夫. 官场潜规则与党的意志"中梗阻"现象 [M]. 领导科学，2004 (22)：14 – 15.

[85] 王路坦. 新时代党内政治文化建设：历史审视、困境辨识与当代建构 [J]. 贵州社会科学，2020 (10)：22 – 28.

[86] 王亚南. 中国官僚政治研究 [M]. 北京：商务印书馆，2010.

[87] 王岩. 整合·超越: 市场经济视域中的集体主义 [M]. 北京: 中国人民大学出版社, 2003.

[88] 威廉姆森. 资本主义经济制度: 论企业签约与市场签约 [M]. 段毅才等, 译. 北京: 商务印书馆, 2002.

[89] 魏小来. 现代熟人社会下的非正式规则对东北法治环境构建的桎梏——以"人情关系"异化为视角 [J]. 理论观察, 2021 (12): 97-101.

[90] 吴敬琏. 吴敬琏经济文选 [M]. 北京: 中国时代经济出版社, 2010: 21-33.

[91] 吴思. 潜规则: 中国历史中的真实游戏 [M]. 修订版. 上海: 复旦大学出版社, 2011.

[92] 吴思. 血酬定律: 中国历史中的生存游戏 [M]. 北京: 语文出版社, 2010.

[93] 肖特. 社会制度的经济理论 [M]. 陆铭等, 译. 上海: 上海财经大学出版社, 2003.

[94] 谢识予. 经济博弈论 (第三版) [M]. 厦门: 复旦大学出版社, 2012: 227.

[95] 熊十力. 中国历史讲话 (外一种): 中国历史纲要 [M]. 长沙: 岳麓书社, 2011.

[96] 杨春学. 中国经济模式与腐败问题 [J]. 经济学动态, 2011 (2): 43-49.

[97] 于光君. 关于"潜规则"的社会学解读——读吴思《潜规则: 中国历史中的真实游戏》[J]. 社会科学论坛, 2006 (7): 51-56.

[98] 于阳. 江湖中国 [M]. 北京: 当代中国出版社, 2016.

[99] 袁爱华, 李克艳. 社会交往"潜规则"对腐败形成的影响及其破解 [J]. 重庆工商大学学报 (社会科学版), 2018, 35 (3): 94-101.

[100] 翟学伟. 人情、面子与权力的再生产 [M]. 北京: 北京大学出版社, 2005.

[101] 张德荣, 杨慧. "潜规则"与中国王朝循环的经济根源——一

个交易成本的视角 [J]. 财经研究, 2011 (3): 39 – 49.

[102] 张凤阳. 契约伦理与诚信缺失 [J]. 南京大学学报, 2002 (3): 75 – 84.

[103] 张维迎. 博弈论与信息经济学 [M]. 上海: 上海三联书店, 上海人民出版社, 1996.

[104] 张五常. 交易费用、风险规避与合约安排的选择 [M]//科斯等. 财产权利与制度变迁. 刘守英等, 译. 上海: 上海三联书店, 1994.

[105] 郑也夫. 信任与社会秩序 [J]. 学术界, 2001 (4): 30 – 40.

[106] 郑奕. 潜规则的内涵、特征和价值评析 [J]. 江淮论坛, 2009 (1): 106 – 110.

[107] 周根山. 严惩不收敛不收手者 [N]. 中国纪检监察报, 2019 – 1 – 3: 04.

[108] 周敬青等. 党内非正式制度研究: 审思党内潜规则 [M]. 北京: 中央编译出版社, 2014: 20, 37.

[109] 周其仁. 改革的逻辑 [M]. 北京: 中信出版社, 2013.

[110] Acemoglu D, Johnson S, Robinson J. Institutions as the Fundamental Cause of Long – Run Growth [M]//Aghion P, Durlauf S (eds.). Handbook of Economic Growth. Amsterdam: North – Holland, 2005.

[111] Acemoglu D, Robinson J. The Role of Institutions in Growth and Development [R]. Working Paper No. 10, Commission for Growth and Development, Washington D. C. , 2008.

[112] Azari J R, Smith J K. Unwritten Rules: Informal Institutions in Established Democracies [J]. Perspectives on Politics, 2012, 10 (1): 37 – 55.

[113] Baumgartner M P. Law and Social Status in Colonial New Haven: 1639 – 1665 [M]//Simon R J (ed.). Research in Law and Sociology: An Annual Compilation of Research (I). Greenwich: JAI Press, 1978: 153 – 174.

[114] Davis K C. Discretionary Justice: A Preliminary Inquiry [M]. Chi-

cago: University of Illinois Press, 1971.

[115] Granovetter M. Economic Action and Social Structure: The Problem of Embeddedness [J]. American Journal of Sociology, 1985, 91 (3): 481 – 510.

[116] Hawkins K. The Use of Discretion [M]. Oxford: Clarendon Press, 1992.

[117] Hines R I. The Price of Pollution: The Struggle for Environmental Justice in Mossville, Louisiana [J]. Western Journal of Black Studies, 2015, 39 (3): 198 – 208.

[118] Jonathan H. Shipley, Christian Hardoy. The Unspoken Rule of Applying to Medical School: Have Financially Stable Parents [J]. Current Problems in Diagnostic Radiology, 2023, 52 (5): 450 – 451.

[119] Khan M H. Evaluating the Emerging Palestinian State – "Good Governance" versus "Transformation Potential" [M]//Khan M H, Giacaman G, Amundsen I. State Formation in Palestine: Viability and Governance During a Social Transformation. London: Routledge, 2004.

[120] Khan M H. Introduction: Political Settlements and the Analysis of Institutions [J]. African Affairs, 2018, 117 (469): 636 – 655.

[121] Khan M H. Political Settlements and the Governance of Growth – Enhancing Institutions [R/OL]. School of Oriental and Asian Studies Working Paper, http: //eprints. soas. ac. uk/9968/.

[122] Khan M H. Rents, Rent-Seeking and Economic Development: Theory and Evidence in Asia [M]. Cambridge: Cambridge University Press, 2000.

[123] Khan M H. The Efficiency Implications of Corruption [J]. Journal of International Development, 1996, 8 (5): 683 – 696.

[124] Knack S, Keefer P. Does Social Capital Have an Economic Impact? A Cross – Country Investigation [J]. Quarterly Journal of Economics, 1997, 112: 1252 – 1288.

［125］ Lambsdorff J G. The Institutional Economics of Corruption and Reform: Theory, Evidence, and Policy ［M］. Cambridge: Cambridge University Press, 2007.

［126］ Lui F T. An Equilibrium Queuing Model of Bribery ［J］. Journal of Political Economy, 1985, 93 (4).

［127］ Naughton B. Is China Socialist? ［J］. Journal of Economic Perspectives, 2017, 31 (1): 3 – 24.

［128］ North D C. Institutions ［J］. Journal of Economic Perspectives, 1991, 5 (1): 97 – 112.

［129］ Paredes M. Toxic Mobilization: Mining, Pollution and Power in the Highlands of Peru ［J］. Environmental Sociology, 2023, 9 (2): 136 – 147.

［130］ Smith A. The Theory of Moral Sentiments. III ［M］. Oxford: Oxford University Press, 1975: 110.